CATALOGUE

DES

MANUSCRITS ET DOCUMENTS ORIGINAUX

RELATIFS A

L'HISTOIRE DE LA VILLE DE METZ

et

DU PAYS MESSIN,

DEPUIS LE VIIe SIÉCLE JUSQU'AU XVIIIe;

PROVENANT DU CABINET

De feu Monsieur le Comte EMMERY,

PAIR DE FRANCE.

METZ,

LECOUTEUX, LIBRAIRE, RUE DES CLERCS, 24.

1850.

Avant que de livrer aux enchères la collection de ces archives, une proposition a été faite à la ville de lui céder le
tout ou partie de ce Catalogue. Dans le cas où la ville ne
jugerait pas à propos d'en faire l'acquisition, le jour de
la vente serait fixé et annoncé par la voie des journaux.

Sous presse :

Le Catalogue de la Collection d'Autographes.

Metz, Imp. et Lith. de NOUVIAN.

La collection de pièces historiques relatives à l'histoire de la ville de Metz, dont nous publions le Catalogue, a été formée par M. Emmery, qui en 1769, de concert avec Dom Jean François et Dom Tabouillot, a publié une partie de ces précieuses archives pour servir de preuves à l'histoire de la ville; publication qui fut interrompue lors des troubles de la Révolution. M. Emmery possédait donc bien avant la Révolution une collection des plus curieuses en documents historiques relatifs à la ville de Metz et au Pays messin; car Dom Pierron, dans son ouvrage intitulé : *Le Temple des Messins*, publié en 1779, un vol. in-8°, dit : « M. Emmery possède une collection de vieux titres et monuments qui concernent notre République, les lois et les coutumes anciennes de Metz, et surtout les généalogies de nos meilleures familles. » Plus loin il est parlé des contes de Philippe de Vigneulles.

Nous donnons ici ces détails, qui pourront servir à éclairer les personnes qui avaient des doutes sur l'origine de cette collection.

Les pièces historiques servant de preuves à l'histoire de la ville, et publiées par les Bénédictins, s'arrêtent à l'année 1545. Depuis cette époque jusqu'au xviiie siècle, ce Catalogue présente une suite de pièces fort importantes pour l'histoire, tant en originaux provenant de l'arche du grand Moustier, qu'en anciennes copies et un grand nombre de minutes des traités et autres actes que la ville a faits et passés dans différentes circonstances. On y trouve en outre une réunion très-importante de pièces antérieures à la première publication, que les Bénédictins n'ont point connues, et que M. Emmery s'était procuré depuis.

Une grande partie de ces pièces sont annotées par Paul Ferry, qu'on peut appeler à juste titre le père de notre histoire locale, tant par les travaux importants sur l'histoire de Metz, que par les généalogies des principales familles du Pays messin; travail précieux qui aurait dû trouver place dans la Bibliothèque de la ville. D'autres pièces annotées et copiées par Dom Jean François, ce qui donnerait à penser que la collection de pièces historiques que ce dernier (mort en 1791) possédait, serait venue enrichir celle de M. Emmery.

Espérons que la ville de Metz tiendra à conserver en son entier une collection d'archives historiques aussi précieuses pour son histoire, rassemblées avec tant de soins par M. Emmery, et ne laissera pas se disperser irréparablement, par une vente en détail, la réunion de ces pièces, qui disparaîtraient pour toujours.

NOMS DES PERSONNAGES

DONT

LES AUTOGRAPHES SONT RÉPANDUS DANS LE CATALOGUE.

Alençon (Charles duc d'). — Anguien (Louis de Bourbon duc d'). —Fr. Baudoche. — De Belloy. — Henry de Châlon. — Castellas. — J. et P. Couet. — Fr. de Combles. — Fr. de la Cloche. — De Choiseuil, abbesse de la collégiale de St-Louis. — Charles V. — J. de Chenances. — Cl. de Cherisey. — Cat. Marie Chariel, supérieure du monastère de Pont-à-Mousson. — J. Callot. — Louis d'Orléans, duc de Chartres. — Roger de Commenge. — Colbert. — Isaac Claus. — Cath. de Seraphin. — Elisabeth de l'Incarnation, abbesse de l'*Ave Maria*. — J. et G. Foës. — Fabert de Moulin. — P. Ferry. — Louise de Foix de Candale. — Famuel. — Guillaume Farel. — Christ. de Florainville. — George de Baden, évêque de Metz. — Odille de Heu. — Gaspard de Heu. — Anne de Haulssonville. — Françoise de Haraucourt, abbesse de Saint-Pierre. — Fr. d'Inguenheym. — Le duc de La Valette. — Christ. Libertinus. — Louis XIV et XV. — Louis de Champagne, comte de La Suze. — Louis de La Vallette. — Fr. de Le-

noncourt. — De Léotaud, dame novice de Sainte-Glossinde. —
Montmorency, évêque de Metz. — J. Michel. — Mondelange. —
Montigny (Suzanne de). — Metzerat. — Le roi de Portugal. —
Praillon (J. et B.). — Simon de Pouilly. — Caroline de Raige-
court. — Marion Rolland, médecin de la cité. — Schomberg.
— Sobolle. — Sonis. — Sapeaulx de Vieilleville. — Jacques
Thalassie. — Sœur Thérèse du Saint-Sacrement. — Thouvenin
de Toul. — Antoinette Thommesson. — Henry, procureur du
roi à Toul. — Pierre Toussaint. — André Valadier. — Cl. Ant.
de Vienne. — De La Verrière. — J. de La Vigne. — Henri de
Verneuil, évêque de Metz. — H. Wirion, médecin de la cité. —
G. Virotus, etc., etc.

*Des motifs qui me sont particuliers et que je ne peux expliquer
ici, m'ont empêché d'apporter plus d'ordre et de régularité dans
la rédaction et la classification du Catalogue, n'ayant pas eu les
facilités nécessaires, tant s'en faut. Au contraire, tous les tourments et la gêne qu'il a été possible de trouver ont été mis à ma
disposition pour l'exécution de ce travail. Dans une brochure que
je publierai sous peu de jours, je donnerai des détails explicatifs
sur les bruits et les calomnies dont j'ai été le sujet.*

E. J. LECOUTEUX.

CATALOGUE.

Villes et Villages de la Lorraine.

1. **AZONDANGE**. Pièces relatives au village de Azondange et de Languimbert, 1759. — Deux cahiers in-4° relatifs au village de Baccarat.

2. **SAINT-AVOLD et HOMBOURG**. 10 pièces in-folio, dont :

   Acquisition des Seigneuries de Hombourg sur l'évêque de Metz, par Henry, duc de Guise, 1572. — Prétention de la ville de Saint-Avold, à devenir le siége du baillage de Boulay, etc.

3. **BESANGE**. — Dix copies (écriture moderne) relatives au village de Besange-la-Grande, de 1300 à 1778.

4. **BERTRICHAMP**. Accord pour le passage de Bertrichamp, 10 septembre 1564 (copie moderne).

   Pièce relative aux villages de Berfang, Guesseling et Hemering, 12 janvier 1756.

1

5. BLAMONT. Treize pièces in-folio, 1596-1610, dont :

État des grains en la recepte de Blamont, 1610, 16 pages. — Prix du bled, juin 1610. — *Idem*, 22 décembre 1610, toutes ces pièces sont signées et avec cachets.

6. BOURMONT. Neuf pièces in-folio, dont 4 manuscrites sur papier et parchemin, et 5 imprimées ; savoir :

Rapport des habitants de Colombey, 1609. — Acte de foy et hommage de J.-B. de Roncourt, 1681, deux pages sur parchemin. — Lettres d'érection de la Baronie de Damblain, 20 avril 1720, huit pages imprimées. — Précis pour Claude Rheine, contre le sieur de l'Hyver, le Chapitre de la Collégiale de Saint-Florentin de Bourmont, deux cahiers de 13 et 20 pages imprimées, 1760. — Sommaire pour Cath.-Elisab. de Roncourt, comtesse de Curelle.

7. BOUSTROFF. Deux cahiers in-4° concernant le village de Boustroff, 1741.

Pièce concernant la Trouville et Bourdounay.

Id. imprimée, accompagnée d'un plan, concernant le village de Bischtroff, dans la seigneurie d'Hinguetange, 1727.

8. BRUYÈRES. Vingt pièces in-folio manuscr., 1592-1598.

9. CHAMBREY. Procès et autres pièces concernant le village de Chambrey, 1772, et Créhange-Puttelange, 1656-1717.

10. CARIGNAN. Foy et hommage de Carignan. — *Malandry.* Extrait d'un registre des archives de la Chambre du conseil et des comptes du duché de Bar. 1182-1275. — *Maugré.* Trois censes sous le même nom, à 1/8 de lieue de Carignan, dont elles sont paroissiennes, à 18 lieues de Metz ; pièce sur parchemin, datée de 1420, le 8 mars. *Et autres pièces manuscrites.* —

Requête signifiée pour les abbé, prieur et religieux de l'abbaye d'Orval, contre les maire, habitants et communauté de Margut, in-4° de 64 pages. — Précis pour les maire, syndic, habitants, etc., de Margut, contre les abbé, prieur et religieux d'Orval, in-4° de 12 pages. *Et autres pièces in-folio.*

11. CHAMPIGNEULLES. CHASTILLON. Quatre pièces. Proposition pour ériger un moulin banal à Champigneulles, 1625. — Mémoire pour Nicolas Bricard.

12. CHATEAU-REGNAULT. Treize pièces. Notes sur la principauté de Château-Regnault. — Sentences générales des terres souveraines de Château-Regnault, du 12 avril 1575, dix-sept feuillets in-folio. — Ordonnance politique des terres souveraines de Château-Regnault et dépendances, 2 octobre 1586; quinze pages in-folio. — Déclaration générale et pour le menu des terres souveraines de Madame la Princesse de Conty, lesquelles consistent en châteaux, bourgs et villages, droits et revenances qui en suivent, 20 may 1629; in-4° de 50 pages. — *Et autres.*

13. CHATEAU-SALINS. Quatorze pièces, 1610-1752, dont : Extrait du registre des Caves de la Baronnie de Château-Salins, pour l'année 1610. — Mémoires et détails statistiques, etc., etc.

14. CHARLEVILLE. Exposition sommaire du droit de Son Altesse Royale Monseigneur duc de Lorraine à la souveraineté d'Arches et de Charleville, et aux 17 villages qui en dépendent, par le décès sans enfants de Charles-Ferdinand de Gonzague, duc de Mantoue et de Montferrat, etc., etc.; *Nancy*, 1708; in-4° de 12 pages, *plus un dessin curieux d'armoiries.* — Mémoire des raisons de Monseigneur le duc de

Lorraine, pour établir son droit à la souveraineté d'Arches et de Charleville ; in-folio, 36 pages.

15. CHARMES. Neuf pièces, 1234-1618, dont :

Echange entre le comte de Boulay pour les moulins de Charmes, etc., etc.

16. CHASTENOY. Douze pièces in-folio, concernant le Prieuré de Châtenoy, manuscrites et imprimées ; environ 80 pages.

17. Mémoire pour les abbé, prieur et religieux de Clairlieu, contre les seigneurs et habitants de Lupcourt et les seigneurs et habitants de Ludres, etc. ; quatre pièces in-fol.

18. COMMERCY. Quatre pièces datées de 1663 et 1737.

19. CONFLANS DE JARNISY. Quatre pièces, 1321-1347, sur parchemin. — Etat du revenu de la Provosté de Conflans en Jarnisy, 1610. — *Et autres pièces concernant Clermont.*

20. COURCELLES-SUR-NIED. Extrait du Mémoire des cens, rentes en bled, avoine, poules, chapons et deniers de rentes dus au Seigneur de Courcelles-sur-Nied, pour l'année 1768 ; in-folio de 10 feuillets.

Cuvry. Deux pièces, ensemble 7 feuillets, 1617 (copie moderne).

21. CREUTZVALD-LACROIX. Pièce relative au village de Creutzvald-Lacroix, district de Sarrelouis.

22. Treize pièces imprimées et manuscrites, concernant Dambellaine, Darney, etc., dont :

Les comptes et rolles des Hostelliers de la ville et faubourgs de Darney, en 1598. — Notes et lettres autographes signées et datées de 1595. — Lettres d'érection du Comté de Bouzey, en 1715, in-4°. — Lettres d'érection de la baronne de Fontel, en faveur du comte d'Espilliers, 1722, in-4°. — *Et autres pièces.*

23. Six pièces in-folio, relatives à la ville de Dompaire, de 1558 à 1606, dont :

Escriptures de Jean Bermann, de St-Nicolas, contre les sieurs procureurs de Vosges et de Dompaire, 1579, 12 pages. — *Et autres.* •

24. Quatorze pièces relatives à la ville de Dieuze. Exemptions et privilége particuliers octroyés par Charles II, duc de Lorraine, aux curés de l'office de Dieuze, 1399. — Testament de St-Jean Chapoule, échevin en la justice de Dieuze, et tabellion général en Lorraine, 1635. — *Et autres pièces.*

25. Comptes des receptes et dépenses de la ville de Dieuze, 1622 ; in-folio, manuscrit de 42 pages avec signatures.

26. ÉTAIN. Sept pièces manuscrites, xviie siècle, cinq Mémoires et factums, savoir :

Pour les dames abbesse et religieuses de l'abbaye royale de Juvigny. — N. Charron et les prieur et chanoines de l'abbaye de St-Paul, de Verdun, etc.

27. Dénombrement du bailliage de Fénestranges, baronnie régalienne libre de l'Empire, dressé par M. le comte de Saintignon de Nitting, grand baillif d'épée, pour le roy de Pologne, 18 septembre 1739 ; in-4° de 128 pages.

Manuscrit.

28. GUESSELIN-VIC. Pièce relative au village de Guesselin-Vic, annexe de Boustroff, à cinq lieues de Vic et à neuf de Metz.

29. Hinguezange. Pièces et titres relatifs au village de Hinguezange, 1716, dont un titre revêtu de ses signatures, 1711.

30. Holbingen. Pièces relatives aux habitants de val de Holbingen.

31. Cinq pièces manuscrites relatives à la ville de Jametz, dont :

> Rapport des réparations à faire au château de Jametz, 11 août 1600, et autres pièces antérieures; in-folio.

32. Environ 18 pièces manuscrites relatives aux localités suivantes: Gondreville, Hatton-Chastel, Héricourt, Heyligmer, Val-de-Holbinger, Honcourt, Houdreville, xvii° siècle.

33. Gorze. Pièces diverses relatives à un procès contre le prince de Murback, abbé de Gorze, et les chanoines et chapitre de l'église collégiale de Gorze; 8 pièces in-folio, y compris une lettre autographe de Goblet.

34. Pièces relatives aux localités suivantes: Ligny, titres datés de 1231, 1269, 1274, 1304, 1311 et 1461; Val-de-Liepvre, Lupcourt, Ludres, Longuyon, etc., etc. (copies modernes).

35. Luxembourg. Fragments pour servir à l'histoire de Luxembourg; in-folio, environ 80 pages.

> Manuscrit de Jacq. Couet.

36. Saint-Mihiel. Quatorze pièces, dont une du bailly de St-Mihiel, datée du 14 janvier 1471, sur parchemin. — D'autres signées de Paul de Haraucourt, bailly de Nancy, 4 mai 1624; Jean Bernard de Punderick, 1683, sur parchemin; etc., etc.

37. Saint-Mihiel. Bref du pape Paul V, adressé par M. Platel, envoyé de Lorraine à Rome, avec un mémorial pour obtenir l'abbaye de Saint-Mihiel, vacante par la mort de Dom Hennesson, pour M. le prince Charles de Lorraine, le 22 Septembre 1605. — Supplique en la Cour de Rome, pour l'abbaye de Saint-Mihiel, en faveur du prince Charles, 2ᵉ fils de S. A. Charles V, duc de Lorraine, 1689. — Risposta a certo motivo. Virdunem. — Mémoire instructif au sujet de la même abbaye, 1690. — Lettre (autographe) de M. Platel à M. le Bègue, datée de Rome, le 28 janvier 1690, 4 grandes pages in-4°. — Les mêmes pièces copiées par Lemoyne, avec son paraphe. 20 pages in-folio.

38. Saint-Mihiel. Mémoires et factums concernant l'abbaye, les bénédictins et le chapitre de la collégiale de Saint-Mihiel ; 13 *pièces* in-folio et in-4°.

39. Marville. Quinze pièces in-folio, 1574-1778. Mémoire des titres d'exemption de haut-conduit en faveur des habitants de Marville, des raisons et difficultés de Messieurs du Conseil de Luxembourg, et des réponses qui leur ont été faites pour maintenir lesdites exemptions ; 10 pages ; etc., etc.

40. Mirecourt. Neuf pièces manuscrites relatives à la Halle de Mirecourt, y compris le plan, 1614. — Mémoire adressé au Roi, du Tiers-Etat de la ville de Mirecourt, pour la convocation des États généraux ; in-4°. — Lettres d'érection du marquisat de Baudricourt, dans le village appelé ci-devant Saint-Mange. *Nancy,* 1720 ; in-4°. — Mémoire pour la chapelle sous l'invocation de Saint-Didier et Sainte-Catherine, de Mirecourt ; in-folio.

41. *Mélanges.* Dix pièces, dont trois sur parchemin, concernant Montbeillard, Morfontaine, Saint-Nicolas-du-Port, 1606 ; rachat de la ville de Neuvillers, 1582 ; Nanoncourt, Sainte-Marie-aux-Mines, Mars-la-Tour, 1789.

42. MORHANGE. Cinq pièces, dont :

> Mémoire concernant la succession de Jean X de Morhange ; deux pièces sur parchemin, datées de 1751, et composées de 20 feuillets in-4°.

43. MONTMÉDY. Six pièces, dont :

> Arrêt du Parlement qui déclare valable une fondation faite d'une rente foncière de grains au profit de la Fabrique du Grand-Verneuil, avant que ce village ne soit passé sous la domination du Roy, par le traité des Pyrénées, de 1659.

44. MOYENVIC. Notes, pièces et plan concernant la Cure de Moyenvic, depuis le vie siècle jusqu'en 1480. — Catalogue du nom des Confrères et Confreresses qui se sont enrôlés en la Confrérie du Saint-Rosaire de la Vierge depuis son établissement en l'Eglise de Moyenvic, en 1644 jusqu'en 1715. — Contestation entre le curé et les habitants de Moyenvic, au sujet du chœur de l'Église paroissiale, 1687. — Déclaration des biens que l'abbaye de Saint-Mansuy de Toul a à Moyenvic. — Inventaire des lettres contenues dans l'arche de la paroisse de Saint-Piant de Moyenvic. — Plan de l'Eglise de Saint-Piant en 1736.

> En grande partie de la main de Lemoyne.

45. MOUZON. Quatre pièces, dont une du 8 février 1418. — Mémoire concernant le fief et seigneurie des

redevances sur les moulins, dixmes et terrages de Beaumont en Argonne.

46. NEUFCHÂTEAU. Dix-sept pièces, dont une des Arbalestriers de Neufchâteau, et une autre datée de Moyen-Moutier et signée Petit Didier.

47. NOMÉNY et ses dépendances. Quatorze pièces de 1595-1613, dont :

Lettres de neutralité du roi Henri II pour la terre de Nomeny et le ban de Delmes, copie signée T. Alix. — Acquêts du Marquisat de Nomeny; 12 feuillets. — Une pièce relative à la fraude dans les salines du Marquisat de Nomeny, original, avec cachet et six signatures, 6 pages. — Copie de la donation faicte par feu S. A., à l'Altesse S. Madame, du Marquisat de Nomeny et terre de Létricourt, du 29 mars 1613.

48. Pièces relatives aux localités suivantes : Omeroy, Oron, Pétoncourt et Port-sur-Seille, Romécourt, etc.; concernant Nicolas Soudieux, prêtre, curé de Gremercey et Pettroncourt. Contre Th. Balthasar, comte de Renel; et Marguerite de Raigecourt, Louis de Custine, Nicolas Marc de Nouroy et G. de Nouroy.

49. Vingt-cinq pièces imprimées et manuscrites concernant l'Université de Pont-à-Mousson.

49 bis. Quarante-huit pièces concernant l'Université de Pont-à-Mousson, de 1571 à 1753.
Copies modernes.

50. Mémoires et factums pour les supérieurs et chanoines réguliers de la Maison de Saint-Antoine de Pont-à-Mousson, contre le curé de Létricourt, etc., ornés d'une carte topographique du ban de Létricourt, ensemble 5 parties in-folio.

51. Mémoires et factums concernant la ville de Pont-à-Mousson et les Chanoines de l'ordre de St-Antoine; 6 pièces in-folio. — Vingt-deux affiches-placards pour le prix du pain et de la viande, 1752. — *Et autres pièces.*

52. PONT-A-MOUSSON. Treize pièces, dont une datée du 18 décembre 1238, sur parchemin; une autre de 1465, sur parchemin; d'autres sur papier, de 1607-1660; signées de Ch. Loylie, secrétaire du chapitre.

53. RECHICOURT-LE-CHATEAU. Soixante-treize pièces ou cahiers in-fol. et in-4°, dont 8 sur parchemin, de 1672 à 1757, concernant l'affaire de Charles, comte d'Asfeld et de Richecourt, Langlave, grand escuyer du roy de Danemarck, et vice-roy du Holstein.

54. Environ 180 pièces relatives au comte d'Alsfeld, de Réchicourt-le-Château, le comte de Nassau, etc., etc.

55. Mémoire pour prouver que Rodemacher et les seigneuries ne doivent pas être contestées, et qu'elles appartiennent sans contredit à Sa Majesté; communiqué par M. Blouet; lu en séance, le.... In-folio de 10 feuillets, et 16 pièces in-fol. servant de preuves.

Manuscrit très-bien exécuté.

56. Mémoires pour les Dames abbesse, doyenne, chanoinesses et Chapitre de Saint-Pierre de Remiremont, contre les doyens, échevins, promoteurs et curez des Doyennés de Remiremont, Jorcey, Poursas, Châtenoy, etc., etc.; in-fol., 4 pièces.

57. SAINT-QUIRIN. Onze pièces, dont:

Plaid annal tenu en 1471; pour M. Anastasse, abbé

de Marmoutier, et dom Benoist, profes dudit couvent de Marmoutier, et prieur de St-Quirin ; in-fol. de 72 pages.

Manuscrit d'une belle écriture, copie de 1778.

Rôle du Maire de Saint-Quirin, pour l'an 1602, du 28 janvier 1603.

Extrait du plaid annal de 1613, sous Messire Frideric, abbé de Marmoutier, etc. 1er novembre 1613.

Analyse des actes, pièces et procédure de la cause pendante au parlement, entre les sieurs Lanfray, Mena et Cie, les sieurs Jeandel, Verdun, l'abbé de Saintignon et les dames abbesses du Chapitre de Saint-Louis. *Metz, Collignon, 1771 ; in-fol. de 51 pages.*

Précis pour l'abbé de Saintignon ; in-4°, 7 pages.

Précis pour la Cie Verdun, contre le Procureur général à la table de marbre, M. de Saintignon, etc., etc. *Metz, Joseph Antoine ; in-4° de 39 pages.*

Précis pour le sieur Verdun, contre M. de Saintignon, Pierre Leclerc, et les sieurs Saint-Michel, Bastien, etc. *Metz, Jos. Antoine ; in-4° de 35 pages.*

58. SEDAN. Quarante pièces in-folio, de 1560 à 1789, savoir :

Ordonnances, coustumes, et priviléges de Sedan. — Etat de la ville et principauté sous les Ducs de Bouillon. — Pièces relatives à la possession de Sedan par le Roy.— Lettre écrite à M. Ferry, narrative de ce qui s'est passé à Sedan pendant le mois d'avril 1644, au sujet de la prestation de serment des officiers. — Contrat d'échange des souverainetéz de Sedan et Raucourt avec les duchez et pairies d'Albert et Château-Thierry, et les comtés d'Auvergne et d'Evreux, passé entre le roy Louis XIV et Frédéric-Maurice de la Tour-d'Auvergne, duc de Bouillon, 20 mars 1651, 20 février 1652 ; in-fol. de 54 pages. — Extrait d'un cartulaire de 1573, de tous les héritages roturiers et des cens et redevances de Francheval ;

20 pages in-fol., signé Dumont. — Journal des mouve-
ments (de troubles) de Sedan, en 1777, quinze pages
(curieux). — Mémoire à l'occasion des dernières émeutes
(1789) arrivées à Sedan ; pièce signée. — Lettre autographe de l'avocat Fourices, adressée à M. Emmery, et
relative au même sujet.

59. SEDAN. Environ 70 cahiers ou pièces in-fol., de 1593-
1779 (copies modernes. — Etat et revenus de la
ville, etc.

60. SEDAN. Dix-neuf pièces in-fol. et in-4°. Mémoires et
factums.

61. Vingt-deux cahiers ou pièces, 1229-1777. Copies des
chartes concernant les priviléges, libertés, etc. de la
ville de Sarrebourg. — Etat général des revenus et
charges de la ville de Sarrebourg. — Etat et éva-
luation des domaines, terres et seigneuries dont M. le
comte Lutzelbourg, a joui propriétairement jusqu'à
son décès, arrivé en 1763. — Mémoire à consulter pour
les maire, échevins, assesseurs, bourgeois, habitans
et communautés de Sarrebourg. — Et différentes
pièces concernant Imling.

62. Sept pièces en allemand et en français, relatives à
Sarrebourg, Salbourg, Sandoulcourt, 1546-1681 ;
plusieurs avec signatures et cachets.

63. Dix cahiers in-fol. manuscrits. Statuts des corps de
métiers de Sarrelouis, tels que : chapeliers, tonneliers, tailleurs d'habits, tisserands, fileurs de laine,
bouchers, boulangers, et les communautés de Ste-
Catherine, St-Eloi. — Lettres de han pour les marchands merciers de Valdrevange transférés à Sarrelouis.

64. Simingeis. Deux pièces sur parchemin, 1685.

Talange. Manuscrits et imprimés, relatifs à Ferry et Geoffroy, 1681. — Dénombrement de terres et seigneuries de Talange, un gros cahier in-folio.

65. Teting. Etat des sujets de la seigneurie abbatiale de Teting, souveraineté de France.

Mémoire à consulter pour Jean-Baptiste Dame, prêtre et curé de Téting, 14 juin 1779.

Lettre autographe signée Hippert, curé de Teting, près St-Avold, à M. Emmery.

Mémoires pour justifier que l'abbé de St-Avold est seul patron et collateur du vicariat perpétuel de Teting, privativement aux autres co-Seigneurs, de 1216 à 1593.

Copies modernes signées D. Baudinot, abbé de Saint-Avold, 1er juin 1761.

66. Turquestin. Copie des Droicts et Chartres du village d'Hattigny, 10 janvier 1566; *in-4° de 20 pages.*

Manuscrit.

Compte de la Baronnie de Turquestin en ce que regarde le domaine provenant d'acquêt fait de feu l'Altesse de Monseigneur le Duc, et obvenu par partage à son Altesse, que Réné-Jean-Philippe Valler, Capitaine haut-justicier et Receveur en ladite terre, etc., etc., du 23 avril 1663; *in-folio de* 48 *pages.*

Manuscrit copié sur l'original en 1778, appartenant à M. le prince de Beauveau, avec notes marginales.

Verbal et Enquestes envoyé à S. Altesse, le 21 août 1668; in-4°.

Et autres pièces relatives au même sujet.

67. Pièces concernant Vacqueville, Veho, Xanrey, Xirxange et Xures.

Adjudication de l'Eglise de Xanrey, le 22 février 1752; cahier in-folio de 26 pages.

Mémoire pour Pierre Pagel de Sainte-Croix, chanoine de l'Eglise cathédrale de Toul; pourvu en commande du prieuré de Saint-Jacques et Saint-Christophe de Xures; in-folio de 46 pages.

Manuscrit avec notes marginales.

68. Vic. Dix-huit pièces in-folio et in-4°, imprimées, dont :

Mémoire pour les supérieure et religieuses de l'Ordre de Saint-Dominique du Monastère de la ville de Vic, etc.

69. Vic. Environ 50 pièces manuscrites, in-folio et in-4°.

69 bis. Trois pouillés du diocèse de Metz, copiés sur un cahier de M. Bugnon, géographe de Lorraine; in-fol. de 52 pages.

Villes et Villages du Pays-Messin.

70. Antiquum Diœcesis Metensis Poleon 1570; in-folio de 40 feuillets.

Copie moderne.

71. Poliom des noms des églises et annexes de la cité et diocèse de Metz, où se trouvent aussi les fondateurs collateurs d'icelles, fait au commandement de Monseigneur Charles, card. de Lorr., évêque de Metz,

et en sa visite générale des années 1606 et 1607 ; revue par J. Wirion, secrétaire, in-fol. de 22 pages.

— Et deux autres copies en latin, renouvelées en 1646 et 1669, *deux cahiers in-fol.*

72. ANCY. Neuf pièces, dont deux sur parchemin, relatives au village d'Ancy-sur-Moselle, de 1638 à 1681.

73. ARNAVILLE. Articles transcrits dans un recueil de plusieurs coutumes observées en Lorraine, venant de M. Lefèvre, etc; 2 pièces sur parchemin, 1681.

74. ARRY. Mémoire pour François Marchant, prêtre, curé d'Arry, contre la Comtesse de Neuvron-le-Château ; in-fol. de 57 pages. — Et autres pièces manuscrites, au nombre de 19.

75. ARS-LÈS-QUENEXI. Mémoire pour les princier, doyen, chanoines et Chapitre de la Cathédrale de Metz, seigneur haut, moyen et bas-justicier d'Ars-lès-Quenexi, et la communauté du même lieu, contre J.-L. Bernard de Baulaine, seigneur de Chagny-la-Horgne. *Metz, Jos. Anthoine,* 1776 ; in-4°, trois parties, *br.*

76. ARS-SUR-MOSELLE. Trente-quatre pièces et titres, la plupart signés, dont six sur parchemin et trois originaux, dont un revêtu du sceau, 2 mars 1667.

77. ARRAINCOURT. Cinq pièces relatives au village d'Arraincourt, de 1531 à 1671.
   Ecriture du temps.

78. AUBE, AUGNY, deux pièces.

AY. Mémoire et consultation pour Dame de Blair, contre Cl.-Fr. Lajeunesse. *Metz, Jos. Antoine,* 1759; in-folio, deux parties.

79. BAIGNEUX, BAIN DE BAZAILLE, 3 pièces.

Ban de la Rotte. Factum pour Christ. Hugon, conseiller au siége de Metz, contre G. Vassart. *Metz*, 1727, *in-fol.*, *3 pièces.* Affaire criminelle à l'occasion d'un grand incendie à Brulange.

80. BAN ST-PIERREMONT. Lettre signée du procureur-général Joly aux Maîtres–Échevins-Treize de la ville de Metz.

Ban des Treize. Papiers concernant un dimage apparte- nant à Fr.-Louis Gabraux, bourgeois de Metz.

81. BASONCOURT. Trente pièces de 1538-1767, dont trois sur papier avec sceaux 1682. — Pied-terrier de 1767, in-fol. de 70 feuillets, etc., etc.

82. BEAUCOURT. Cinq pièces. Contrat de vente, 1633 ; état et déclaration de déboursés par J. Couet, Sʳ Du- vivier, à cause de l'acquisition de Beaucourt. Dé- claration de la terre et seigneurie de Beaucourt.

BERLIZE. Factum pour Louis Feriet ; in-fol., 2 parties.

BÉUX. Environ 15 pièces, xviiᵉ siècle.

83. BEURN. Deux pièces (concernant la seigneurie de), 1790.

BEUVILLE. Trois pièces, 1727.

BEZANGE-LA-GRANDE. Deux cahiers in-fol. ensemble de 48 pages. — Lettre autographe de Picerard à M. Col- chen, 1777.

BILLY. Déclaration des biens et revenus de l'évéché et comté de Verdun, situés à Billy.

BOUXIÈRES. Une pièce latine, 1725.

84. CHANTRENNE. Deux pièces sur parchemin, 1681. Foi et hommage de Charles Guyet.

CHARLY. Lettre signée de l'abbé de Gorze, 31 aoùt 1787.

CHAZELLE. Une pièce signée F. Chemdellier, 1789.

CHEMINOT. Titres et pièces pour et contre les communautés de Longeville et Cheminot, 1629-1651.

CHERISAY. Trois pièces, dont une inscription latine, de 1143, en l'église de Cherisay, et copiées par P. Ferry, en 1651.

85. CHATEL-SAINT-GERMAIN. Six pièces concernant le village de Châtel-Saint-Germain, 13 Octobre 1676; 6 février 1749.

Une pièce signée concernant le village d'Oraincourt, 23 juillet 1721.

Trois pièces concernant les villages de Cirey et Châtillon (vic). 1681-1759.

86. COIN-SUR-SEILLE. Seize pièces concernant plusieurs chapelles fondées à Metz par les Gournay, dans les paroisses Saint-Maximin, Sainte-Croix et Saint-Martin, à la chapelle castrale de Coin, 1369-1779.

— Pied-terrier pour Didier Bazin et Marguerite Hugo, 1679; in-folio *de 21 feuillets, avec signatures.*

87. CONCY. Une pièce, 1613.

COLOMBEY. Deux pièces. Reprise de Colombey de l'abbaye de Senones, 1461. *Copies modernes.*

88. CORNY. Dix pièces, savoir:

Deux pièces du 6 août 1420, 26 novembre 1431, 16 septembre 1438; Ordonnances et coutumes, 1607. Dix-sept feuillets in-4°.— 1615, 3 juillet 1557, 6 avril 1589, 14 juillet 1520 et 20 décembre 1606.

89. COURCELLES-CHAUSSY. Diverses pièces. Délibération de la commune, 1790.— Une lettre signée Frochard, curé de Courcelles-Chaussy, 22 octobre 1789. *(Curieuse.)*

— Une autre lettre signée des principaux habitants, *(très-curieuse),* et datée du 30 janvier 1790: « Notre

2

« pays, ainsi que Metz, fourmille d'aristocrates, qui,
« par leurs agents, cherchent à étouffer le patriotisme,
« etc. » — Papiers et lettres du curé J. Choppe, de
Courcelles-Chaussy, en 1773.

90. DELME. Mémoire pour Nic.-Fr. Bardou du Hamel, contre
Fr.-Chrétien Busselot, seigneur du fief de Delme.
Metz, 1731; in-fol. de 19 pages; et autres pièces.

DOMANGEVILLE. Pièces concernant le droit de péage dudit
pont, 1748.

DORNOT. Mémoire pour Robert Le Tonnelier, *Metz,
Jos. Antoine*; in-fol. de 7 pages.

91. FLANVILLE. Cinq pièces, sur parchemin, datées du
8 avril 1444, 8 février 1563, 31 octobre 1602,
7 janvier 1611 et 1er septembre 1665. Pièces originales, accompagnées de fort belles copies modernes,
plus une copie d'une pièce de 1470.

92. FLAVIGNY. Pièces manuscrites : Procédure criminelle
instruite contre Thomas Mathis, ci-devant maistre
échevin de Flavigny, village dépendant de l'abbaye
de Saint-Arnould, accusé de sortilége, larcins,
faussetés, malversations; 1er août 1625. — 18 septembre 1625. Pièce signée d'André Valladier *qui
prend le titre de*: Seigneur régallien, haut-justicier
moyen et bas de Flavigny.

93. FLEVY. Droit de rémérer la propriété et trefond dudit
village et seigneurie pour Louis Gauvain, seign.
de Montigny, 4 janvier 1599; pièce sur parchemin,
accompagnée de la minute. — Ratification de la
Dame Odille de Heu, épouse du seign. Henry de
Chalon. 9 février 1599. *Pièce sur parchemin, avec
signatures de Henry de Chalon et Odille de Heu,
et sceau.*

94. FRONTIGNY. Trois pièces. 1620-1622. *Belles copies modernes.*

FRANCALEUF. Précis pour P. Lamarle (au sujet d'un moulin sur la Nied). *Paris, Cellot* 1767; in-4° de 19 pages.

GELUCOURT et GLATIGNY. Deux pièces.

GONDRECHANGE. Diverses pièces, 1681.

95. GRAVELOTTE. Acquaist du S. Pierre Blaise contre Barbe Fériet, vefve de feu Ant. Blaise (le tiers du demi-tiers par indivis de la terre et seigneurie; les immeubles sont détaillés pour S. P. Blaise, 19 juin 1599).

Très-grande pièce sur parchemin.

96. HAUCONCOURT. Sept pièces, 1329-1430, 1458, 1485. *Belles cop. modernes.* — Précis pour Louis Le Goullon, contre Arn. de Loyauté. *Metz, J.-P. Collignon,* 1772; in-folio de 35 pages. — Précis pour Arn. de Loyauté contre L. Le Goullon; in-4°.

97. JUSSY. Environ soixante pièces, 1571-1723, savoir :

Compte-rendu à Mme de Mollin-Woueez du haut ban Jussy, par le maire dudit lieu, 1571-1574.

Sentence du Me Échevin et de son Conseil, qui maintient les habitants du ban de Vaux, Jussy et Sainte-Rufine, en l'usage d'envoyer le bétail vain pâturer quand bon leur semblera, en certains endroits ÿ mentionnez, après que les surpoids en seront cueillis, 21 juin 1613.

Le tiers par indivis de la terre et seigneurie du haut ban de Juxy, lequel s'étend ez villages de Vaux, Juxy et Sainte-Rufine, et le tiers aussi par indivis dans la seigneurie du ban Saint-Paul, à Juxy, etc. Les héritages sont dus par Jean Poutet, avocat en parlement, seign. de Vitrange et Malleroy en partie, 1640, le 19 mars; in-folio de 12 pages, sur parchemin.

Accord du 14 mars 16... entre Marie Marcheville,
Vᵉ du Sʳ de Courcelle, et de J. Poutet, au sujet du haut
ban de Jussy.

Compromis passé entre les seigneurs de Vaux, Jussy
et Sainte-Rufine, d'une part, et ceux de Moulin, d'autre,
portant nomination d'arbitre pour procéder à la reconnaissance des limites desdites seigneuries et la séparation
d'icelles, avec enquête faite en conséquence par lesdits
arbitres. 14 juin 1688.

Mémoire à consulter pour le Curé de Jussy et Vaux.

Copie de transaction entre l'abbaye de Saint-Arnould
et le Curé de Jussy, en 1635.

Charte de Charles-le-Chauve, contenant la donation
de la Cure de Jussy à l'abbaye de Saint-Arnould. *(Copie.)*

Roolle et déclaration des noms et surnoms des porteriens et porteriennes des villages de Jeuxey, Saincte-
Rufine et du ban commun de Vaulx, en l'an 1608;
in-folio de 67 feuillets.

Registre de la communauté de Jussy, 1689-1691;
in-folio de 36 feuillets.

Mémoire pour le service de Mᵐᵉ de Saincte-Glossinde,
touchant ces seigneuries tant du haust ban de Jussy que
du ban St-Paul audit Jussy, à quoi elle doit commander
et ordonner, etc., etc.

Plaids annaux de Vaux, Jussy et Saincte-Rufine.
20 mai 1697.

98. LA BEUVILLE (Communauté de). Diverses pièces, 1773.

LESSY. Une pièce, 8 avril 1624.

LIEBON et SILLY. Six pièces, 1785.

LOIVILLE. Pied-Terrier de 1750; in-folio de 30 pages.

99. LORRY-DEVANT-METZ, Savoir:

Les droicts de la ville de Lorry-devant-Metz. — Ordonnances pour la Justice de Lorry-devant-Metz. 20 pages
in-fol. Et autres pièces datées du 14 août 1413, 22 août
1459, 1485, 20 janvier 1540. Fort belles copies modernes
de pièces très-intéressantes.

Compte fait par Wairrin Collin le jeune, gouverneur
pour M^mo de Vroy, au village de Lorry-devant-Metz,
1581-1617; in-folio de plus de 100 pages, *non relié*.

Mémoire pour servir d'introduction au procès pendant
par devant MM. du Consistoire métropolitain de Trèves,
entre Jean Bourg, prêtre, docteur de Sorbonne, contre
Jacq. Daymard, curé de Lorry. 1745. — Réponse de
J. Daymard; in-folio de 19 pages imprimées.

100. MAGNY. Mémoire pour les prieur et religieux de
l'abbaye de Saint-Clément, de Metz, Ordre de
Saint-Benoît, contre Dominique Thiébaut, prêtre,
vicaire perpétuel de la paroisse de Magny et ses
annexes, et contre Cl.-Fr. de Besse de la Richardie,
chanoine et archidiacre de l'Eglise de Metz, abbé
commandataire de l'abbaye de Saint-Clément, etc.
Metz, imprim. de Fr. Antoine. 1746; in-folio de
22 pages. — 2e Mémoire in-folio de 11 pages.
(Autre) Mémoire pour les religieux, etc.; in-folio
de 21 pages. — Requette de D. Thiébault, 3 pages
in-folio. — Acte du 23 juillet 1746. Requette de
D. Thiébault; in-folio de 13 pages. — Supplique
du même; in-folio de 29 pages. — Autre supplique
du même; in-folio de 12 p. Ensemble 7 pièces, *br.*

101. MAGNY. Pièces concernant la communauté de Magny,
au sujet du péage de leur pont. 1487-1722. — Copies
modernes d'anciennes pièces, et extraits d'autres. On
y remarque une lettre adressée à M. de Moulin, datée
du 2 décembre 1617, par les habitants de Magny,
avec sept lignes et la signature A. Fabert.

102. MONT. Huit pièces, 1642-1685. Déclaration de la seigneurie de Mont. 6 feuillets in-fol. — Acquisition par
M. de Bretagne d'un quart de la terre et seigneurie
de Mont.

103. MORVILLE-DE-GORZE. Une pièce, 27 avril 1763. Droit de passage, avec notes de Lemoyne.

MOUSSEY. Une pièce, 1702.

MOULINS. Trois pièces et notes séparées. Transaction entre la Comté et M. de Fabert, 31 octobre 1741.

104. MARLY. Treize pièces, 1324-1664 ; in-fol., très-belles copies modernes. On y remarque une pièce du 4 avril 1403, signée Praillon, et une autre sur parchemin, du 12 décembre 1533, avec signature et sceau.

105. MARS-LA-TOUR. Permission de construire la collégiale de Mars-la-Tour, par Henry de Lorraine, évêque de Metz, du 14 juin 1500. — Fondation de la collégiale de Nôtre-Dame de Mars-la-Tour, par Gérard d'Avillers, seigneur dudit lieu, etc., 12 juin 1502, 8 feuillets in-fol. — Une pièce de 1620. — Précis pour les prévot, chanoines et chapitre de Mars-la-Tour, contre Florimond de Barat, seigneur de Boncourt, 1718, 9 p. in-fol. *imp.* — Mémoire pour Catherine et Louise de Fiquelmont, Dames de Mars-la-Tour, contre Jacq. Dominique Lacroix ; 15 *pag. in-fol. Impr.*

106. BAN-ST-MARTIN. Quatre pièces, 1790.

MAIRIES DU VAL-DE-METZ. (Fragments de copies d'anciens titres concernant les quatre) et autres pièces.

MAIXIÈRES. Une pièce.

107. NOISEVILLE. Quatre pièces, 1335-1441, in-fol., ensemble 30 feuillets.

Belles copies modernes.

108. PLAPPEVILLE. Trois pièces sur parchemin, 7 janv. 1463, 12 et 16 février 1574. — Une pièce de 1790. Restauration à l'église de Plappeville.

109. PONTOY. Deux pièces.

POUILLY. Une pièce sur parchemin, 6 février 1623, signée

B. de St-Aubin. — Mémoire pour Nicolas Hannequin, prêtre et curé de Pouilly.

POURNOY-LA-CHÉTIVE. Trois pièces sur parchemin, 1640 et 1641.

LA RONDE. Sept pièces, 1623-1635.

110. ROZÉRIEULLE. 1650-1725, Titres de la communauté de Rozerieulle. — Ascensement du prieuré de Rozerieulle par les supérieur et prestres de la Mission, au couvent des Rév. PP. de l'abbaye de Notre-Dame de Mouzon, 24 mars 1725, pièce signée et scellée. — Transaction avec les PP. Bénédictins. — État des charges auxquelles la mayrie du village de Rozerieulle est obligée annuellement.

111. RURANGE. Deux pièces, 4 septembre 1424 et 16 mai 1706.

SAILLY. Une pièce.

ST-JULIEN-LÈS-METZ. Trois pièces, 1733-1737.

ST-LADRE-L'HÔPITAL. Deux pièces, 1284-1496. Copies modernes.

112. SAULNY. Cinq pièces, 1638. Titres pour et contre la communauté de Saulny.

SCY. Deux pièces. Promesse de J. Toussaint, maire du lieu, 1608. — Requête des prieur et religieux Bénédictins de l'abbaye de St-Symphorien de Metz, contre Léopold-Ferdinand Bellaire, curé de Scy, etc. *Metz, Jos. Collignon* (1757); in-fol., 2 part., *br.*

113. SAVIGNY-LÈS-RAVILLE (Metz). Environ 80 pièces de différentes époques.

114. SILLY-SUR-NIED. Une pièce. Lettre originale signée *Claude-Antoine de Vienne*, datée de Deux-Ponts, au Greffier de M[rs] les Treize de Metz, pour montrer que Silly est tenu Pays messin.

115. SOLGNE. Trois pièces, 1790. Délibération municipale.

STONCOURT. Pied-terrier du ban St-Pierre, 24 pages in-fol; 1744.

SILLEGNY. Une pièce, 1705.

SIVRY. Supplément au Factum pour les Dames de Choisy de Sivry, contre le sieur De St-Pez, etc., 1743; in-fol., *br*.

116. THIONVILLE. Une pièce 1639.

TURIE. Trois pièces. Thiriet Quoirel, aman, pièce du xvᵉ siècle, et deux de 1631; droit de parcours.

TRONVILLE. Quatre pièces, 1791.

VALIÈRE. Six pièces, 1681. Deux sur parchemin, Nicolas Martigny, seigneur de Valière, avec sign. et cachet.—Mémoire pour les princier, chanoines et Chapitre de l'Église de Metz, etc., contre Armand de Carmantran, curé de Valière; 10 pages in-fol., 1759.—Prestation de serment à la nouvelle Constitution, 1790, etc., etc.

117. VAUDREVILLE. Une pièce sur parchemin. Le tiers de la terre et seigneurie de Wadreville, pour le Sʳ Jean de St-Aubin fils, 17 May 1631. Pièce signée.

VAUX. Vingt-huit pièces, 1598-1790. Toutes pièces signées.

VERNÉVILLE. Trois pièces sans date (vers 1540 et 1650).

118. VIGY. Une pièce, 1710.

VIONVILLE. Deux pièces. 1603-1790.

VRY, ST-JEAN-AUX-BOIS, RUPELDANGE, LA NEUVILLE. Une pièce, 28 May 1616; quatorze pages in-folio. *Belle copie moderne.*

VITTONVILLE et ARRY. Une pièce. Factum pour Louis Le Bœuf, haut-justicier, moyen et bas, de Vittonville et d'Arry, contre la dame Cogney et Et. de Procheville, seign. dudit Arry; 7 pages in-fol.

WAVILLE. Huit pièces, 1635-1773.

Protestantisme.

119. Lettres de sauvegarde accordées au Chapitre de Metz
par l'Empereur Frédéric, du 25 Juin 1463.

Lettres d'abolition accordées à la ville de Metz par
l'Empereur Frédéric, du 6 Avril 1464.

Sentence prononcée à Rome contre la ville de Metz, à
l'avantage du Clergée, ann. 1464.

Copies modernes.

120. Supplications au Maistre Eschevin et Trez-Jurez pour
avoir ung prédicateur pour prescher l'Evangille; 3
pages in-folio. belle pièce du temps vers la fin de
1541.

M. Emmery y a joint une longue note de 3 pages.

121. Article à proposer à tous ceux qui désirent la mani-
festation de la parole de Dieu en la noble ville de
Metz, libre et impériale, 1541–1542; in-folio.

Avec la traduction allemande.

122. Six pièces dont :

Une du 17 Novembre 1534.

Une du 15 Octobre 1540, durant la journée de Worms
ou Granville. arriva en Novembre.

Etat de l'Exercice de la Religion réformée dans la ville
de Metz et pays messin depuis l'année 1542 jusqu'au
22 Octobre 1685.

Choses proposées aux princes protestants, le 15 Juillet
1542.

123. Trois pièces relatives aux affaires de la Religion,
1541 (dont une en allemand) et une lettre du 17
Décembre 1662, de Berneyger à Paul Ferry.

124. Translat des lettres (Joachim) du marquis de Brandebourg, électeur, etc. (aux honorables et saiges, nos chiers singuliers maistres des bourgeois et conseils de la cité de Metz), 1542.

125. Départ de la journée tenue à Metz, entre le Comte Guillaume de Furstemberg, etc., et la cité de Metz; 16 Mars 1542; in-fol. 11 pages.

> Ancienne copie.

126. Supplication à Monseigneur le Maistre Eschevin de la cité de Metz; du 22 Août 1542; 4 pages in-fol.

127. Trois pièces, dont :

> Lettre de ceux de Metz et des principaux de la Religion, à ceux de Strasbourg, par un député peut-être Bruno., septembre 1542; avec notes de Paul Ferry.
> Les deux autres pièces du 5 et 7 septembre 1542, dont une en allemand relatives à Guill. Farel.

128. Quatre pièces, dont :

> Translat des lettres de ceulx de Brendebourg, datées du 17 octobre 1542, pour le fait de la prédication et administration des sacrements (aux Maistres Eschevins et Treize).
> Autres pièces, dont une en allemand.

129. Les négociations du Maistre Eschevin de Metz au fait du Saint-Evangile; du 22 octobre 1542.

> Pièce en langue allemande accompagnée d'une traduction latine.

130. Quatre pièces, dont :

> Lettre missive de Philippe, Landgrave de Hessen, à la Reyne Marie, en faveur de ceux de la R. P. R. du 28 janvier 1543.
> Lettre du ministre de Metz aux bourgeois de Metz, qui demeurent à présent à Strasbourg, du 27 avril 1543.
> Et autres pièces dont une en allemand.
> Copies modernes.

131. Entrevue du comte de Salins par le duc de Lorraine d'une part, et du comte Guillaume de Furstemberg d'autre part, touchant les affaires de Metz, du 17 Février 1543.

132. Lettre du Duc Antoine de Calabre, Lorraine Gueldre et marquis de Pont-à-Mousson, au Sénat de Strasbourg, du 3 avril 1543; in-4° de 4 pages.

Copie moderne d'une pièce curieuse pour déguiser le fait du massacre de Gorze, dont il charge le Roy.

Annoté par Paul Ferry.

133. Règlement de ceux de la religion chassés de Mez, au Landgrave Philippe de Hesse et à Messeign. de Strasbourg, du 3 avril 1543.

134. Départ pris entre le comte Guillaume de Furstemberg, la ville de Mez et anciens habitans d'icelle qui en auraient été bannis, en date du 29 mai 1543, au sujet de la prédication de l'Evangile et de la demande du comte Guillaume pour les frais de la guerre.

Copie allemande.

135. Articles du départ de la journée tenue à Strasbourg, touchant les affaires des bourgeois de la cité de Mez, 21 mai 1543.

136. Départ pris entre le Comte Guillaume de Furztemberg, la ville de Mez et anciens habitans d'icelle qui en avaient été bannis au sujet de la prédication de l'Evangile et la demande dudit comte Guillaume pour les frais de la guerre, 21 mai 1543.

137. Extrait de la clause dernière contenue au deppart de Strasbourg, du 21 mai 1543.

Pièce du temps.

Response de Caroli sur les points à luy proposez, du 21 may 1543.

Pièce du temps de l'autre, du Gr. Moustier.

138. Départ pris entre le comte Guillaume de Furstemberg, la ville de Metz et anciens habitans d'icelle, qui en auraient été bannis, en date du 29 mai 1543, au sujet de la prédication de l'évangile, et de la demande du comte Guillaume pour les frais de la guerre.

Traduction française.

139. Trois pièces, dont :

Remontransce relative aux frères prescheurs, du 1er juin 1543, trois pages in-fol.

Pièce du temps.

Translat d'un mandement impérial, du 2 juin 1543.

Lettre de la cité de Strasbourg au maître eschevin de Mez ; 1er juin 1543.

Copie moderne.

140 Recelatio Evangelicorum Metensium ad Dominum Pharelle in quibus pericatis versentis.

Un double de cette pièce traduite en allemand, copie collationnée ; 5 juin 1543.

141. Advis envoyé de Basle à Mrs Calvin et Farel, d'adviser aux moyens de pouvoir aller seurement à Mez, au cas qu'ils voulussent conférer avec le moine d'iceux de Metz qu'ils en avaient requis ; du 25 Juin 1543.

142. Dix pièces latines, françaises et allemandes, dont :

Calvini impétranda disputatione cum D. Carolo Metensi Concio natore turbulentissimo, 1543.

Extrait de la response du Sr Sturmins à la lettre que MM. de Strasbourg lui auront escrites touchant les Evangéliques de Metz, 11 Juillet 1543.

143. Lettre de l'assemblée de Smalcade à la ville de Metz, touchant le moine Caroli et ses propos injurieux contre la religion, en date du 22 Juillet 1543 ; in-fol. 10 pages.

Copie moderne en langue allemande.

144. Copies de quelques articles arrêtés et résolus à l'Assemblée tenue à Strasbourg, concernant les affaires de la ville de Metz; du 22 Juillet 1543, de Smalcade.

145. Lettre de l'assemblée de Smacalde à la ville de Mez, touchant le moine Charles et ses propos injurieux contre la religion, en date du 22 Juillet 1543.

Avec la traduction allemande.

146. Huchemert ordonnance et edict faict en la cité de Metz touchant l'extirpation de la nouvelle doctrine, du 13 Octobre 1543.

Pièce imprimée in-plano.

Une copie manuscrite de la même pièce.

147. Neuf pièces en allemand, dont quelques unes sont accompagnées de la traduction latine, 1543, avec notes de Paul Ferry, savoir :

Response de l'assemblée aux propositions faites par Gaspar de Hessé envers les Maistres Eschevins de Metz; avec traduction.

Les habitans de Metz de la R. P. R. supplient le prince de Saxe de vouloir prendre en sa protection les anciens de l'union chrétienne; avec traduction.

Ceux de la R. P. R. de Metz, venus à Strasbourg pour avoir la recommandation des princes de Saxe et de Hesse, pour estre rendus en la protection et sauvegarde de l'union.

Advis du comte de Furstemberg sur le résultat fait icy avec ceulx de Metz concernant sa personne et ceux qui font profession de la R ; avec traduction.

148. Quatre pièces pour le fait de la religion, 1550.

Une pièce de la cité de Strasbourg à MM. de la cité de Metz esquelles est requis de non contraindre les bourgeois d'icelle à l'observation des cérémonies et exercices, du 1er Juillet 1545,

Translaté d'allemand en françoys.

Ces pièces sont gâtées.

149. Lettre adresséé aux Maistres-Eschevins et Treize-Jurez de la cité de Metz, nos bons voysins et amys, du 3 septembre 1545; in-fol., 2 pages.

> Par les Maistres-Eschevins et Sept-Jurez de la ville et cité du Pont.
>
> Pièce originale, au sujet de la Réforme.

150. Notes pour servir à l'hist. de la Réforme, de 1521 à 1555.

151. Attestation donnée par MM. de Metz en l'an 1561, touchant ce que l'Evangile a esté presché à Metz avant que le Roy prist la ville en sa protection.

> Copie moderne.

152. A nos très-chers frères les fidèles, qui désirent l'avancement du règne de Jésus-Christ, et pays qui sont soubz la dition de Monseigneur le duc de Lorraine ; de Metz du 25 janvier 1562 ; *in-fol. de 7 pages.*

> Édit portant confirmation des droits, priviléges, franchise et immunité de la ville et cité de Metz, du 7 avril 1569, pour le fait de la Religion.
>
> Négotiation de la paix et mois d'apvril et may 1575.
>
> Lettre autographe signée de Castellas, de Paris le 16 novembre 1576, à M. de Clervant, gouverneur à Château—Thierry, etc., pour M. le duc Cazimir et Lieutenant de sa compagnie d'homes d'armes.
>
> Grande pièce in-fol.

153. Recueil de pièces manuscrit., *in-fol. non relié,* savoir :

> Copie de l'acte touchant le fait de Religion faict à Mont-Beillard en janvier 1572.
>
> Coppie de lettres de Frederich, comte de Virtemberg.
>
> Confession touchant la sainte Cène.
>
> Lettres autogr. signées de J. Couet, datées de Basle 1591 et 95.

Propos tenus par le sieur d'home au synode de Thomein sur les moyens de réunir les églises.

Lettre signée par de Combles, Spon Tronchen, 1655.

Lettres autogr. Metzerat, 16 décembre 1653.

Sur la proposition faite de la part de M. le comte de la Suze s'il peut faire participer à la sainte Cène avec les Luthériens de la ville de Montbelliard, laquelle ceux de notre confession n'ont nulle assemblée, 23 juillet 1635.

Pièce signée Louis de Champagne, comte de la Suze.

Lettre autographe signée Suzanne de Montigny, *datée de Monbelliard à Paul Ferry.*

Copie d'une lettre à la reine de Suède.

154. Quatre pièces, 1581-82, dont une sur parchemin, du 27 août 1581.

Lettres à M. de la Verrière, du 30 avril 1582, etc.

155. Quatre pièces, savoir:

Double de la lettre à M. de la Verrière, du 27 may 1582.

A nobles et nos très-honorez seigneurs MMʳˢ les Maîtres-Eschevins et Treize-Jurez en ceste franche et impérialle cité de Metz.

Belle pièce sans date.

Articles des députés de la paix, touchant la Religion, P. R., in-fol. 6 pages.

156. Au Roy et à nos seigneurs de son conseil d'estat, les habitants de la ville de Metz, de la R. P. R., du 16 octobre 1582.

Au sujet du fait de Fr. Buffet, ministre à Montoy, ci-devant retiré du monastère des Carmes de Dijon, etc.

Extraits de certains articles présentés au Roy par le Clergé de Metz, contre ceux de la religion, 1583.

Pièce curieuse relative à un docteur en théologie condamné à Dijon pour impiété, etc.

157. Cinq pièces, dont:

Requette à M. le gouverneur et président, au sujet de

trois ministres prisonniers en la maison de ville, du 20 août 1583.

    Pièce apostillée de plus de 40 signatures.

    Autre requette à monseigneur le duc d'Espernon au sujet des mariages, 1583.

    Une pièce sur parchemin, du 27 septembre 1583.

158. Quatre pièces, savoir :

    Toute autre religion que la catholique défendue à Metz; du 23 août 1585.

    Requette de ceux de la religion contre la publication des lettres patentes du Roy, obtenue le 7 septembre 1585.

    Protestation de ceux de la R. P. R. 1585.

    Une pièce du 25 Juin 1584 au conseil des députés de l'Église de Paris, au sujet des mariages du 2e et 3e degré; etc.

159. A mes bienaimez frères les fidèles de l'église de Metz, traite et paix en nostre seigneur, 1586; 10 p. in-fol.

Minute signée de Combles; pièce détériorée par les mittes.

Une autre pièce, du 23 décembre 1586.

160. Briève et claire démonstration métaphysique de l'existence de Dieu et de ses perfections infinies, dialogue, *in-fol. de 28 pages.*—De Baptismo Pseudolutheranorum, 1586; *in-4° de 28 pages non rel.*

    Manuscrits.

161. Trois pièces, dont :

    Une lettre autographe, pour monstrer en quel temps M. de Barisey est venu à Basle, du 26 janvier 1587; in-fol. de 4 pages.

162. Deux pièces, savoir :

    Démonstration au Roy par ceux de la Religion, 1588; 4 feuillets in-fol.

    Minutte d'une attestation donnée à plusieurs de la Religion, du 5 may 1588.

163. Quatre pièces, dont :

Lettres au duc d'Espernon par ceux de Metz, 4 janvier 1589. — Au Conseil de la République de Berne. — Au Consistoire de Genève. — Aux magistrats de la République de Berne.

Copie moderne.

Lettre autogr., signée des ministres et diacres de l'Église de Ste-Marie-aux-Mines, du 5 juillet 1589.

164. Cinq pièces, savoir :

Sentence pour les anciens de l'Église réformée, du 5 juillet 1594.

Une pièce du 12 mars 1597, par Paul Ferry.

Edict et ordonnance de S. A. pour le fait de ceulx de la nouvelle Religion *(Nancy, J. Janson 1597)*.

Pièce in-plano.

Etat des deniers que le roy Henri-le-Grand entend estre payés pour la solde des gens de guerre, du 14 may 1598, à Renne.

Une pièce S. D. du 16ᵉ siècle.

165. Huit pièces relatives au collège protestant de Metz.

Programme de l'enseignement dans l'école de l'Église protestante de Mez, pour l'année scholaire, le 27 octobre 1631, signé par François de Comble, et P. Ferry.

Ouverture du collège de Metz, le 26 juin 1595.

166. De Beato obitu Reverendi et clariss. Viri Dan. Tossani.

Grande pièce autographe, in-fol., du 13 janvier 1602.

167. Trois pièces, concernant Paul Ferry, 1611.

Lettres autographes, signées par Tenans, Sonis, et Gardesi.

168. Lettre du consistoire de Metz, à P. Ferry, étant à

3

Paris, au sujet de leur affaire contre le sieur Rouyer, du 26 février 1611.

> Grande pièce in-fol., signée par Est. Mozet, De Comble, Th. Coullon de la cloche, etc., etc.,

169. Scholastici orthodoxi specimen, auctore Paulo Ferrio. *Gotsiadli apud J. Ant. Lambertino,* 1615 ; *in-4°, non rel.*

> Manuscrit original autographe qui a servi à l'impression de la première édition de ce livre.

170. Analysis theologica et scholastica; mai 1614. — Pauli Ferrii Vindicia, pro scholastico orthodoxo adversus Leonardu Perinu Jesuitæ doct. theol. et univ. Missipontana cancellarium; in-fol. carton. de plus de 600 pages.

> Manuscrit autographe de P. Ferry. On lit sur la couverture : Envoyé à M. Chouet, à Francfort, le xi septembre 1615. Minulte du scholastique orthodoxe.

171. Le scholastique orthodoxe, c'est-à-dire un traité méthodique de nostre salut fourny et recherché des plus profonds des scholastiques, tant anciens que modernes, le tout selon la règle de l'Ecriture saincte, par Paul Ferry, messin, ministre de la parole de Dieu, mise en françoys (dédié à l'Eglise de Metz), par Claude de Xonot, seigneur de Maiserey, gentilhomme lorrain; in-fol. non rel.

> Manuscrit autographe. Malheureusement la fin manque, et 40 feuillets sont endommagés par l'humidité.

172. Trois cahiers in-fol. et in-4°, et feuilles séparées.

> Actes du Synode National de Gergeau, du 18 juin 1618; de 36 pages.

Actes du Synode de Charenton, 1644.

Actes du Synode de Gap, en 1603.

De l'adjonction de l'Eglise de Béarn avec celles de France, *cahiers de 7 feuillets, manuscrit de Paul Ferry avec notes marginales.*

173. Environ quinze pièces relatives aux protestants, 1628-1664.

Acte du Consistoire de Metz.

Lettres autographes signées par Fromigières, Buffet, de Comble, etc.

Déclaration du Roy en faveur de ses sujets de la religion, 8 juillet 1643.

174. Ecrit pour empêcher que les calvinistes de l'empire ne soient compris dans le traité de paix pour l'exercice de leur religion, etc.; du 28 mars 1634.

175. Relation sommaire des preuves que ceux qui font profession de la R. R. lesquels depuis plusieurs années en ça ont esté rendus odieux par toute l'Allemagne, soubs les noms de Zvingle et de Calvin, n'ont jamais estés ouys, moins condamnés par aucune diète, ou autre assemblée légitime, ni exclus de la communion de la Confession d'Augsbourg; tirées des actes publics, protocoles, archives, instructions, mémoires et histoires authentiques; par J. Crocius, 1636, in-fol. de 44 pages.

Manuscrit.

176. Environ 60 pièces manuscrites, in-fol. de 1643 à 1688, relatives à la Religion Prétendue Réformée.

177. Quatre pièces, dont:

Deux lettres autographes signées Isaac Claus, du 1er avril et 16 août 1643, à Paul Ferry.

Deux grandes pièces contenant des détails sur le Comte de Furstemberg.

Deux pièces, dont une en allemand et la traduction où sont contenus des détails sur le Comte de Furstemberg et sa famille.

178. Copie des arrettez faits par MM. du Clergé à M. de Schomberg, gouverneur de la ville de Metz, au sujet de la Religion P. R., plus lettres à la Reine et aux Ministres, 1644; 12 pages in-fol.

Arrest pour la démolition du Temple des Huguenots, en Chambière, 1663.

Prières pour la santé du Roy, 5 mai 1643; in-4° de 17 pages.

Manuscrit de P. Ferry.

179. Douze pièces; lettres autographes signées par D. Home, 1614; Jean de la Vigne, Decomble, Ferry, Buffet, Dinguenheyem Josias Glase (cette dernière, grande pièce latine, 5 mai 1629).

La plus grande partie de ces lettres sont avec cachet et adressées à Paul Ferry.

180. Lettre à Monseigneur le Duc de la Valette, du 21 Janvier 1630, au sujet de la R. P. R.

Pièce originale apostillée de plusieurs signatures, telles que : de Montmorency, Fléchelle, J. Duvivier, etc., suivie de la réponse signée du Duc de la Vallette.

181. Discours en forme de dialogue, des suggestions et tentations des démons en l'article de la mort, deux entreparleurs, François et Blanche, sa sœur ; *Pet. in-12, n. rel.*

Curieux manuscrit de 36 pages d'une fine écriture du xvii° siècle.

182. Mémoire de ce qui s'est passé avec ceux de la Religion de Metz, lors de l'arrivée du Roy en ladite ville et jusqu'à son départ, depuis le 1er décembre 1631 jusqu'au 9 février 1632 ; 6 feuillets in-fol.

Manuscrit autographe de P. Ferry, avec notes marginales.

183. Remonstrance dv Clergé de France faite av Roy, la Reyne sa mère présente, par Lovis-Henry de Gon -

drin, archevesque de Sens. *Paris, Ant. Vitré,*
1656, in–4° de 32 pages, *br.* — Lettre d'vn habi-
tant de Paris à vn de ses amis de la campagne, sur
la remonstrance dv Clergé de France faite au Roy,
par Monsieur l'archevesque de Sens. *S. L. N. D.;*
in–4° de 96 pages, Velin (taché).

185. Dix pièces concernant les écoles et le collége de Metz,
1628–1658.

> De la main de Paul Ferry.

186. Mémoires des habitans faisant profess. de la R. P. R.
au village de Courcelles-lès-Chaussis.

> Manuscrit autographe de Ancillon.

Deux lettres autographes signées d'Ancillon, l'une du
4 avril 1657, datée de Paris, à P. Ferry, 5 pages;
l'autre du 18 avril 1657, trois pages.

> Relatives au même sujet.

187. Cinq pièces, dont :

> Résultat du synode provincial tenu à Charanton, tou-
> chant le différend de MM. Dumoulin et Amyront, 1657.

188. Arrest dv Conseil privé dv Roy, par leqvel Sa Majesté
fait deffense avx habitans de la R. P. R. de chanter
les Psaumes dans les rues, ny dans leurs boutiques
et chambres, à voix si haute qu'elle soit ouïe publi-
qüement. *Paris, Ant. Vitré,* 1659, in-8°, *br.* — Arrest..... par leqvel il est défendu de faire exercice de
la R. P. R. aux maisons des gentils-hommes de fief
de Haubert, lorsqu'eux et leur famille seront absents;
et aux ministres de ladite religion, de faire le presche
et exercice, etc., etc. *Paris,* 1663, in-8°, *br.* — Mémoire povr examiner les infractions faites avx édits
et déclarations du Roy, par ceux de la R. P. R. *Paris*
1661, in-4° de 33 pages, *br.*

189. Copie de la responsse à la lettre de la Peyrere contre les precœdamites, de Paris, ce 8 décembre 1660, au sujet de la conversion du comte de Suze; in-fol. 5 feuill.

190. Paul Ferry. Des controverses avec les Luthériens, in-fol. relié.
Manuscrit d'environ 800 pages.

191. Controverse avec les Luthériens; in-fol. 5 cahiers.— De l'Eglise et de ses marques; in-fol. de 82 pages.— Plus le brouillon du même ouvrage.
Manuscrit de P. Ferry.

192. Dix-huit pièces, dont plusieurs lettres, adressées au Comte de Brienne, au maréc. de la Force, à M. de Courchant, à Madame d'Aumale, etc., de 1662 et suiv.
Brouillons autographes de P. Ferry.

193. Une liasse manuscrite relative à la R. P. R., depuis 1611 jusqu'en 1666.

194. Quinze pièces de 1631 à 1666, concernant le protestantisme.
Autographes de P. Ferry.

195. Six pièces, dont :
Requettes au Roy pour obtenir justice et la restitution des enfans qui leur ont été subornez et enlevez, 1669.

195 *bis.* Soixante pièces : lettres et pièces datées de 1662 et 1663, concernant les démarches faites par le Consistoire et par Paul Ferry, pour obtenir à celui-ci l'assistance de M. Bancelin dans ses fonctions de Ministre.

196. Lettre de M. Claude de Paris, le 28 août 1676; in-4° de 16 pages.
Manuscrit d'une belle écriture, signé (au sujet du baptême).

Lettre pastorale du même aux protestants de France, tombez par la force des tourments; in-fol. 5 pages, sans date.

197. Remonstrance apologétique au Roy et à Messeigneurs les Princes de son sang, Officiers de sa courone, etc. par ceux qui sont affligez et exilez pour la religion (vers 1680); 19 feuillets in-fol.

198. Huit pièces R. P. R. au sujet de l'imputation d'avoir receu des relaps à leur communion..—Les noms des convertis, depuis 1679 jusques au 7 mars 1682, et autres, sign. P. Couet Duvivier.

199. Actes de l'Assemblée générale du Clergé de France, de 1682, concernant la religion, *Paris*, 1682, in-4° *br.*—Actes de l'Assemblée générale du Clergé, sur la Religion, *Paris*, 1765, in- 4°, *br.* — Délibérations de l'Assemblée des Cardinaux, Archevesques et Evesques, tenue à Paris en 1713 et 1714, sur l'acception de la Constitution en forme de bulle du pape Clément XI, portant condamnation de plusieurs ouvrages; *Paris*, 1714, in–4°, *br.*

199 *bis*. Dix-sept pièces relatives aux plaintes des pères et mères au sujet de l'enlèvement de leurs enfans, etc.

200. Quatre pièces, 1683.

Nouveau mémoire pour ceux de la R. P. R. touchant leurs petites écoles, signée P. Couet du Vivier.

201. Mémoire des deffaillants qui ne se sont accordé pour leur acoustrement.

Registre long de 31 feuillets; écriture du xvie siècle, qui contient une liste de noms classés par paroisse.

202. Responce à la déclaration du sieur Gaspard Lallouette.

Manuscrit autographe de Paul Ferry; in-4° de 56 pages.

203. Lettre du Roy à Monsieur le commandeur de Fromigières, commandant pour son service soubz et en l'absence de Monseigneur le duc d'Espernon, ez ville et citadelle de Metz, sur l'émotion arruivée le xxvj.

septembre au retour de Charenton; *à Paris, chez Isaac Mesnier; pet. in-8°.*

204. Dix-sept pièces.

> Différentes pièces concernant le protestantisme (Comptabilité).

205. Vingt pièces : Lettres, notes et mémoires concernant les protestants de Metz.

> Autographe de Paul Ferry.

206. Plan de l'Eglise française de Hanau.

207. Mémoire par forme de chronologie, touchant les affaires de la religion à Metz.

208. Les ministres de l'Eglise réformée de Metz, sur le fait dont ils ont esté enquis pardevant M. le Président, déclarent ce que sensuit; in-fol., 8 pages.

> Pièce signée de Combles, Buffet et Jean Chassanion, au sujet du mariage.

209. PAUL FERRY. Neuf cahiers in-fol., contenant des notes sur différents sujets.

210. Environ soixante pièces manuscrites, relatives aux protestants, à différentes époques.

> Plusieurs de ces pièces sont signées.

211. Douze pièces concernant les prostestants.

> Notes et brouillons autographes de P. Ferry.

212. Environ quarante-cinq pièces *in-fol. et in-4° manuscrites,* concernant les doctrines, le dogme et les prières des protestants.

213. Papiers concernant Jacques Ferry (père de Paul Ferry), relatifs à son procès comme gouverneur de l'hôpital à St-Nicolas de Metz, 1593-1645. Comptes, mémoires, etc. — Jérémie Ferry (oncle de Paul Ferry), 1602-1607. Pierre Ferry, frère de Paul Ferry, ministre de Francheval, 1605-1661.

214. Papiers concernant Jacques Ferry (ayeul de Paul Ferry), et Françoise de Corny, son épouse, leurs enfants, leurs successions, etc.

215. Papiers concernant Jacques Ferry (père de Paul Ferry), ses enfants, sa succession, 1600-1664.

216. Papiers concernant la famille de Paul Ferry.

217. Papiers relatifs à Paul Ferry :

    1° Pièces personnelles. On y remarque une pièce signée de Louis XIII et contresignée Bouthillier, le 18 avril 1634.

    2° Paul Ferry, ministre, 1613-1669.

218. Papiers concernant Paul Ferry. Son procès avec les Jésuites, 1648.

219. Papiers concernant Paul Ferry et ses enfants, 1670-1685.

220. Papiers concernant Elisabeth Ferry (sœur de Paul Ferry), femme du sieur Mageron. Ses affaires, ses enfants, leur tutelle, par Paul Ferry. Théodore de Mageron, seigneur de Rombas, 1620-1668.

221. Papier concernant Louis Ferry (fils de Paul Ferry), mariage, succ., partages de ses enfants, 1638-1701.

222. Papiers concernant Suzanne, fille de Paul Ferry, épouse de Jacques Couet. Son mariage, ses affaires, son testament et ses successions, 1636-1695.

223. Papiers concernant Jean-Ferry (cousin de Paul Ferry), receveur de la Bulette, 1641-1710.

224. Papiers relatifs à David Ferry (fils de Jean Ferry), receveur de la Bulette, 1664-1716.

225. Papiers concernant Jean (III) Ferry, seigneur de Jussy, fils de David Ferry, 1698-1739.

226. Papiers concernant Esther Ferry, fille de Jean Paul, recev. de la Bulette, femme de Paul Couet, 1661-1710.

Communautés religieuses.

227. Antonistes. Pièce qui fait connaître la réunion des Chanoines réguliers de l'ordre de Saint Antoine à celui des Chevaliers de Malte ; 20 juillet 1777.

Curieuses.

Autre pièce signée de plusieurs personnes et scellée d'un cachet.

228. Saint-Arnould. Soixante-douze pièces, savoir :

Donation de la terre de Nauroy à l'abbaye des Saints-Apôtres, aujourd'hui Saint–Arnould, par le duc Pepin d'Héristal et Plecteude son épouse; ann. 691.

Donation de la terre de Marieules, faite à l'église de Saint-Arnould, par le duc Drogon, fils de Pepin; circa ann. 700.

Donation de la terre de Flavigny, faite à l'église de Saint-Arnould, par le duc Godefroy, fils de Drogon; circ. ann. 715.

Donation de la terre de Jussy, faite à l'église des Saints-Apôtres, Alias, Saint–Arnoul, par le princier Hugues, fils de Drogon; ann. 715.

Donation de la terre de Marte, par Chilpéric, l'an 717, seconde du règne de ce prince.

Donation de la terre de Bouxières, faite de St-Arnould de Metz, par la reine Hildegarde; ann. 783.

Donation de Cheminot, faite à l'église de St-Arnould de Metz, par l'empereur Charlemagne; ann. 783.

Donation de Rumilly à Saint-Arnould, par l'empereur Lothaire, en 840.

Donation de Rumilly, par Charles-le-Chauve; ann. 842.

Donation de quelques biens, faite à Saint-Arnould, par Anselme; ann. 849.

Lettre du roy Lothaire en faveur de Vinibert, qui avait fait une donation à l'église de St-Arnould; ann. 857.

Donation de Rumilly, faite à l'église de Saint-Arnould de Metz, par Louis, roy de Germanie; ann. 876.

Charte de Radbert, évêque de Metz, par laquelle il restitue à Saint-Arnould, Navis et Rumilly; vers 885.

Donation de plusieurs Mans d'Ars, faite au monastère de Saint-Arnould de Metz, par le roy Arnould; ann. 889.*

Précepte de l'empereur Otton, pour la réforme du monastère de Saint-Arnould; ann. 941.

Décret des différens ordres de la ville de Metz, pour l'expulsion des prétendus Chanoines de l'église et du monastère de Saint-Arnould; ann. 942.

Autre, de l'an 944.

Diplôme du roi Otton Ier, qui maintient les religieux de Saint-Arnould dans la possession des biens de cette abbaye; ann. 944.

Donation de Laye, par la comtesse Eve, faite à l'église de Saint-Arnould de Metz; ann. 953.

Cette pièce est accompagnée de la traduction imprimée.

Charte de Thierry, évêque de Metz, par laquelle il rend à Saint-Arnould, Vigy et Romega (Rumilly); ann. 980.

Bulle du pape Léon IX; donation de Pomerieux. Confirmation des biens et priviléges du monastère de Saint-Arnould; ann. 1049.

Charte de l'évêque Adalberon, par laquelle il fait connaître comment on a donné en bénéfice à un de ses domestiques, ce que Saint-Arnould possédait à Bechy; ann. 1063.

Charte d'Heriman, évêque de Metz, par laquelle il rend au monastère de St–Arnould, son droit de foire au faubourg de ce nom, ann. 1075.

Charte d'Arnould, comte de Chiny, par laquelle il fonde, du consentement de ses deux fils et de sa belle-fille, le prieuré de Valburge le Chiny, et le donne à l'abbaye de Saint-Arnould de Metz, de l'an 1097.

Henricus V, imp. Brussoni archiepiscopo Trevirensi mandat ut abbatem S.-Maximini de abbatia, S.-Arnulphi metensis investia, ann. 1112.

Donation de Faux–en–Forêt, faite au monastère de Saint-Arnould de Metz, par Etienne, évêque de Metz, du 10 novembre 1126.

Charte de Henri, évêque de Toul, confirmative des droits du prieuré de Laye; ann. 1130.

Sentence arbitrale rendue par Thiébault, comte du Bar et du Luxembourg, au profit de l'abbé de St–Arnould, au sujet de la Vouerie des bois de Vigy, du mois de novembre 1210.

Charte du comte de Bar Thiébault, au sujet de l'engagement fait à l'abbaye de Saint-Arnould, d'un fief à Cheminot, du 26 mars 1211.

Charte de l'évêque Conrad, contre les fort mariages des sujets de St-Arnould de Metz, du 18 mars 1216.

Charte de Henry, comte de Bar, en 1223, en faveur de l'abbé et du couvent de Saint-Arnould, au sujet du prieuré de Laye.

Protestation des religieux de St-Arnould; ann. 1296.

Lettre de Henry Dauphin, évêque de Metz, par la-

quelle il renonce à son prétendu droit de joyeux
avènement, du 3 décembre 1320.

Lettre de Henry II, comte de Bar, confirmative du
traité de partage des bois et revenus de Nauroy,
fait entre l'abbé de St-Arnould, seigneur de Nauroy
et Pierre de Bormont, seigneur voué du même lieu,
du mois de mai 1235.

Charte d'Ademar, évêque de Metz, pour l'abbaye de
Saint-Arnould, du 7 novembre 1345.

Copie simple d'un titre sur parchemin, concernant les
droits du Maitre-Eschevin du bourg Saint-Arnould,
etc., du 11 avril 1353.

Diplôme de l'empereur Charles IV, du 21 décembre
1356.

Provision de chappelain de l'Empereur, pour l'abbé de
Saint-Arnould de Metz, du 1er janvier 1357.

Sauve-garde de l'empereur Charles IV, pour le main-
tien des priviléges de St-Arnould, du 6 janv. 1357.

Confirmation des priviléges de l'abbaye de St-Arnould,
19 novembre 1384.

Bulle du pape Clément VII, portant permission à l'abbé de Saint-Arnould, de jouir xx ans des revenus
de Lay et de Chiny, du 12 janvier 1387.

Charte de l'évêque Conrad pour la réforme de certains
abus qui s'étaient glissés dans le monastère de Saint-
Arnould, du 10 décembre 1433.

Sauve-garde de Charles VII, roi de France, expédiée
pour les religieux de Saint-Arnould; ann. 1455.

Bulle du pape Paul..., portant exemption de toute juridiction épiscopale pour l'abbaye de Saint-Arnould;
ann. 1538.

Sauve-garde de l'empereur Charles V, pour les religieux; ann. 1541.

Sauve-garde de François Ier, pour les religieux, de juin 1542.

Lettres du duc de Guise, du 14 septembre et du 17 septembre 1552.

Brevet pour le logement des religieux Bénédictins de l'abbaye de Saint-Arnould de Metz, dans le couvent des Jacobins de la même ville, du 14 septembre 1552.

Lettres patentes du roy Charles IX, confirmatives des droits et priviléges de Saint-Arnould, et spécialement du relogement des Bénédictins dans le couvent des Jacobins, des 15 et 24 février 1562.

Lettres patentes du roy Henry III, pour confirmer la translation de l'abbaye de Saint-Arnould, et faire jouir l'abbé Toussaint, auquel on refusait des bulles à Rome, du 5 septembre 1576.

Lettres patentes du roy Henry IV, du mois de may 1601.

Acte par lequel les religieux de St-Arnould soumettent leurs personnes et leurs biens à la domination du roy, leurs priviléges et libertés réservés; ann. 1614.

Sur les lettres de Gardes, Gardiennes, de St-Arnould, 17 juin 1614.

Minute de procuration pour les prieur, religieux et couvent de Saint-Arnould, juin 1616.

Lettres patentes de Louis XIV, de septembre 1651.

Ordonnance de Louis XIV, portant exemption des logemens et contributions pour les gens de guerre en faveur de toutes les maisons de la congrégation de Saint-Vannes, du 23 novembre 1655.

Extrait du dénombrement de l'abbaye de St-Arnould, fourni à la chambre royale, le 26 juillet 1681.

Traité fait entre l'Altesse de Monseigneur le duc de Lorraine et de Bar, et le sieur de la Verrière, Lieutenant-Général pour le roi de France à Metz, qui en

a reçu le commandement de S. M. touchant la coad-
jutorerie de l'abbaye de Saint-Arnould.

Extrait de l'ancien cérémonial de l'abbaye royale.

Sommaire du procès entre Charles de Senneton, chevalier, seigneur de la Verrière, bailly et gouverneur
de Sens, contre And. Valladier, 1566.

Ensemble 72 pièces. Copies modernes par et sous la direction de Dom Jean-François. Beaucoup de ces pièces ne
sont que citées dans l'hist. des Bénédictins.

229. Vidimus de la charte de l'empereur Charlemagne,
datée de Thionville le jour de l'Ascension, 1er mai
783, par laquelle ce prince donne à la basilique que
la reine Hildegarde avait fait construire à l'honneur
des saints Apôtres, et où repose le corps de saint
Arnould, la maison de campagne de Cheminot
(villam nostrum nun cupatam caminitto) avec toutes
ses dépendances, afin que les religieux entretiennent
nuit et jour des lumières au tombeau de son épouse,
et ne cessent de prier pour le repos de son âme et
pour la sienne.

Pièce sur parchemin.

230. Tableau de plusieurs droits et cens de l'abbaye de
Saint-Arnould, vers 1400, sur parchemin.

231. Vidimus du mandement de Nicolas de Hermeneville,
doyen de l'église de Rheims, en conséquence d'une
bulle du pape Clément VII, adressée à l'abbé du monastère de Saint-Nicaise, au dit doyen et official, par
laquelle, sur la demande de Raoul de Coucy, évêque
de Metz, le pape lui confère en commande le monastère de Saint-Arnould, hors des murs de Metz,
en cas de vaccance, pour réparer les pertes qu'à souf-
fertes son évêché par les guerres et incursions des
ennémis, et redîmer les revenus, oblige et engage

ces différents créanciers; 3 novembre 1490, sur parchemin.

232. Banderolle contenant les cens en argent, bled et avoine appartenant à l'abbaye de Saint-Arnould, au lieu de Vigy et Sanry, en l'an 1497, sur parchemin.

233. Donation faite par l'abbé et les religieux de l'abbaye de Saint-Arnould, près et hors des murs de la cité de Metz, de la seigneurie vouée de leur monastère, et singulièrement de la haute justice des villages de Morvelle, Baudrecourt, Flocourt, Chenoy, Fremery et Lenoncourt, à Jean, comte de Saulnier, seigneur du Vivier, à ses successeurs, le 10 novembre 1531.

Un extrait d'un ancien pied de terre du monastère de Saint-Arnould, an 1443.

234. Procès-verbaux qu'on dressait anciennement le 16 août 1540, jour de la fête de Saint Arnould, auquel les chanoines de la cathédrale doivent porter procession-nellement l'anneau du saint abbé et chanter la messe.

235. Diplôme de l'empereur Charles-Quint, par lequel il confirme les priviléges de l'abbaye de Saint-Arnould de Metz, et la prend sous sa protection et sous celle de l'Empire, 13 janvier 1541.

236. Déclaration des cens, des dîmes et quantité des grains de l'abbaye de Saint-Arnould, etc., en 1564; cahier in-folio.

237. Déclaration des recettes et revenus tant en deniers, grains, vins et autres choses de l'abbaye de Saint-Arnould.

Manuscrit in-fol. du 16e siècle.

238. Règlement pour la mante des religieux de St-Arnould, de Metz, 3 juin 1600.

239. Acte par lequel Charles de Senneton, abbé de Saint-

Arnould, et ses Religieux en qualité de Seigneurs de Morville-sur-Seille, consentent à la cession qui a été faite dudit Morville au duc de Lorraine, par la cité de Metz, afin de terminer toutes discussions entre ladite citée et le dit Seigneur Duc, touchant les villages de leurs domaines, 16 juillet 1604, sur parchemin.

240. Consentement des Religieux de Saint-Arnould, pour les distraire de la maison de la juridiction de Metz, 28 septembre 1614.

241. Quarante-huit cahiers ou feuilles réunis et rassemblés pour l'histoire de l'abbaye de Saint-Arnould de Metz, depuis Chilpéric, roi de Fran e, jusques et compris le 19 février 1615.

Le tout réuni en un portefeuille in-folio.

242. AUGUSTINS. Deux pièces, 16 mars et 8 mars 1624, avec les signatures de Cuny, Roytel, Fr. Collignon.

243. AVE MARIA (Sœurs Collettes). Quatre pièces, savoir :

Pièce signée de sœur Nicolle, de la Sainte-Trinité, mère abbesse audit monastère, (à Messieurs les Sénateurs de la ville et cité de Metz), du 8 mars 1624.

Requeste à Messieurs de Lotelle de Ville de la part des pauvres Religieuses de l'Ave Maria, le 13 novembre 1658.

Pièce apostillée de xiii signatures, dont celle de sœur Françoise du Saint-Esprit.

Autre pièce du 19 décembre 1679, signée de sœur Catherine de Séraphin, humble abbesse.

Un reçu signé Elisabeth de l'Incarnation, humble abbesse de l'Ave Maria de Metz, du 13 Mai 1688.

244. CAPUCINS. Trois pièces, 3 juillet 1625 et 20 juillet 1629.

245. CARMES. Sept pièces, dont :

Acte par lequel le Magistrat de Metz reconnaît qu'il a contraint les Carmes anciens de la même ville au paiement

4

de 50 livres tournois, pour le rachat de certains cens, du 20 mai 1325.

Acte de reconnaissance d'une donation de 1000 francs messins, faite en 1392, par Robert Ier, duc de Bar et Marie de France, son épouse, pour achever l'église des Carmes anciens de Metz.

Charte de Jean de Vic de Caure et suffragant de Metz, sur la consécration de l'église des Carmes, etc., du 1er mai 1415.

Acte du révérend Père Provincial des Carmes de cette ville, touchant la confrérie du Saint-Scapulaire, du 28 mai 1646.

Pièce apostillée de plusieurs signatures et accompagnée du sceau de l'ordre des Carmes.

246. CARMÉLITES. Quatre pièces, savoir :

Remarques sur la naissance et origine de l'illustre famille des Carmélites, ou Religieux et Religieuses de l'ordre de Nostre-Dame-du-Mont-Carmel.

Manuscrit, cahier petit in-folio.

Accords avec les Religieuses Dames Carmélites de Metz, touchant la dotte de sœur Elisabeth de Comble, du 29 apvril 1660.

Pièce signée par Elisabeth de Comble, sœur Madelaine de Saint-Joseph, sœur Marie de la Croix, sœur Thérèse du Saint-Sacrement, sœur Marie de l'Enfant-Jésus.

Autre pièce signée sœur Magdeleine de Saint-Joseph, novice Carmélite, du 29 décembre 1668.

247. CÉLESTINS. Diverses pièces, dont :

Donation faite par Bertrand le Hungre, citoyen et amant de Metz, de la chapelle par lui construite dans la ville de Metz avec ses dépendances, et de plusieurs sortes de biens et cens, du 9 janvier 1370.

Autre du 18 avril 1371.

Acceptation de la fondation de Bertrand le Hungre, citoyen de Metz, par le Provincial des Célestins, du 22 juillet 1381.

Trois pièces sur parchemin du 8 mai 1404 et 8 mai 1414.

Ratification pour Jehan de Flavigny, Treize et Seigneur de Mancourt, 9 juin 1609; sur parchemin.

Requestes de 1569 et 1575, accordées par le roy Charles IX.

248. Commission du Saint-Concile de Basle à Jacques-Albert, chanoine d'Embrun et prieur des Célestins de Metz, et à Pierre de Gringenbach, de l'ordre des Frères-Prescheurs, pour la réformation des monastères d'hommes et de filles dans le diocèse de Metz; du 4 octobre 1436.

Pièce du temps.

249. Affaire de MM. de Raigecourt au sujet des biens des Célestins de Metz, savoir:

Une pièce de Jehan de Raigecourt, du 28 novembre 1398; sur parchemin.

Lettres patentes pour le petit séminaire de Metz, 5 décembre 1745; sept pages.

Décret d'union d'Hombourg, 5 décembre 1743; quinze pages.

Lettres patentes pour l'établissement d'un petit séminaire dans l'Evêché de Metz, novembre 1735; six pages.

Mémoire pour les Chanoines et Chapitre de l'église collégiale de Saint-Thiebaut, de la ville de Metz, contre M. l'Evêque de Metz. *Paris*, 1744; in-folio, 19 pages.

Mémoire sur l'état actuel de la maison des Célestins de la ville de Metz; 6 pages.

Cahier de 20 pages, écriture de M. Emmery.

Consultation pour M^ss de Raigecourt.

Dix feuillets, tableau généalogique de la famille Raigecourt.

Mémoire où l'on prouve que les biens de la maison des Célestins de Metz, qu'on vient de supprimer, doivent être rendus à la maison de Raigecourt; 8 pages.

Et cinq cahiers in-4° et in-fol., ensemble de 132 pages,

dont un de la main de M. Emmery et signé de Cunin, Juzan de la Tour, Deschamps, de Viller, Dumont.

Et un autre cahier apostillé du cachet de l'Evêque de Metz, M. de Montmorency.

250. CHAPELLE DES LORRAINS. Deux pièces, savoir :

Inventaire de ce qui a esté trouvé en la chapelle des Lorrains, à Metz, le xvii jung 1553.

Inventaire des basgues de la chapelle des Lorrains, du 10 avril 1556.

251. CHAPITRE DE SAINT-LOUIS DE METZ. Règlement de l'Eglise collégiale, insigne, séculière et royale de Saint-Louis de Metz.

Manuscrit du xviii⁰ siècle, in-folio de 56 pages.

252. Diverses pièces, dont :

Inventaire des biens composant le domaine de l'abbaye de Saint-Louis, de Metz.

Manuscrit in-folio, de 26 pages.

Compte que rend à hauttes et puissantes Dames, mesdames Abbesse, Doyenne, Chanoinesses et Coadjutrice de l'insigne Église collégiale, royale et séculière de St-Louis de Metz, Charles Louis Barthelemy, receveur dudit Chapitre, en 1785.

Manuscrit in-fol. deux cahiers avec les signatures suivantes : Choiseul, abbesse de Hautoy, Lanbespin, Caroline de Raigecourt, de Beaujeu d'Ars, de Béarn, etc., etc.

Compte du tiers lot fabrical du Chapitre de Saint-Louis, en 1786.

Cahier in-folio, manuscrit avec signatures.

Tableau général du revenu du Chapitre de Saint-Louis de Metz, année 1786, et autres pièces y relatives.

253. Mémoire pour les dames comtesses de Jaucourt et de la Porte, chanoinesses, prébendées du Chapitre noble, royal et séculier de Saint-Louis de Metz, et les dames comtesses de Beaujeu et de Chastenay; Paris, 1780; in-4°.

Mémoire à consulter et consultation pour la dame
comtesse de Choiseul, et pour les Dames Doyenne
et Chanoinesses dudit Chapitre; Paris, 1780, in-4°.
Exemplaire rempli de notes marginales manuscrites.
Et cinq autres pièces relatives au même sujet.
Plus une liasse assez forte de mémoires manuscrits de
la main de M. Emmery.

254. CLAIRVAUX (PETIT). Cinq pièces, dont :
    Épitaphes, 1153.
    Pièces relatives aux Dames de Clairvaux, du 15 février
1631 ; sept pages in-folio.
    Autres, de 1636.
    Lettre du Lieutenant-Général du siége royal de Metz,
du 12 mai 1644.

255. SAINTE-CLAIRE. Trois pièces, savoir :
    Une pièce sur parchemin, du 17 août 1420.
    Note sur la maison de Sainte-Claire. — Paul Ferry a
écrit qu'elle lui avait été envoyée par le confesseur des
Sœurs de Sainte-Claire, le 26 mars 1648.
    Reçu de iv quartes de bleds, du 9 novembre 1551.
Signé François Baudoche.

256. Deux dossiers concernant l'héritage de Marguerite
Gauthier, religieuse de Sainte-Claire, réclamé par
ses parents, contre le monastère à qui elle l'avait
donné, et l'héritage de Dieudonnée Collignon, religieuse Ursuline, réclamé par ses parents contre le
couvent à qui elle l'avait donné.

257. Dossier pour l'affaire de M. de Guillande, contre
l'Abbesse et le couvent de Sainte-Claire, et contre
sa belle-sœur dame Marie-Joseph-Catherine de
Steinger, religieuse de cette abbaye, en 1769.

258. Fayole (de), religieuse de Sainte-Claire, des 18 février
et 20 mars 1769.
    Deux lettres autographes signées.
De Donjeux. Lettre A. S. de Metz, le 30 mars 1769.

259. SAINT-CLÉMENT. Dix pièces, dont :

Charte de l'empereur Otton III, en faveur de Saint-Clément, 1er mai 991.

Charte par laquelle Adalberon III, règle les droits de l'avoué de Saint-Clément, du 4 juin 1058.

Charte de l'évêque Heriman, en faveur de l'abbaye de Saint-Clément, de l'an 1090.

Charte d'Étienne de Bar, évêque de Metz, par laquelle il confirme les biens et les priviléges de l'abbaye de Saint-Clément, de l'an 1130.

Bulle du Pape Innocent II, qui prend l'abbaye de Saint-Clément sous la protection du Saint-Siége, de l'an 1139.

Charte de Bertran, qui confirme une dotation faite en 1147, à l'abbaye de Saint-Clément, de quatre poches à cens, le sel à Marsal, de l'an 1196.

Charte d'Ademar, évêque de Metz, pour l'abbaye de Saint-Clément, du 7 novembre 1345.

Charte du même, en faveur des sujets de l'Abbé et du couvent de Saint-Clément qui demeurent dans les terres de l'Evêché, du 15 août 1346.

Bulle du pape Clément VI, par laquelle il paraît que l'Abbé de St-Clément était conservateur et protecteur de l'ordre de Citaux, et quels étoient ces conservateurs, de l'an 1351.

Ensemble dix pièces, copies modernes, quelques-unes avec notes et de l'écriture de Dom Jean-François.

260. Charte d'Herman, du 2 may 1090, touchant la translation du corps de saint Clément, et portant au profit de l'abbaye du même nom, de plusieurs biens, priviléges et immunités, traduite du latin en roman, en 1393, par Thiriat Howesson de Landremont, en la cité de Metz, clerc, notaire public des authorités du Pape, de l'Empereur et de la Cour de Metz, à la requisition de Thibaut Lovre, abbé de St-Clément.

Pièce du temps.

261. Jugement du conseil du Maître-Eschevin de la cité

de Metz, qui renvoye la cause d'entre Guillaume, abbé de Saint-Clément, pour lui et son couvent d'une part, et Demengin Noka d'autre, pardevant le Major de Port-Saillis; ledit Abbé ne pouvant plaider ledit Demengin comme bourgeois de Metz, que pardevant icelui Major, pour raison de cinq sols d'amende et pour le gage qu'il lui a fait prendre par son maire, prétendant que ledit Demengin lui a mal raporté ses plaids annaux; du mois d'octobre 1351.

Grande pièce sur parchemin.

262. Cinq pièces, savoir :

Mémoire contenant le précis des donations, priviléges et exemptions accordés par les Papes et les Evêques de Metz, à l'abbaye de Saint-Clément, (vers 1400); huit pages in-folio.

Mémoire informe contenant les donations faites et les priviléges accordés à l'abbaye de Saint-Clément, lors de la translation de ses reliques par l'évêque Herman, en 1420; pièce sur parchemin.

Contrat d'ascencement d'un pré situé à Maigney, novembre 1243.

Et deux autres pièces sur parchemin, de 1482 et 1488.

263. Seize pièces in-folio, dont :

Articles du serment des Abbés de Metz, lors de leur prise de possession, du 13 juin 1506.

Priviléges des Abbés de St-Clément accordés au cardinal de Sainte-Agathe, quoique commendataire en 1506.

Bulle du pape Clément VIII, qui fait connaître les prérogatives des abbés réguliers de St-Clément de Metz, 1598.

Lettre du duc de Lorraine à l'Abbé de Saint-Clément de Metz, par laquelle il demande un subside pour construire une cathédrale à Nancy, du 24 février 1601.

Lettre de Louis XIV aux Prieur et Religieux de Saint-Clément de Metz, du 16 avril 1652.

Lettre de Louis XIV à M. d'Haluin, gouverneur de Metz, pour faire jouir les Bénédictins de leurs priviléges et exemptions, du 13 août 1652.

Lettre du cardinal Mazarin aux Religieux de St-Clément, du 2 octobre 1652.

Copies modernes sous la direction de Dom Jean-François.

264. Collège de Metz. Lettre du Maître-Echevin, Treize et Conseil à M^r le duc d'Espernon, concernant l'érection d'un collége à Metz, 10 septembre 1586.

265. Diverses pièces, dont :

Catalogvs avctorvm ad qvorvm explicationem professores Collegii Metensis aggredientur, octauo Idus Nouembris, hora septima, anno 1595.

Prostant exemplaria in officina Abrahami Fabri Mediomatricum typographi, prope Ecclesiam Cathedralem. In-folio in-plano, avec encadrement.

Minute d'expédition des frères Jean Chesneau, du 8 octobre 1604.

Copie du rescript du pape Grégoire XIV pour le collége de Saint-Eloy, à Metz, du 22 juin 1591.

Abrégé du procès intenté sur l'aliénation à perpétuité de la terre de Marivaut, en 1595.

Lettres du roy Louis XIII, du 26 février et 27 mars 1658, au sujet de l'instruction primaire.

Mémoire pour le collége de Metz; in-folio, 12 pages manuscrites.

Mémoire (historique) sur le collége de Metz, par Dom Tabouillot, ancien prieur de Saint-Simphorien et principal du collége; in-folio, 6 pages.

Manuscrit.

Et autres pièces.

266. Programmes d'exercices publics et de distributions de prix dans les écoles de Metz, depuis 1757 jusqu'en 1810; in-4° et in-8° br.

Onze pièces.

267. Congrégations. Trois pièces, savoir :

Un billet de mort par charité (note sur la vie de sœur Jeanne Thérèse) de demoiselle Elisabeth Fauconnier, fille mineure de Jean Fauconnier, maire de Longwy, et de dame Marguerite Nicolas, morte le 17 mai 1751, au monastère de Longwy ; *pièce in-4° imprim.*

Les deux autres pièces avec signatures, et datées 7 septembre 1682.

268. Cordeliers. Deux pièces, savoir :

Minute d'une lettre escrite au Père Provincial du couvent des Cordeliers de la province de France, assemblés à Senlis, 18 avril 1589.

Une pièce sur parchemin, datée du 6 janvier 1550.

269. Sainte-Croix. La ville de Metz achète de l'Abbé de Ste-Croix, un terrain pour un cimetière, ann. 1349.

Pièce originale sur parchemin.

270. Pièce en parchemin indiquant la faveur accordée par les Religieux du couvent de Sainte-Croix, moyennant la somme de 100 francs de Metz, de vendre des luminaires à la porte d'icel, 20 juillet 1360.

271. Mise faisant mencion don rut de Sainte-Creux devant Mets, que vient de Voippey et que chiel en Muzelle, conent li Abbeit de Sainte-Creux li doit condure ; du 27 avril 1464.

Pièce originale.

272. Trois pièces, dont deux avec signatures, relatives à l'abbaye de Sainte-Croix, de Bouzonville, de saintes reliques de la vraie Croix et de notables sommes, 7 juin 1603 ; Dom Jean Scellier, abbé de Bouzonville, plaignant à l'encontre de Samuel Dompière et de Didier de Saint-Paul, Trompette, tous deux bourgeois de Metz.

Ecriture du temps.

273. Deux pièces, xvᵉ et xvıᵉ siècles, dont une sur parchemin, de Gerard Denis, abbé du monastère de Sainte-Croix; 27 mars 1509.

274. Douze pièces avec les signatures Philippe Roucelz, H. de Haraucourt, Nicolas Bastogne, Richard, Prevost de Saint-Thiébaut, M. Marchand, P. Lamouche, etc., etc.; 1644, 1656, 1664.

275. DAMES DU PONT-THIEFFROY. Cinq pièces, dont:

Une sur parchemin, du 5 septembre 1472.

Une sur papier, du 5 septembre 1486.

Une sur parchemin, de 1536, qui montre comment le premier jardin de prez les Ulmes ne doit rien et est franc.

Bulle du pape Jean XXII, qui confirme la fondation de l'abbaye de Pont-Thieffroy, ordre de Citeaux; 1ᵉʳ avril 1321.

Les Grands-Vicaires de Metz, en conséquence de la bulle de Jean XXII, permettent de fonder l'abbaye de Pont-Thieffroy, ordre de Citeaux, du 21 octobre 1321; 5 pages in-fol.

276. LES DAMES DES PUCELLES. Une pièce sur parchemin, du 9 août 1512.

277. DOMINICAINS. Conrad de Scharphenneck, évêque de Metz, confirme l'établissement des Frères-Prêcheurs dans cette ville; du 22 avril 1221.

Copie moderne sous la direction de Dom Jean-François.

278. ÉCOLES CHRÉTIENNES, savoir:

1° Bulle de N. S. P. le pape Benoit XIII, qui confirme l'institut des Frères de la doctrine chrétienne; du 7 des calendes de février 1724.

2° Approbation de l'Archevêque de Rouen, du 17 mai 1725.

3° Lettres patentes qui ordonnent l'enregistrement de la bulle d'approbation de l'institut des Frères de la doctrine chrétienne, du 25 avril 1725; enregistrée au parlement de Rouen, le 12 mai susdit.

4° Lettres patentes qui confirment l'établissement des Frères susdits dans la maison de Saint-Yon, au faubourg

Saint-Sauveur de la ville de Rouen, enregistrées au parlement de Rouen, le 2 mars 1725.

5° Lettres patentes qui autorisent les différents établissements formés par lesdits Frères dans le ressort du département de Paris, du mois de mars 1777, enregistrées au parlement de Paris, le 26 mai 1778, à la chambre des comptes, le 4, et à la cour des aides, le 21 juillet susdit.

6° Lettres de M. le Garde-des-Sceaux, alors premier président du parlement de Rouen, au Frère supérieur des Frères de la doctrine chrétienne, du 8 décembre 1768.

Copies modernes.

279. SAINT-ELOY. Prise de possession de la chapelle de la Kaure, ressort de Conflans, érigée sous le titre de Sainte-Agathe, dépendante de l'abbaye de St-Eloy de Metz, par François Boucher, curé et official de Vic, au nom de Monseigneur le Cardinal de Lorraine et de son séminaire érigé à Pont-à-Mousson, pour l'employer ci-après en l'érection d'un collége audit Metz; 15 juin 1595.

280. Trois pièces, 1620, dont: Lettre des Maistres-Eschevins et Treize de la cité de Metz (au marquis de la Vallette, 14 décembre 1620), au sujet des Frères-Prêcheurs qui désirent entrer dans l'ordre de Saint-Eloy dépendant de leur ordre.

281. SAINT-ESTIENNE. Environ cent pièces, sur parchemin, relatives à l'église Saint-Estienne, de 1322 à 1568.

282. Vingt pièces, 1481 à 1665, quelques unes signées.

283. Vingt pièces, sans date, relatives à la paroisse Saint-Estienne.

Ecriture du XVIᵉ siècle.

284. SAINT-EUCAIRE. Livre des cens de Saint-Euquaire et de Saint-Thiébaut, pour les années 1708, 1709 et 1710; registre in-12, couvert en parchemin, signé Le Geay.

285. Dix pièces, relatives à St-Eucaire, deux du xve siècle, sur parchemin, huit du xviie siècle, sur papier.

286. Saint-Ferroy. Réponse et avis des Paroissiens de St-Ferroy, sur le différend d'entre Jean de Heu, écuyer, contre Messeigneurs les Gournais. Réponse et avis des Paroissiens de St-Martin, sur le différend de Jean Heu, écuyer, contre Mess. les Gournais.

287. Frères-Mineurs. Lettres, en présence de Notaires, par lesquelles le Gardien et couvent des Frères-Mineurs de Saint-François, renoncent au privilége à eux accordé par Ademar, évêque de Metz, du 15 février, adressées à un Chanoine de Saint-Sauveur et autres particuliers de Metz, pour le faire exécuter en faveur desdits Frères-Mineurs, concernant des cens, revenus, rentes annuelles, meubles et immeubles qu'on leur peut léguer en testament ou autres actes des dernières volontés; joint une traduction en français, 22 février 1358; deux belles grandes pièces originales sur parchemin avec sceaux, dont l'une en français et l'autre en latin.

288. Une pièce latine, datée du 18 juin 1539, avec signatures et très-beau sceau de l'ordre des Frères-Mineurs.

289. Cinq pièces, dont :

Requête des Frères-Mineurs de l'observance et de la Mère-Abbesse et povres sœurs de Sainte-Claire, au Maistre-Eschevin et son Conseil, pour obtenir 25 ou 30 quartes de bleds de charité.

Les autres pièces du xviie siècle sont relatives au même sujet.

290. Frestroff. Jugement des Treize de la cité de Metz, intervenu sur les différents uûs entre seigneur Jehan Renguillon et Collignon Paipemiate, maire des Dames de l'abbaye de Frestroff, et au nom d'icelles, à l'oc-

casion d'un héritage avenu audit Renguillon, de la succession de Collignon gouverne, lequel doit un cens annuel de 30 sols de Metz, audit monastère, et à deffaut de payement par Renguillon, s'est fait abandonner ledit héritage par justice, et le jugement maintient ledit monastère en possession; 1er avril 1357.

Belle pièce sur parchemin.

291. Procuration donnée par les Prieur, Religieux et couvent de l'abbaye de Frestroff, à Sébastien Bandidalam, procureur fiscal de la cour de Metz, et à Regnault Clément aussi procureur en ladite cour, pour comparaître en jugement où il appartiendra jusqu'à arrêt définitif, contre Me Dauzance, gouverneur pour le Roy audit Metz et pays messin, pour raison d'une saisie et annulation du contract portant aliénation et vendage de leur moitresse avec ses appartenances et dépendances, laquelle est située près de Metz, appellée la petite Frestroff; 25 octobre 1569.

Pièce originale sur parchemin.

292. SAINT-GENGOULF. Une pièce du xve siècle, une du xvie et sept des xvii et xviiie siècles; dont un billet de Louyse de la Vallette, abbesse du monastère de Sainte-Glossinde.

293. SAINTE-GLOSSINDE. Vingt-deux pièces, dont:

Charte de Louis, roi de Germanie, portant confirmation des droits et priviléges de l'abbaye de Sainte-Glossinde; du 25 novembre 875. *Copie mod.*

Charte d'Adalberon Ier, pour le rétablissement de l'abbaye de Sainte-Glossinde; ann. 945. *Copie mod.*

Charte de Thierry Ier, évêque de Metz, du 1er février 962. *Copie mod.*

Tesmoignaige en plait pour Saincte-Glossine encontre le signour Philippe Nicoul, du 19 novembre 1439; pièce sur parchemin.

Supplications faites par Henri Adam, prestre curé de Saint-Gengoulph, escoutées d'abord avec quelque honnesteté et quelque justice, illudées après, et à la fin rebutées avec opprobre et vexation de la part de la dame Lovise de Foix de Candale, abbesse de Ste-Glossinde, 1645; pièce in-4° imprimée.

Notice sur la vie de dame Marguerite-Eléonore Hotman, ancienne abbesse de Sainte-Glossinde, morte le 17 décembre 1762; in-4°, 3 pages imprimées.

Ensemble 22 pièces, quelques-unes avec signatures et cachet.

294. Déclaration des dames Abbesse et Religieuses anciennes de Sainte-Glossinde de Metz, 1er juillet 1660.

Pièce signée de Fr. de Lenoncourt, H. de Choiseul, Diche, Amboise Reynel, Desarmoises Daulnoy.

Une pièce signée Louise de Foix et de Candale, abbesse de Sainte-Glossinde avec cachet; 1672.

Réception de demoiselle Margueritte de Leautaud, pour dame chanoinesse de l'abbaye de Sainte-Glossinde; 18 décembre 1672.

Pièce signée de Louise de Foix et de Candale, M. de Leautaud, dame novice de Sainte-Glossinde, etc.

295. Quatre pièces relatives à la fondation de diverses cures du pays messin, dont une pièce signée Louise de Foix et de Candale, abbesse de Sainte-Glossinde, avec cachet, 1673; Geoffroy, avec cachet; Famuel, de 1670.

296. SAINT-GORGON. Quatre pièces, dont:

Confirmation de l'union de la cure de Saint-Gorgon de Metz, au Chapitre de Saint-Pierre-aux-Images de la même ville, par Gerard, grand archidiacre de la cathédrale; du 16 avril 1192. *Copie moderne.*

Minute d'une pièce du 29 juillet 1670, avec plusieurs signatures dont celle de Haumecourt.

Acte pour la cure de Saint-Gorgon de Metz; 27 juillet 1736; apostillée de plusieurs signatures.

297. **Environ quatre-vingt-dix pièces relatives à la paroisse Saint-Gorgon de Metz, dont plusieurs lettres signées, accompagnées d'un plan, savoir:**

Pour Michel Casimir Lebrun, prêtre et curé de la paroisse Saint-Gorgon, de Metz, contre les Eschevins et Fabriciens de ladite paroisse de Saint-Gorgon. — Les Eschevins, Fabriciens et Paroissiens de la paroisse de St-Victor. — Marie-Mathieu-Emmanuel Girardin, prêtre, curé de Saint-Victor. — Les Princier, Doien, Chanoines et Chapitre de l'Église cathédrale, de Metz. — Antoine Lamotte, prêtre, prevôt de Saint-Pierre-aux-Images, et en cette qualité, patron de la cure de ladite paroisse de St-Gorgon. — Les Maistres-Eschevins et Conseillers-Eschevins, de l'hôtel-de-ville de Metz.

298. **GORZE. Dix-huit pièces, dont:**

Scriptum Domini Grodegangi de sigio et multis aliis Locis; 749.

Remarque de Mr Schœpfius, célèbre auteur de l'Alsatra illustrata, sur le titre de la fondation de l'abbaye de Gorze; 749.

Preceptum Domini Pippini Regia de Possessionibus nostris; 762.

Dataticium quo Lipinus rex dotavit ecclesiam Gorziensem in die quâ dedicata est; 762.

Testamentum quod fecit duna Chrodegangua de curte quam habemus in Paterni-Villâ; 765.

Scriptum Domini Grodigangi de siegio et multis aliis locis Karte; 765.

Donatio de Nuarengisi villa; 770.

Testamentum Dûi Angelranni de Sao et Grandiaco ; 770.

Privilegium Dûi Alventii Episcopi ; 863.

Le duc Regnier, confirme la donation faite par l'empereur Charles Legros, des Dixmes, de Stenay et de Morisay, et Dagobert de Stenay ; 887.

Donatio quam fecit Kichildis Regina de Longeivilla ; 910.

Privilegium Adelberonis Mettensis Episcopi ; 933.

Præceptum Domini Ottonis regis de possessionibus Gorziæ ; 936.

Diplôme d'Othon II, par lequel cet empereur ratifie la donation de différens fiefs situés dans le royaume de Lorraine, entr'autres de la terre d'Amelle, faite à l'abbaye de Gorze, par Conrad, fils du comte Rodolphe ; 26 septembre 982.

Carta de Aspero Monte ; 1060.

Godefroy de Bouillon et sa femme Beatrix, mettent des Religieux de Gorze dans le prieuré de Saint-Dagobert, de Stenay ; 1069 à 1103 ; trois pièces.

Ensemble dix-huit copies faites sous la direction de Dom Jean-François.

299. Dix pièces, dont deux sur parchemin, concernant l'abbaye de Gorze ; 1403 à 1600.

Transaction passée entre le cardinal Charles de Lorraine et les Chanoines de Gorze ; 1600.

300. Douze pièces, concernant l'abbaye de Gorze, de 1665 à 1701.

301. SAINT-HILLAIRE. Estat de plusieurs ressettes et joyaulx d'argent qui sont prodvenus des églises de Saint-Hillaire, des Frères-Baudes et de la Chapplette, qui ont esté fondus, et il y a eu le deschet tel qu'il sera cy-après dict ; XVIe siècle ; deux pièces in-folio avec signature. — Mémoire des Coullot, fait par les paroisses de la ville, par ordre de M. le Grand-Vicaire. Une pièce.

301 bis. HÔPITAL SAINT-JEAN-DE-JÉRUSALEM, ORDRE DE MALTE.

Transaction d'entre Messeigneurs des Trois-Ordres de la ville de Metz, et Messeigneurs de Malte ; du 22 mars 1669.

Une pièce sur parchemin, 8 may 1401, une autre sur papier, du xve siècle.

302. Jésuites. Bulle du pape Clément VIII, portant commission à l'Archevêque de Trèves, pour juger le procès touchant le prieuré de Chiny, usurpé par les Jésuites ; du 7 juillet 1598.

Actus inflimationis pro Nicolao clerico Tullen Dioces.

Arrest du Conseil d'État et lettre du Roy à M. le président Charpentier, pour l'établissement des Jésuites ; du 29 juillet 1622.

Lettre de Henri de Bourbon, évêque de Metz, au Provincial des Jésuites, au sujet de la donation du collége de Metz à la Compagnie de Jésus ; du 8 avril 1622. *Renseignement.*

303. Extrait du registre du Grand-Conseil de Metz, pour faire des remontrances sur l'établissement des Jésuites ; 22 avril 1622.

Extrait d'une lettre de M. Fabert, maistre-eschevin, au sieur Veillard, agent de la ville en Cour, 9 novembre 1625.

304. Justemont. Charte de fondation de l'abbaye de Justemont, par Euphemie de Vatrouville, en 1124.

Différens actes constatant différentes donations faites à l'abbaye de Justemont, par Wirrie, seigneur de Wallecourt ; 1206.

Bulle du pape Alexandre III, confirmative de tous les biens et priviléges à l'abbaye de Justemont ; 1181.

Bulle du pape Grégoire IX ; 1236.

Bulle du pape Jean XXII, par laquelle il commet le

Doyen de l'église de Saint-Sauveur de Metz, pour faire rentrer ladite abbaye dans ses biens; 1324. Et autres pièces jusqu'en 1636.

Pièces écrites en latin.

305. Une pièce sur parchemin, de Guillaume, abbé de Justemont, du diocèse de Metz, de l'ordre des Presmontrey; 1392.

Pièce originale avec deux sceaux.

306. Extrait d'une lettre écrite de Paris, par le S. Abbé de Justemont, à M. de Moulin, à Metz, touchant les moyens de faire sortir les Jésuites de leur collége de Metz.

Copie de Paul Ferry.

307. LONGEVILLE. Receptes en deniers de l'abbaye de Longeville; 2 cahiers in-fol., manuscrits du commencement du XVIIᵉ siècle.

308. NEUFMOUTIER. Monastère de Neufmoutier, de l'ordre de Saint-Benoît, du 20 juin 1505.

Pièce originale sur parchemin, avec un très-beau sceau.

309. NOTRE–DAME–AUX–CHAMPS. Savoir :

1° Quittance de Symon Adenm, prieur de Mesdames aux Champs, du 22 avril 1437. Original.

2° Copie d'une pièce datée de 1444, au sujet de la translation des sépultures de ladite église.

3° Lettre signée de l'empereur Charles V, et contresignée, du 27 octobre 1543.

Pièce originale avec cachet.

4° Une pièce sur parchemin relative à Ajangin Wibratte, le boullangier, demeurant près de la porte St-Thiébault; du 5 août 1557.

310. NOTRE–DAME–DE–LA–RONDE. Notes sur le Chapitre de N.-D.-de-la-Ronde.

Une pièce sur parchemin, du 16 février 1462.

Une pièce avec un très-beau cachet, représentant saint Martin.

.Deux pièces concernant l'union du Chapitre de N.-D.-de-la-Ronde, au petit séminaire (acte de suppression). Ensemble, 9 pièces.

311. MAGDELEINES. Trois pièces, dont deux sur parchemin, des 13 janvier 1418 et 13 janvier 1419.

312. SAINT-MARCEL. Une pièce relative à l'église Saint-Marcel, du 22 décembre 1475. Très-grande pièce sur papier, en français.

313. SAINTE-MARIE. Treize pièces relatives au monastère de Sainte-Marie, de 1635 à 1657.

314. Actes pour les vénérandes Dames de Chenances et Cherisey, religieuses de Sainte-Marie de Metz, du 20 juillet 1637.

Deux pièces signées Jeanne de Chenances, ancienne religieuse de Sainte-Marie, Claude de Cherisey.

Acte de protection pour Mme Christine de Florainville, abbesse de Sainte-Marie ; 28 août 1677.

Pièce signée.

315. SAINT-MARTIN. Diverses pièces, dont :

Charta Gerardi abbatis sancti Martini Metensis, anno 950. Copie moderne.

Enumeratio Bonorum abbatia sancti Martini propè metas, anno 1189.

Copie moderne.

L'Abbé de Saint-Martin-lès-Metz, cède à celui de Saint-Vincent, une maison et quelques cens moyennant une pension.

Copie moderne par Dom J. François.

Lettre du roy d'Espagne Alphonse, élu empereur, qui donne au duc Ferry l'investiture de ce qu'il reprend de l'Empire ; ann. 1252.

Copie moderne par Dom Jean-François. •

Matheus Dei gratia Episcopus aremgarensis sacrosanctæ generalis sinodi Basileiensis ; 18 août 1433.

Copie moderne.

Rolle des vins nouveaux de la paroisse Saint-Martin, pour l'an 1489.

Avec notes de P. Ferry.

Une pièce du 17 juin 1486, sur parchemin.

Lettre signée Falon, du 4 may 1691, au sujet de l'argenterie de l'église de Saint-Martin.

316. Douze pièces, dont :

Domno Stephano Pontifici Rocherus abbas sancti Martini ; anno 1133.

Accords entre les Abbé et couvent de Saint-Martin devant Metz, et les Religieuses de Sainte-Claire de la même ville ; du 28 octobre 1324.

Laye à lower par Sire Dedier Pierron, aux Religieux Augustins de Metz ; du 10 mai 1471.

Pièce sur parchemin.

Une très-grande pièce sur parchemin (en français), du 28 septembre 1401.

Instructions de Metz, pour response aux articles du roy Réné sur le faict des Aydes, le 2 janvier 1494.

Layes à scens pour Jehan Druette, chanoine, Église de Metz ; 1582, le 29 juin.

Cession de l'abbaye de Saint-Martin, juin 1591.

Droits de Saint-Martin devant Metz.

317. Quatre pièces relatives aux chapelles de Saint-Martin, des 11000 Vierges et de Saint-Fiacre, des xve et xviie siècles.

318. SAINT-MAXIMIN. Diverses pièces, dont :

1° Enquête qui rappelle d'anciens usages des paroisses Saint-Maximin et Saint-Etienne ; *in-fol. 6 pages.*

Belle copie moderne accompagnée de l'original du xve siècle.

2° Censitte de soixante-trois francs quatre gros, pour les Eschevins de Saint-Memge, de Metz à Rochept, pour douze

cent soixante-huict francs six gros, du 21 novembre 1567 ;
9 *pages in-fol.* Très-belle copie.

3° Trois pièces du xviie siècle signées de Raigecourt, de
Gournay, avec cachets.

4° Une pièce sur parchemin, du 10 décembre 1489.

319. SAINT-MÉDARD. Une pièce sur parchemin, du 12 mars
1394, relative à l'église Saint-Médard.

320. SAINT-PIERRE-AUX-IMAGES. Six pièces, copies et originaux, 1475-1654, avec cachets et signatures.

SAINT-PIERRE-LE-VIEUX. Une pièce datée du 3 may 1557.
Sur parchemin.

321. SAINT-PIERRE-AUX-NONAINS. Quatorze pièces, dont :

Histoire de la fondation de l'abbaye de Saint-Pierre-aux-
Nonains, à Metz ; ann. 620.

Charte de l'empereur Othon Ier, qui confirme le rétablissement de l'observance régulière dans l'abbaye de Saint-
Pierre-aux-Nonains, à Metz, fait par l'évêque Adalberon.

Traité de Jean, cardinal de Lorraine, évêque de Metz,
avec son neveu le comte Nicolas de Vaudemont, ann. 1549.

Minutte de la démission de la chapelle Saint-Pancrace
à Saint-Pierre-aux-Dames, par Fr. Benjamin Sauvage,
clerc du diocèse de Toul ; 17 juin 1694.

Acte de la prise de possession de l'abbaye de St-Pierre-
aux-Dames, par Mme Françoise d'Haraucourt ; 4 mai 1675.

Bref du pape Innocent XII, qui commet l'évêque de Toul
visiteur de l'abbaye de St-Pierre de Metz, pendant vi ans ;
30 juillet 1696.

Lettres du P. La Chaise, confesseur du Roy, à M. l'E-
vêque de Toul, au sujet du précédent bref (de Fontaine-
bleau les 28 et 29 octobre 1696).

Copies modernes.

322. Une pièce relative à l'église et monastère de Saint-
Pierre en la cité de Metz, du 3 mars 1551.

Pièce originale signée Anne de Haulssonville avec
paraphe et sceau.

323. Haraucourt (Françoise de), abbesse de Saint-Pierre de Metz (de Metz, 18 apvril 1633).

Grande lettre autographe signée.

Permission pour Ant. de Thommesson, portant agréation de testater. — Plus l'acte minute de l'insinuation dudit testament.

Testament de feue Mme Antoinette de Thommesson, vivante dame religieuse à Saint-Pierre de Metz.

Minute autographe, signée du 15 novembre 1638.

Inventaire des objets d'or et d'argent, trouvés chez feue Mme Antoinette de Thommesson; 1er mars 1640.

324. Minute de provision des chapelles de Saint-Pierre et de Sainte-Scolastique, à Arancy, par Mme l'Abbesse de Saint-Pierre; du 11 septembre 1654.

Minute de provision et prise de possession des chapelles Saint-Pancrace et Saint-Pierre-aux-Dames, à Metz; du 7 juillet 1654.

Pièces signées Françoise de Haraucourt, abbesse de Saint-Pierre, etc., accompagnées de sceaux de l'abbaye.

Autre pièce datée du 31 août 1566, et signée F. de Haraucourt, et Anne de Mallabarbe, dame de St-Pierre.

325. St-Pierre et Ste-Marie. Diverses pièces, dont:

Mémoire pour Monseigneur l'Evesque de Metz (de Saint-Simon), contre les abbayes de Saint-Pierre et de Sainte-Marie, de la ville de Metz (Paris, imprimerie de D. Houry), in-fol. de 38 pages.

Mémoires pour les dames Abbesses et Chanoinesses des abbayes de Saint-Pierre et de Sainte-Marie de Metz, contre Monseigneur l'Evêque de Metz; 23 juin 1740, in-fol. de 13 pages.

Second mémoire pour les dames Abbesses, etc., etc. (Paris, imprimerie de la Ve d'André Knapen, 1741), in-fol. de 40 pages.

Sommaire pour Monseigneur l'Evesque de Metz, contre

les abbayes de Saint-Pierre et de Sainte-Marie de Metz,
(Metz, Vᵉ de Brice Antoine) in-4° de 45 pages.

Extraits des Registres de la Chambre épiscopale de
Metz, des 2 janvier 1520 et 28 février 1580.

Copie apostillée du cachet des armes de Mᵍʳ l'Evêque.

326. SAINT-PIERRE-MONT. Dix pièces, 1096–1621.

Copies modernes sous la direction de D. J. François.

327. PRÊTRES DE LA MISSION. Copie de l'acte d'établissement, de fondation, des lettres patentes du Roy, qui
les confirment et amortissent les biens de la ville et
de Voisage, etc., sans finance; 2 juin 1661.

Dix grandes pages in-fol. d'une écriture fine et serrée.

Une autre pièce de 1666.

328. SOEURS–PRESCHERESSES. Aggrégation des Religieuses
Prescheresses de Metz, à l'ordre de St–Dominique;
ann. 1281.

Témoignage pour les Pères confesseurs des Dames
Prescheresses; 4 novembre 1628.

329. PROPAGATION DE LA FOY. Sept pièces, savoir :

Un billet signé sœur Perin, du 2 juillet 1755.

Vie de sœur Elisabeth Remy, morte en 1776 (billet de
mort imprimé, 2 pages in-4°, signé sœur Molina).

Lettres de sœur Marthelot, de la Propagation de la Foy,
du 20 janvier 1781.

Lettre du frère Pierron, du 26 janvier 1781 (à Mᵐᵉ Marthelot, religieuse).

Mémoire concernant les devoirs ou droits respectifs de
M. le Curé de Sainte-Croix et des Dames de la Propagation
de la Foy; 16 pages in-folio.

Mémoire ou placet pour la maison de la Propagation de
la Foy, establie en la ville de Metz, pour les hommes et
garçons, par lettres patentes de S. M.; in-4°, 4 pages
imprimées.

330. RANGIVAL. Abbaye de Rangival, quatre pièces; 1642.

331. Récollets. Lettres patentes du roy Henry IV, qui confirment une ordonnance du Général de l'ordre de Saint-François, pour l'introduction des Récollets dans la maison ci-devant occupée par les Cordeliers à Metz; du 20 juillet 1599.

Lettre de sauvegarde et de protection accordée aux Récollets de Metz, par Henry IV; du 13 juillet 1603.

Copies modernes sous la direction de D. J. François.

332. Saint-Sauveur. Environ 65 pièces in-fol., 1154 à 1695, savoir :

Gerard, légat du S. Siége, fixe les prébendes de la collégiale de St-Sauveur au nombre de vingt; ann. 1154.

Thierri III, évêque de Metz, coufirme la réduction des prébendes de la collégiale de Saint-Sauveur, au nombre de 20, faite par Gerard, légat du pape, en 1154 (vers 1170).

Bertrand, évêque de Metz, confirme la réduction des prébendes de la collégiale de Saint-Sauveur, au nombre de xx, faite par Gerard, légat du pape, en 1154 (vers l'an 1190).

Confirmatio numeri Canonicorum nostrorum.

Statut par lequel les Chanoines de la collégiale de St-Sauveur, s'engagent à punir les usurpateurs de biens de leur église, par la cessation de l'office divin; 1265.

Statum in faverem Canonicorum suos Canonicatus et Prebendes hujus Ecclesiæ, pro tempore Resignantium editum, anno 1534, die veneris secunda Mensis octobris.

Notes tirées des registres de Saint-Sauveur, 1534-1666; 20 feuillets in-fol.

Manuscrit de la main de M. Emmery.

Liste des Doyens de St-Sauveur, depuis 1572 jusqu'en 1704.

Etat de la collégiale de Saint-Sauveur de Metz, de 1572 à 1728.

Cahier curieux de la main de M. Emmery.

Autre jusqu'en 1729.

Brevet de nomination pour le joyeux advenement du roy Henry à la couronne, 21 mars 1608.

333. Cathédrale de Saint-Sauveur. Payement en groz que Jehan de Gorze, l'amant chaingeonce de la cité, ay fait pour ladite cité, tant pour les paiements faits à Seldoiours pour leurs guaiges et pour chevaulx mors et randus, pour les paincionnaires et M^es des bombardes, etc., etc., depuis le 23 juin 1497 jusqu'au 23 juin 1498 ; cinquante-six pages.

Ecriture du temps.

334. Onze pièces sur parchemin, dont :

Requête du sieur de Gannes, admise contre son concurrent et les trois opposants du Chapitre, 1er août 1750.

Requête du Procureur-Général pour avoir communication des pièces des opposants, 7 août 1750.

Requête pour M. de Gannes, admise, 2 septembre 1750.

Acceptation de la requête de M. de Gannes contre les opposants, 5 septembre 1770.

Intervention du Procureur-Général du roy pour le roy, 9 septembre 1750.

MM. de Valcour, Le Rouge et Bourk, reçus opposants au désintéressement des autres Chanoines, 10 septembre 1750.

Arrêt qui permet à M. Daligre de se joindre à l'opposition des sieurs Valcour, Le Rouge et Bourk, contre les Chanoines désistants, 10 septembre 1750.

Lettres de continuation pour M. de Bonnaire, rapporteur, 30 septembre.

Pièce avec sceau et signée de Louis XV.

335. Diverses pièces, savoir :

Mémoire pour Me Pierre de Gannes, pourvu sur la nomination du Roi, du doyenné et d'un des canonicats de l'église de Saint-Sauveur de Metz, contre le sieur Daligre, prétendant droit audit doyenné, en vertu d'une élection du Chapitre, et encore contre les Prevôt, Chanoines et Chapitre de Saint-Sauveur de Metz (Paris 1750); in-fol. de 20 pages.

Addition pour le sieur abbé de Gannes, etc.; in-fol. de 18 pages.

Mémoire signifié pour le Chapitre de l'église collégiale de Saint-Sauveur de Metz, contre Pierre de Gannes, prêtre du diocèse de Quebec, en présence du sieur Daligre; in-fol. de 10 pages.

Mémoire pour François Daligre, contre Pierre de Gannes en la présence du Chapitre; in-fol. de 20 pages.

Mémoire signifié pour Louis-François de Quesse de Valcourt, contre Jean-Claude Rabbet, doyen de Saint-Sauveur; in-fol. de 41 pages.

Mémoire sommaire signifié pour Claude-Jean Rabbet, et encore par les Chanoines et Chapitre de ladite église, contre Louis-Fr. de Quesse de Valcourt, abbé de l'abbaye de N. D. de Fontenelle, etc. *Metz, Fr. Antoine,* 1741 (sur l'imprimé à Paris); in-fol. de 17 pages.

Mémoire pour L.-Fr. de Quesse de Valcourt, contre Rabbet; in-fol. de 16 pages.

Mémoire signifié pour L.-F. de Quesse de Valcourt, contre J.-Cl. Rabbet; in-fol. de 18 pages.

336. Cinq pièces: Mémoire et Précis pour N. Isaye Daligre, imprimés. Et autres manuscrites, 1776.

337. Diverses pièces, savoir:

Bulles en faveur du sieur Albert Michel, du diocèse de Toul, pourvu en cour de Rome du doyenné, seconde dignité de l'église collégiale de Saint-Sauveur, de la ville et diocèse de Metz, du 1er septembre 1770.

Deux pièces sur parchemin, dont une signée de Louis XV, et contre-signée le Duc de Choiseul, avec sceau en plomb.

Bulla exemptionalis, du 9 janvier, pièce sur parchemin avec sceau en plomb.

Visa de M. l'Evêque (Louis-Joseph de Montmorency) pour le Curans animarum, du 28 août 1770.

Pièce signée de l'Evêque, accompagnée du cachet de ses armes.

Inscription latine du 5 may 1770, deminoire, de M. l'Evêque de Toul.

Arrest de serment de fidélité et permission de prendre possession, du 1er septembre 1770.

Pièce sur parchemin.

Extrait des registres mortuaires de la paroisse de Saint-Victor de la ville de Metz, mort du sieur de Gannes, ancien doyen de Saint-Sauveur, le 2 août 1774, âgé de 68 ans.

338. Mémoire et Pièces pour l'affaire de M. Albert Michel, prêtre, doyen, chanoine de l'église collégiale de Saint-Sauveur de Metz, contre les Prevôt, Chanoines et Chapitre de la même collégiale, en 1776–1778.

Vingt cahiers in-fol. et papiers séparés, plusieurs de la main de M. Emmery; très-intéressants par les titres que ces papiers renferment.

339. SÉMINAIRE. Diverses pièces, dont :

Lettres patentes du roy de Pologne pour la dotation du petit séminaire du diocèse de Metz, 5 décembre 1745; in-4o, 4 pages.

Précis pour les trois ordres de la ville de Metz, contre le Supérieur du petit séminaire de la même ville. *Metz,* Jos. Collignon, in-fol. de 8 pages.

Une pièce manuscrite relative à l'établissement du séminaire Sainte-Anne à Metz, par Anne d'Autriche à son voyage à Metz avec son fils Louis XIV, en l'an 1657.

340. Papiers et parchemin relatifs à l'affaire du séminaire Saint-Simon de cette ville.

On y remarque :

Extrait de la chronique de Nicolas de Luttange, religieux Célestin de Metz, de 1370 à 1402.

Généalogie et filiation de la maison de Raigecourt, depuis

M. le marquis de Raigecourt jusqu'à Bertrand le Hungre, créateur de la maison des Célestins.

Des extraits du cartulaire des Célestins.

Titres de famille, contrat de mariage, etc.

Fondation par MM. le Hungre, Louve et Gournais, aux Célestins.

Le tout renfermé dans un carton.

341. SAINT-SIMPHORIEN. Diverses pièces, savoir :

Charte d'Otton III, du 25 janvier 992, par laquelle il confirme les biens et priviléges de l'abbaye de St-Simphorien de Metz, à condition qu'on y entretiendra autant que cela sera possible, des Moines irlandais.

Charte d'Adalberon III, évêque de Metz, de 1056, par laquelle il donne l'église d'Augny à l'abbaye de St-Simphorien, pour y mettre des Religieux de cette communauté.

Charte d'Estienne de Bar, évêque de Metz, de l'an 1130.

Charte de Richard, abbé de St-Simphorien, qui donne une prébende monachale à une femme nommée Guifeburge, vers l'an 1200.

Vidimus d'une bulle du pape Grégoire XI, de l'an 1372 (renseignement d'une pièce qui se trouve aux archives de Saint-Simphorien).

Copies modernes sous la direction de Dom J. François.

342. Concordantia abbatis et Conventuum Sancti Simphoriani Metensis ; juin 1320.

Pièce originale sur parchemin, accompagnée de sceaux bien conservés. On y a ajouté une très-belle copie.

343. Transaction entre l'Abbé de St-Simphorien et l'Abbesse et le couvent des Cordeliers de Metz, au sujet de certaines dîmes, du samedy devant la Saint-Michel, 24 septembre 1328.

Pièce originale en langue française, sur parchemin, accompagnée de sceaux bien conservés. On y a ajouté une très-belle copie.

344. Clément IV contre Urbain VI, pour prouver que Metz adhérait au schisme d'Avignon contre Rome, 1394.

Pièce en langue latine sur parchemin, avec notes de Paul Ferry.

345. Diverses pièces, dont :

Serment d'avant l'élection des Abbés de Metz, 1439.

Taille imposée pour la guerre contre les turcs, 1457.

Bulle du pape Pie IV, adressée à l'évêque de Metz, touchant Jean Notarii, 1484.

Sauf-conduit pour Jean Notarii, ambassadeur de Réné, duc de Lorraine, à Rome, 1490.

Lettre de sauvegarde et de protection accordée par l'empereur Charles V, à l'abbaye de Saint-Simphorien de Metz, du 14 juin 1549.

Procès-verbal de la translation des reliques de l'église de Saint-Simphorien de Metz, du 23 décembre 1560.

Présentation d'Adam de Gustine, seigneur de Guermange, de son enfant François de Gustine, pour être reçus religieux à l'abbaye de St-Simphorien, du 16 mai 1646.

Translation des reliques des anciens Evêques inhumés à Saint-Simphorien, du 4 may 1625.

Lettre de Louis XIII aux Prieur et Religieux de Saint-Simphorien, portant mandement de postuler M. de Coursan pour abbé, du 6 octobre 1639.

Requeste des Anciens de Saint-Simphorien à leur Abbé pour l'introduction de la Réforme dans ladite abbaye, du 20 juillet 1634.

Lettre du duc de la Valette aux Religieux de Saint-Simphorien de Metz, du 16 février 1635.

Requeste de M. de Coursan et Lettre sur le même sujet, Rome, 13 janvier 1643.

Mémoire des reliques qui se conservent en l'église de l'abbaye de Saint-Simphorien de Metz, en 1645.

Pièce de 1671, avec signatures.

Evaluation des dymes tant en bled, avoine, pois, argent, poules, etc., de Saint-Simphorien, xvie siècle.

Une pièce imprimée en 1763.

Une autre relative à Cl. de Bruillard de Coursand.

Ensemble dix-huit pièces, copies modernes, sous la direction et par Dom Jean-François.

346. Contract d'ascencement d'un jardin clos de murs, où il y avoit une tour ronde au-dessus de la porte Serpenoise, la porte allant à Saint-Gury à la partie de Montigny d'une part, et une vigne close appartenant au couvent de Saint-Simphorien d'autre ; lequel est fait par l'abbé et couvent de Saint-Simphorien, à Pierre de Nouviant, soldiour, et la cité de Metz, pour et moyennant un cens annuel de v sols de Metz.

Pièce sur parchemin.

347. Vidimus d'un accord fait entre Jacques de Froville, demandeur, et Tirion Barrat, défendeur, tous deux religieux de l'ordre de Saint-Benoit, concernant la provision faite de l'un et de l'autre, du monastère de Saint-Simphorien, en qualité d'Abbé, par la cession volontaire dudit monastère, par le premier au dernier ; à Nancy, diocèse de Toul, 14 décembre 1475.

348. Copie d'une vente de Nicolle de Heu, avec supplication de notre S.-P. le pape Innocent VIII, de vouloir bien confirmer la vente du château de Clemery, pour la somme de 2000 livres à titre de gagière ; du 26 mars 1488.

Copie du temps.

349. Rachat d'un cens de 38 livres 10 sols, les amendes et arrérages payés par l'abbé et couvent de Saint-Simphorien, à Mathieu Copperel et consors de Plappeville ; du 17 avril 1488.

Pièce sur parchemin.

350. Jugement des Treize, intervenu sur le procès d'entre
Mathieu Copperel et consors, demeurant à Plappeville d'une part, et Jean Notarii comme abbé de
St-Simphorien d'autre, lequel s'étant rendu garant
envers le sire Werry Roucel, d'un cens annuel de
38 livres 10 sols, affecté sur plusieurs héritages dé-
nommés au contract de vente passé par Jaicomin
de Moyeuvre, l'écrivain, à Copperel et consors,
francs de tous cens. Sur la demande faite par ledit
Roucel aux acquéreurs, de trois années d'arrérages
et de dommages et intérêts, ils ont mis ledit abbé
en cause, et a été condamné de payer les arrérages
et le cens; du 27 avril 1488.

Grande pièce sur parchemin.

351. Procuration au sujet de l'aliénation faite par Jean,
abbé de St-Simphorien, des biens-immeubles dudit
monastère, à différentes personnes par grandes
sommes d'argent, entre lesquels se trouve le château
de Clemery; du 9 septembre 1489.

352. Vidimus du mandement d'Antoniotus, prêtre cardinal
dans l'église de Sainte-Anastasie, juge-commissaire
député par le pape Innocent VIII, pour s'informer et
citer Jean Notarii, abbé du monastère de Saint-
Simphorien, et en faire rapport à Sa Sainteté, concernant le monastère de Saint-Simphorien, ordre
de Saint-Benoit, en commande, confère à Julien,
évêque d'Ostie, remis par celui-cy entre les mains
de Sixte IV, à Jacques de Fraville, sous la réserve
de 2000 florins d'or du Rhin, et par résignation, à
Jean Notarii, abbé dudit monastère, qui a aliéné et
hypothéqué à plusieurs personnes des biens-immeubles, château, vases et joyaux, etc., avec dé-

fense audit Jean, sous peine d'excommunication, etc.,
d'aliéner d'autres biens, etc.; du 19 décembre 1489.

Très-grande pièce sur parchemin.

353. Plaintes des Religieux de Saint-Simphorien au sieur
Baptiste Praillon, leur abbé, sur ce qu'il s'est fait
nommer par le Roy et à leur insu, Mᵉ Guillaume
Bellot, homme qui n'est régulier ni de leur ordre,
pour coadjuteur; et sur ce qu'ensuite des plaintes
verbales qui lui avoient été d'abord adressées, il a
chassé de la maison Mᵉ Jean Baga, l'un des plus
anciens religieux.

Manuscrit autographe in-fol.

354. Diverses pièces, dont :

Requeste des Religieux de St-Simphorien de Metz, au
roy Henri-le-Grand, au sujet des Religieux, avec l'ordonnance de S. M. sur leur requête et les lettres patentes qui
ordonnent l'exécution de ladite ordonnance; des 28 mars
1602 et 26 octobre 1604.

Lettre du roy Henry IV, aux Religieux de Saint-Simphorien de Metz, du 29 mars 1607.

Copies modernes par Dom Jean-François.

Notes de Paul Ferry, relatives à Saint-Simphorien, sur
un feuillet de papier se rapportant à la date de 1318.

355. Saint-Thiébault. Vingt-huit pièces, savoir :

Translat de la charte de l'évêque Bertrand, par laquelle
il donne aux Chanoines de Saint-Thiébault de Metz, du
consentement de tout le clergé, que du peuple, le poids
du fil, de la bourre et du chanvre, et leur confirme celui
de la laine, ann. 1190.

Du xvᵉ siècle.

Reconnaissance de l'université des citoyens de Metz, du
don fait au Chapitre de St-Thiébault, par l'évêque Bertrand, du commun accord tant du clergé comme du peuple.

Charte d'Hillin, archevêque de Trèves, qui confirme à

la collégiale de Saint-Thiébault le droit sur le poids de la laine, de l'an 1161.

Charte par laquelle l'empereur Fréderic Barberousse confirme le poids de la laine à la collégiale de Sainte-Marie et de Saint-Thiébault de Metz; du 4 février 1162.

Charte d'Etienne de Bar, par laquelle il fixe les droits de Sainte-Glossinde sur la collégiale de Saint-Thiébault, en reconnaissance de ce que l'abbaye vient de leur céder; ann. 1163.

Extrait du martyrologe de l'église de Saint-Thiébault de Metz, contenant le formulaire du serment que chaque Chanoine de ladite église est obligé de faire à sa réception; ann. 1163.

Charte des citoyens de Metz, en faveur de St-Thiébault; ann. 1190.

Copie extraite d'une requeste présentée au roy Charles IX par les Prevôt, Doyen et Chanoines de Saint-Thiébault.

Obligation pour vénérable et discrète personne Jean Dommary, doyen et chanoine de la collégiale de Saint-Thiébault, contre Jean Bartzel, curé de Florange; 1er décembre 1633.

Rachapt de cens dus à l'abbaye de Sainte-Marie de Metz, par les Chanoines de Saint-Thiébault; 20 août 1610.

Acceptation par Jean Mangin, Dommange, Charles et François les Triboults, au profit des vénérables du Chapitre de Saint-Thiébault; du 4 février 1678.

Prevôté de Saint-Thiébault de Metz; du 24 décembre 1693.

Discours prononcé le 5 mars 1737, par M. Pantaleon, archiprêtre et curé de la paroisse Sainte-Croix, à l'enterrement de M. Nicolas Udry, prêtre de la paroisse Saint-Martin et chanoine de l'église collégiale de St-Thiébault; *Metz, Ves de J. et P. Collignon*, in-4°.

Mémoire pour les trois ordres de la ville de Metz, contre le Supérieur du nouveau petit séminaire de ladite ville (*Paris*, 1749); in-fol. de 17 pages.

6

Acte signifié à Me Albrecht, prêtre supérieur du nouveau petit séminaire de Metz, à la requeste des Chanoines et Chapitre de l'église collégiale de Saint-Thiébault de Metz; in-fol. de 16 pages, vers 1745.

Copies modernes faites par et sous la direction de D. J. François. Plusieurs de ces pièces ne sont que citées dans l'Histoire des Bénédictins et non reproduites, d'autres sont inédites.

356. Ursulines. Trois pièces, dont une lettre signée du maréchal duc de Belle-Isle, datée de Paris, 10 mai 1751 (à Mme la princesse de Wurtemberg, aux dames Ursulines).

Conflit de 200 livres de rente par le sieur Daugecourt; du 20 juillet 1685.

357. Saint-Vincent. Seize pièces, dont :

Le pape Jean XIII confirme la fondation de l'abbaye de St-Vincent de Metz, faite par l'évêque Thierry Ier, etc.; 29 septembre 970.

Diploma Othonis secondi in Gratiam San-Vincentianarum; 29 juin 983.

Bulle du pape Urbain II, en faveur de Saint-Vincent de Metz; ann. 1096.

Déclaration des Abbé et Religieux de Saint-Vincent de Metz, par laquelle ils renoncent à tous droits et fief, mouvances et autres qu'ils pouvaient avoir sur la terre de Pange, cédée au duc de Lorraine; du 18 juin 1604.

Pied-terrier de toutes les terres, preys, bois et rentes en argent, dépendant de la ferme des R. P. et Religieux de l'abbaye de Saint-Vincent de la ville de Metz, situés tant sur le ban de Marsal, Moyenvic, Harraucourt, etc., etc.; du 3 août 1735.

Traité entre le sieur Brandebourg, intendant, et le baron d'Elz ; pièce signée, 1er août 1735.

Déclaration des revenus qui appartiennent à M. le baron d'Elz d'Ottange, à cause de son abbaye de Saint-
Vincent de Metz, en 1751.

Copies modernes.

358. Parchemins pourris contenant le renouvellement des
cens de Saint-Vincent, lesquels se doivent payer la
moitié à la saint Jean–Baptiste et à Noël de chaque
année ; vers l'an 1368.

359. Laix à Luwier par le couvent de Saint-Vincent, à
Jehan Graivautre Lejeune ; 28 mars 1476.

Du jardin au colombier à Saint-Jullien, appartenant à
Dedier de Flavigny ; 18 décembre 1423.

Deux pièces sur parchemin.

360. Consultation ou plaidoirie pour la juridiction des
Magistrats de la ville, contre des priviléges et im—
munités prétendus par l'Abbé de Saint-Vincent ;
30 avril 1538.

361. Lettres de l'empereur Charles–Quint, par lesquelles
le Prince ordonne à tous détenteurs des biens de
l'abbaye de Saint–Vincent, et principalement aux
sieurs de Bassompierre, de Florainville et de Ger-
mange, de restituer les biens de ladite abbaye, et
faute de le faire, les adjourne à comparaître à la
chambre impériale de Spire ; 25 juin 1549.

362. Déclaration des revenus que l'Abbé de Saint-Vincent
possédait en Lorraine, et dont le Duc demandait la
moitié pour subvenir aux frais de la guerre ; vers
1562.

363. Requêtes des Religieux de Saint-Vincent à Monseigneur de Sanbolle, 1593.

364. Requêtes des Abbés et Religieux de l'abbaye de Saint-

Vincent, signées entr'autres par l'abbé Saulnier, au
Maître -Echevin et aux Trois–Etats de Metz, pour
qu'ils interposent leurs bons offices à l'effet d'empêcher les suppliants d'être traduits au conseil privé
du Roi, sur les contestations que leur suscite l'Archevêque d'Aix, prétendant droit à l'abbaye de
Saint-Vincent.

365. Ordonnances des Religieux de l'abbaye de St-Vincent
pour leurs sujets; vers 1600.

366. VILLER-BETNACH. Cinq pièces, 1215, 1309, etc.

Copies modernes.

367. Trois pièces sur parchemin, savoir :

Du 12 novembre 1358, très-grande pièce.
Les deux autres de 1461 et 1462.

368. Deux pièces : Election de l'abbaye.

Grande lettre de 8 pages signée Jean Sellier (au sujet
de la confirmation des articles et traités de l'abbaye, ap-
pelés les grandes et petites Lolieux).

369. Quatre pièces des 5, 6 et 12 août 1677.

Relatives aux vilenies exercées par des paysans à l'ab-
baye de Villers.
M. Ch. de Bretagne, abbé de Villers.
M. Le Roy, maréchal de camp, commandant à Metz.
M. Nicolas de Marin, écuyer, conseiller du Roi, pre-
vôt provincial en la généralité de Metz.

370. VISITATION. Marie-Catherine Chariel (sœur) supérieure
(à MM. les Me-Echevin et Gens de Justice à Metz),
datée notre monastère du Pont-à-Mousson ce 3 février 1633; in-fol.

Grande lettre autographe signée.

371. Diverses abbayes, savoir : St-Avold, 787. — Abbaye
de Saint-Benoît-en-Woivre, sur parchemin, du

20 février 1468. — Abbaye de Cugnon, 648, *cop.* *mod.* — Hombourg, 1254 et 18 juillet 1693, deux pièces, *cop. mod.* — Longeville-lès-Saint-Avold, 875. — Saint-Mihiel, et autres pièces, *copies mod.*

372. Remiremont, deux pièces, 1662. — Prieuré de Rozérieulles, 1665. — Sarrebourg, une pièce. — Abbaye de Senones. — Saint-Tron, charte d'Adalbéron III, de l'an 1060.

Copies modernes.

373. CATHÉDRALE DE METZ. L'empereur Henry IV confirme les biens de la Cathédrale de Metz, soustrait ses sujets à la justice séculière, et les exempte de toutes charges et de tous subsides; 6 août 1070.

* Epistola Urbani II, PP. ad Adalberonem bene principerium Metensem, postea Archiepiscopum trevirens, et doos abbates Metenses de consecratione neo Electi Episcopi Metensis; 1° febr. 1091.

Compromis et sentence arbitrale entre le Chapitre de la Cathédrale de Metz et les Clercs stipendiés de l'hôpital Saint-Nicolas, érigé dans la rue des Clercs de la même ville, et connu aujourd'hui sous le nom de Sainte-Rainette; 25 août 1328.

Copies modernes.

374. Dix-huit pièces de 1315 à 1657, savoir :

Accord entre le Magistrat et le Chapitre de la Cathédrale de Metz, au sujet des assemblées des bourgeois qui se tenaient dans le cloître de l'église; de l'an 1315.

Copie moderne.

Receptes des cens. Chapelle de Saint-Laurent; 1515 à 1518.

Manuscrit du temps, avec signatures et cachets.

375. Donation par la cité de Metz à la Cathédrale, par laquelle appert l'exécution des corps de Jehan Hen-

non, Jehan de Felin et Hermequines; le bannissement des personnes de Humbert de Bocquemot, marchand, Humbetas, le revendeur de cuir, le clerc de Herncy, et Thomassin, boucher; leurs héritages, cens, biens, meubles et immeubles confisqués et acquis à ladite cité, pour raison de certains délits et faits par eux poursuivis contre l'honneur et franchise d'icelle. Tous lesquels biens ont été donnés au nom de ladite cité, aux Princier, Doyen et Chapitre de la Cathédrale de Metz, en telle manière que pour récompense de ce qu'ils doivent faire un service solennel pendant l'octave de la Nativité de Notre-Dame.

Grande pièce originale sur parchemin avec sceaux.

376. Copie d'un vidimus de lettre de paix des Doyen et Chapitre de la grant Eglise de Mes d'une part, et du Maistre-Eschevin et Tres-Jurez d'autre part; du 11 mai 1473; quatre pages in-fol.

377. Copie sur parchemin, du 30 novembre 1556, de l'enquête faite par deux notaires, de la rupture de l'arche de la Cathédrale, par le cardinal de Lenoncourt, évêque de Metz.

378. Cinquante-six pièces, pour la plupart revêtues de leurs signatures, dont deux sur parchemin et un original sur parchemin, relatives à la Cathédrale de Metz et au Chapitre; de 1565 à 1682.

379. Accord par lequel le Clergé de la Cathédrale de Metz et les Maistres-Eschevins, s'en remettent à la décision de M. le maréchal de Schomberg, touchant la somme de 300 pistoles imposées sur le Clergé, par les Magistrats de la cité, pour la subsistance de quatre compagnies de cavalerie légère en quartier d'hiver à Metz; 9 avril 1646.

380. Différentes pièces imprimées concernant le procès entre l'Evêque de Metz, le Chapitre de la Cathédrale, et Me Jean du Moulin, prestre, docteur en théologie de la faculté de Paris, et princier de ladite église de Metz; 5 br. in-fol.

381. AFFAIRE DU CLERGÉ. Appellation des Archiprestres de Jouey et de Magney, contre M. Renault, évesque de Metz; du 8 juin 1307.

Pièce originale sur parchemin.

382. Douze pièces relatives au Clergé de Metz, 1346-1573, savoir:

Remise faite par Ademare de Montil, évêque de Metz, aux abbayes, couvens, collégiales et aux cures de la même ville, du subside que le pape Clément V lui avait promis de lever sur le Clergé de son diocèse, du 20 juin 1346; *copie moderne.*

Pièces sur le Concordat Germanique.

Vidimus d'une lettre de Georges de Bade, évêque de Metz, du 7 octobre 1482; *copie moderne.*

Extrait d'un ancien Cartulaire de la collégiale de Saint-Sauveur de Metz, relatif à la répartition de la somme à laquelle le Clergé de Metz s'était cotisé, pour subvenir aux frais de la guerre contre les Turcs en 1527; *copie moderne.*

Compromis du Clergé de Metz, par lequel on nomme neuf Commissaires, quatre Chanoines, quatre Religieuses et un Curé, pour prouver une répartition, etc., 1573; *copie moderne.*

383. Défense au Clergé de Metz de reconnaître pour pape Clément VII.

Pièce originale du 16 janvier 1381.

384. Statuts du cardinal d'Aigrefeuille; 1380.

Copie moderne.

385. Statuts du cardinal d'Aigrefeuille, ann. 1380; cahier in-4° de 38 pages.

Copie moderne.

386. Cy après trouverez comment le frère Baude, dict de l'observance, vindre à Metz et en quel temps (1418).
     Pièce détériorée.

387. Lettre de MM. du Chapitre de Metz, de l'accord fait avec MM. de la cité ; 28 may 1473.
     Grande pièce.

388. Pièce originale sur parchemin avec cachet, concernant le sieur Jehan Noël, chanoine à l'église de Metz ; du 29 septembre 1498.

389. Supplique à Sa Sainteté par les Seigneurs de la cité, contre les Chanoines de Metz, qui se sont retirés au Pont-à-Mousson.

390. Copie du contenu des premières lettres exécutoires de la cité, envoyées et proposées de bouche par Jehan Corcepleman à l'Empereur, sur les premières lettres et citation en exécution pour le fait des chanoines de la cité.

391. Affaire des Chanoines. Lettres d'un ecclésiastique envoyé par la ville en Cour de Rome.

392. Cinq pièces, concernant les indulgences, du 5 décembre 1514, dont une pièce sur parchemin ; Bref de Léon X, et deux pièces imprimées.

393. Compte du voyage des Députés de la ville de Metz, pour aller à Strasbourg congratuler l'Archevêque de Trèves sur son avènement à la dignité archiépiscopale ; 17 novembre 1540.

394. Consentement donné par la cité entre Messire Claude Logier et Guiot Bercy, son coadjuteur de la chapelle du Saint-Esprit ; du 17 juin 1547.
     Pièce originale signée.

395. Quatorze pièces, concernant les privilèges du Clergé de Metz ; 1596-1761.

396. Pièces concernant la Solcherie de l'évêché, dont :

Accord fait et passé entre les Solchers de la cité et Evêque d'icelle, 8 février 1583 ; *très-instructif sur cette Solcherie (note de M. Emmery).*

Notes de Paul Ferry et autres pièces sur le même sujet.

397. Trente-trois pièces de 1631 à 1688, de procédures ecclésiastiques, relatives à divers Prêtres de Metz et du diocèse, la plupart avec signatures.

Une pièce signée de Catherine Palatine.

398. Lettre signée de M. le Comte de Brienne ; du 30 janvier 1658.

Refus de sépulture.

399. Treize pièces imprimées, relatives aux indulgences concédées par le pape Urbain VIII, à la confrérie du St-Sacrement en l'église Ste-Ségolène de Metz ; 1627. — Consultation sur la question de savoir, si le Chapitre de Metz peut prendre le gouvernement du diocèse pendant la démence de Monseigneur l'Evêque, avérée par son interdiction ; du 21 août 1696 ; manuscrit in—4° de 16 pages ; et autres pièces.

400. Environ cent-dix pièces relatives aux Cures des villes et villages du pays messin pendant le xviiᵉ siècle ; toutes classées par ordre alphabétique, avec signatures et cachets.

401. Seize pièces manuscrites et imprimées, relatives aux procès des Bénédictins de Metz, contre les Curés de la même ville, au sujet de la préséance.

402. Douze pièces, dont une sur parchemin. — Sujets religieux ; 1639–1741.

403. Onze pièces in-fol. ; in-4° et pet. in-12, relatives au Jubilé accordé par Clément XIII et XIV ; *le tout imp.*

404. Trente-huit pièces manuscrites et imprimées, concernant le Clergé de Metz, pendant le xviiiᵉ siècle.

Impositions, etc., Bureau ecclésiastique.

Généalogies.

405. Environ 150 pièces sur parchemin et sur papier, re-latives à la famille Alexandre, avocat au parlement de Metz.

406. Papiers faisant mention d'un sieur Pierre d'Attel, seigneur de Luttange.

407. Parchemin et papier concernant Aubertin de Bioncourt.

408. Papiers et documents concernant les familles ci-après désignées : Barthe, notaire, de Bassompierre et de Bock de la Bastide.

409. Papiers pour servir à la généalogie des familles ci-dessous désignées : des Armoises d'Hannoncel, Amelin de Rochemorin, de Beaurepaire, d'Amon, d'Anglure.

410. Papiers et généalogies des familles ci-après : d'Aultey, d'Avrange, Du Ban, Barbier dit Lajeunesse, Balbo, Bancelin, Barisy ou Barisey.

411. Papiers et généalogie concernant la famille Lebachellé.

412. Trois pièces sur parchemin concernant les Bachellé, dont une concernant la métairie de Scy ; 13 janvier 1640.

413. Raport que fait le hérault d'armes de S. A. à Monsieur le Mareschal de Barrois, pour preuve de l'extraction de noblesse du sieur Charles Hurault, advocat à Toul. Pièce signée Jean Callot, 1627. — Lettre autographe (relative au même) signée Simon de Pouilly, 26 novembre 1626. Ensemble quatre pièces in-fol.

414. Papiers concernant les familles ci-après : Belquienne, Bennelle, de Berry.

415. Papiers relatifs à la famille Bertrand Grenet, Besnard, Besser, Beltainviller, Bilistein.

416. Généalogies des familles suivantes, et papiers qui les concernent : De Blair, Blaize, Block, Baudin, Lapierre, Lemonnier et Lebeuf, de Valdasson, Boudet de Puymaigre, Bourcier, Bourdelois, Bourgeois, avocat à Nancy, Breval.

417. Mémoire généalogique pour la maison de Bourzey, *Nancy, 1730, in-fol., br.*

    Très-rare.

418. Comptes des ans quels on droit chacun an à Jennon vefve de feu St-Jean Bronvaulx, 1594, in-4°, deux cahiers manuscrits.

419. Pièces concernant les familles ci-après : Chambray, avec signature, 1574, Canon, Champion, Charpentier, de Choiseul, généalogies des Chazelles.

420. Dix-neuf titres sur parchemin, concernant la famille de Chaufour, datés depuis 1307 jusques et y compris 1397, avec copies manuscrites desdits titres.

421. Généalogie de la maison de Vienne, seigneur de Clervant, par Paul Ferry. Belle grande pièce et papiers relatifs à la même maison.

422. Papiers relatifs à la famille de Vienne de Clervant.

423. Sept pièces sur parchemin, concernant la maison de Clervant, xvi° siècle, dont une signée du comte de Nassau.

424. Papiers et correspondances relatifs à la famille de Clerville. On y remarque trois lettres signées de Louis XIV, dont une avec la signature de Louis

d'Orléans, duc de Chartres. — Et trois autres pièces sur parchemin, avec les mêmes signatures, accompagnées de sceaux.

425. Parchemins et papiers concernant la maison de Corny; 1395-1608.

426. Papiers et parchemin concernant la famille de Courcelle, seigneur de Lucy.

427. CREPY. Lettres de reprise par M. de Crepy; 1564.
  Pièce sur parchemin.

428. Papiers concernant les familles ci-après désignées : Darasse, Dampierre, Dompaire, Drouot de Verdun, Drouin, Dubalay.

429. Trois pièces sur parchemin, concernant la famille Deschamps, datées de 1480-1508, avec sceau, et 1521, signées de Charles, duc d'Alençon, avec sceau.

430. Généalogies et papiers relatifs aux familles ci-après : Duberon, Duclos, Dumolard, Duplessis, Dupré de Geneste, avec sceau, Durkheim, d'Einville, d'Erlon.

431. Papiers concernant les familles suivantes : Faultrier, Ferréal, Le Fèvre de Caumartin, Le Fèvre de la Donchamps, Feydeau de l'Epau, Flessheim, de Florainville, Floize de Fontaine.

432. Pièces relatives à la famille Foès.

433. Généalogies de Goullet de Vigy, Lasalle, etc.

434. Cinquante pièces, concernant la famille Le Goullon, 1597-1672, dont :
  Le testament d'Ant.-Nicolas Le Goullon. — Lettres autographes du même. — Acte ou traité de mariage de Jacq. de Couet, fils Sr Du Vivier, et de Damoyselle Eve Le Goullon; 1633. — Testament de Melle Léa Le Duchat, veuve de Benoist Le Goullon, à Metz; 1648. — Inventaire de productions de Damoyselle Eve Le Goullon, les sieurs

Charles et Louis les Couet. — Cinq pièces sur parchemin, dont une datée du 24 juillet 1628, avec sceau. — Et autres pièces; la plupart sont signées.

435. Cinq registres contenant les inventaires des biens, meubles et immeubles, comptes, recettes et dépenses, de la famille Le Goullon; 1633-1673. — Mémoires touchant la dépense du sieur Benoist Le Goullon; 1637-1649, etc.

Manuscrits très-curieux.

436. Pièces relatives à la généalogie des Gournais, arbre généalogique. Manuscrit de Paul Ferry.

437. GOURNAIS. Dix-sept titres sur parchemin, savoir : xiiie siècle, 1 p.; xive siècle, 2 p.; xve siècle, 8 p., dont une avec sceau; xvie siècle, 2 p., dont une signée de Gournay; xviie siècle, 2 p. signées Joly.

438. GOURNAY. Onze pièces manuscrites : 1462, 1526, signée Praillon, 1550, 1561, 1566, 1603, 1620, 1645.

439. Généalogie de Guéblange, pièces signées de Gournay; 1591. — Guénange. — De Guillon, Sr Détouche, de la ville de Metz; 1630. — De Guéroulte. — De Grouville; 1716. — Guillaume Gury. — Guyot, docteur à Metz. — George Vogein.

440. Généalogie. Goussaud-Dubuat. Goussaud d'Antilly. Pièces sur parchemin, de 8 pages, et autres.

441. Pièces généalogiques et autres, relatives à la famille Grand-Jambe.

442. Papiers et parchemins relatifs aux familles Guérault, de Grouville, d'Eguillon, d'Angecourt.

443. Papiers et généalogie de la famille Hannonville; 1527-1559.

444. Dix pièces registres de dépences et receptes, papiers et notes relatifs à la Maison de Heu.

445. Pièces concernant Jacques-Et. Hillaire, conseiller au bailliage de Metz, fils de J.-Et. Hillaire, maître-apothicaire à Metz, et anciens échevins de l'Hôtel-de-ville, et leur famille.

446. Généalogie de la Maison des Husson.

447. Vingt-quatre pièces relatives à la généalogie de la famille Jassoy, de Metz.

448. Quatorze pièces sur parchemin, relatives à la famille Jolly; 1504-1634.

449. Pièces relatives à la famille Le Jonnet.

450. Parchemins et papiers généalogiques des Kolb, de Wurtemberg.

451. Papiers et généalogie des familles ci-après : Labbé, Labriet, De Lacroix, Lalance, Lançon, De La-passe, La Salle.

452. Papiers relatifs à deux pertimonies, dont l'existence, attaquée par quelques membres de la famille des fondateurs, était défendue par d'autres parents, l'un desquels était le sieur Lallemand, perruquier, père des deux généraux Lallemand.

453. Papiers qui rappellent Jean Leclerc, professeur de mathématiques, et de Nicole Vigy, sa femme; François Didier, professeur de mathématiques à l'Ecole de Metz, et de Madelaine Cholecq.

454. Généalogie de la maison de Letouf de Pradines. Parchemins, papiers et portraits.

455. Papiers relatifs aux comtés de Linanges, en français et en allemand, avec signatures et sceaux.

456. Généalogies de Jean Lohier, Louvain, De Lalouette, Lambertye, etc.

457. Généalogie et preuve de la noblesse de Jean-François de Malortic de Boudeville.

458. Papiers concernant les familles ci-après désignées :
    Mangin de Chambraine, Menyant, De Mercy, De Mé-
    rode, Mitry, Méternic, Monterny de Dampierres, Mon-
    tholon, De Montigny, de la Motte.
459. Parchemins et papiers concernant la famille de Ma-
    rion, conseiller au Parlement.
460. Papiers concernant Mathieu de Rondeville et la famille
    de sa femme, dame Rose Michel, sœur de St-Sauveur.
    Lettres autographes de Riston.
461. Papiers de Mme Mosettes, Jeanne-Marie Tabouillot.
    On y trouve son contrat de mariage avec Jean-Jacques
    Mosettes, capitaine aide-major au rég^t de Salis-Grisons,
    10 décembre 1774, et lettres autographes relatives au
    même sujet.
462. Pièces généalogiques et papiers concernant les fa-
    milles suivantes :
    Du Pasquier, De Pelluet, Peltre, Perette.
    Pièces imprimées à Metz, chez Antoine; 1674.
463. Généalogie de la descendance de la famille Le Payen,
    et autres pièces.
464. Pièce relative aux Praillon.
465. Généalogie de la famille de Rambervillers ; lieutenant
    au bailliage de Metz, avec ses blasons et ses alliances.
    Et autres papiers, tels que Inventaire des médailles de
    feu De Rambervillers, léguées par lui à l'Église des
    Pères Cordeliers de Vic.
466. Papiers relatifs aux familles suivantes :
    De Raville, De Recicourt, D'Arcicourt, De Rennel,
    pièces imprimées avec tables généalogiques; comte de
    Réthel, Robin du Tilloy, Rœderer, Rolland de Remilly,
    de Rossillon.
467. Papiers pour les généalogies des familles de Raige-
    court, Haen, Devilles, Martigny, etc.

468. Parchemin et papiers relatifs à la famille Rollin.
469. Papiers concernant les familles ci-après :
     Roux, Rouyer, De Rosières, De la Rue Devillier et des
     Ancherins, et les Rouvraye.
470. Pièces concernant les Saintignon ; 1441-1701.
471. Une pièce sur parchemin, du 11 mars 1582, relative
     à la famille Schomberg, et signée du Roi de Portugal.
472. Papiers et lettres relatifs à la famille Saluze. — Deux
     lettres signées de Louis XIV, 1701-1703, et d'autres
     signées de Turgot.
473. Pièces concernant la Maison de la Saussaye.
474. Parchemins et papiers concernant la Maison de Savi-
     gny, la plupart avec signatures.
475. Papiers concernant la famille Semelé et ses alliances.
476. Papiers concernant les familles ci-après : Thiébauld,
     Thionville, Thiballier, Thomas, de Torneille, Tou-
     pet de la Tremouille.
477. Généalogie et papiers concernant les familles sui-
     vantes : Ventziel, de la Vergne, de Vergy, Vernesson.
478. Philippe de Vigneulles.
     1° Pièces pour servir à la généalogie et état des biens de
     Philippe de Vigneulles.
     2° Huit registres in-4° et in-fol. Comptes de Ysabellin,
     vefve de Philippe de Vigneulles le marchand, pour l'an
     1529. — Recepte pour Andrien de Vigneulles, demeurant
     à Lessey ; des cens d'argent, bled, avoine, etc., etc.; 1560.
     — Compte des cens qu'on doit chacun an à moy Philippe
     de Vigneulles, pour l'an 1579. — Compte des cens, rentes
     et revenus que l'on doibt pour chacun an à Dorothe, femme
     de Thomas Wernesson de Lessey, et à Philippe, son fils ;
     1577. — Despenses de l'année 1595. — Livre de ce que
     j'ai déboursé pour les enfants de feu Jean Manjatte, de
     Lorry ; 1625. — Inventaire des meubles, etc. — Livre de
     commerce, dit Journal ; 1617-1622.

3° Papiers concernant Esther de Vigneulles, fille de Philippe de Vigneulles, première femme de Paul Ferry ; mariage, testament, succession, etc.; 1645-1663.

4° Papiers pour David de Vigneulles, seigneur de Gondremange (fils de Ph. de Vigneulles et beau-frère de Paul Ferry), époux d'Elizabeth Goz.

5° Famille de Vigneulles. Pièces de 1640-1722.

La plus grande partie de ces pièces sont originales et signées.

479. Les généalogies suivantes : Ducs de Vurtemberg, de Woipernon (cette généalogie est de la main de M. Emmery ; 6 pages in-fol.), Zebellin.

480. Environ 30 pièces du XVIe siècle, concernant la famille Woillot.

Administration de la ville de Metz.

481. Sept pièces, messages de la cité, 1438-1715, savoir :

> 1438, 1er novembre, pièce sur parchemin.
> 1553, 8 avril, quittance signée J. Thalassius, avec cachet.
> Récépissé de lettres, 1577.
> Provision d'une charge de Messager de ville, 8 février 1586; etc.

482. Ordonnances concernant ceulx et celles qui doivent tenir chevaulchée et valets, qui ne sont pas des paraiges, de 1436 à 1514; in-fol., 7 cahiers.

Manuscrits du temps.

483. Opinions et semblance des Commissaires ; ordon-

7

nances sur le fait des marchands courtiers de chevaux, tant de la cité comme dehors; *in-fol.*, 2 *pièces.*
Manuscrit du xvie siècle.

484. Six pièces, dont :
Sept Commissaires établis pour faire payer les impôts à ceux qui étaient en retard; 7 juillet 1406. *Anc. cop.*
Etat du rolle des villages du Pays messin, cottisez par ceulx de Metz, 1528.
Extrait d'un livre contenant les villages du Pays-Messin cottisables ; *in-fol. de 5 pages.*

485. Comptes que les Gouverneurs de Metz ont faits devant le Conseil, pour l'an 1506.
Et autres antérieurs.
Sept rouleaux, ensemble 12 mètres de longueur.

486. Se sont les somes de la ville tant des estaublies et amendes des mestiers, comme aultres somes et amendes escheues à la ville dès la Chandeleur pour 1451, jusques à la Chandeleur 1552.
Pièce sur parchemin de 3 mètres de longueur.

487. Compte des cens, rentes et loyers que l'on doibt pour chacun an à MM. les Trésoriers de la ville et cité de Metz, receus par le sieur Pierre Jeoffroy, de la Madeleine, 1647, à pareille époque 1648 ; *in-fol. de 77 pages.*
Manuscrit original apostillé de 14 signatures.

488. Ordonnance des Maiours comment on doit faire le adjournement devant eulx; un cah. in-4° de 15 pag.
Comme la cité de Metz est départie par les trois Mairies, etc.
Ecriture du 16e siècle.

489. Pièces des Tabellions, des quatre Mairies, des Gardes du scel ; des xv, xvi et xviiie siècles.
124 Pièces sur parchemin.

490. Administration du vray establissement des Monts-de-Piété selon le droit canonique, et la pratique qui s'y doibt obseruer.

491. Vingt-quatre pièces relatives au coche de Metz à Paris, et autres sur l'administration de la ville ; 1619-1627.

Plusieurs sont signées.

492. Vingt cahiers ou pièces relatives aux impositions de la ville au xviie siècle.

493. Vingt-sept cahiers ou pièces in-fol., concernant les revenus et dépenses de la ville au xviiie siècle ; 1770-1781.

494. Quarante-cinq pièces du xviiie siècle, concernant l'administration municipale de la ville de Metz.

Subsistances, commerce, foires, voierie, mesures contre l'incendie, finances, etc., etc.

Plan de la rue de la Tête-d'Or.

Grande pièce.

495. Dix-huit cahiers ou pièces du xviiie siècle.

Etat et dénombrement de la ville de Metz, 1731-1780.

496. Environ quatre cents pièces, affiches-placards de la ville de Metz, depuis 1682 jusqu'en 1770, réunies en trois portefeuilles.

Collection intéressante.

Commerce, Finances et Monnaies.

497. Notes relatives à l'histoire du commerce de la ville de Metz depuis les Romains ; 19 feuillets in-fol.

Manuscrit de la main de Lemoyne, de Moyenvic.

498. Quarante-sept pièces in-fol. concernant le commerce
de la ville de Metz, 1563-1604, savoir :

Lettres des Maistre-Eschevin et Treize de la ville de
Metz. — Conférences de Nancy. — Récit du voyage faict
à Nancy et ensuite à la Cour par le sieur Lançon, Conseiller
du Roi, par ordre de M. de Turgot, 1698 (pièce signée).
— Ordonnances, lettres, mémoires, au sujet de la liberté
du commerce des grains entre la Lorraine et les Trois-
Evêchés, 1698-1726. — Mémoire pour faire connaître
que la liberté du commerce et des grains a toujours été
réciproque entre la Lorraine et les Evêchés de Metz, Toul
et Verdun. — Mémoire de M. Auburtin sur les concordats
de la ville de Metz. — Abrégé des raisons déduites verba-
lement entre ceux de Metz et de Lorraine sur le Duc de Lorraine, sur l'ordonnance faite par le Duc Henry sur le traité
des grains. — Mémoire sur le haut-conduit de Lorraine.
— Lettre des Maistre-Eschevin, Conseil et Treize de la ville
et cité de Metz au Roi, en 1604 *(minute de 2 pages).*

499. Quarante-neuf pièces manuscrites, de 1573 à 1786,
concernant le commerce de la ville de Metz.

500. Cinquante pièces in-fol., relatives au commerce de la
ville de Metz; 1573-1784.

501. Six pièces in-fol., relatives au commerce de Metz,
saisie et entrée des marchandises; 1598-1604.

Lettres datées de Luxembourg, de Saint-Diziers et de
Metz, avec cachets.

502. Pièces relatives à des conférences tenues chez l'intendant de Metz, dans le but d'y étudier diverses
questions *touchant le commerce de Metz;* 23 feuillets
in-folio.

Pièces adressées à M. Emmery, avocat.

503. Vingt-trois pièces originales et anciennes copies
concernant le moulin de la ville de Metz; du 16 juin
1425 à 1652.

504. Douze pièces : Poids de porte Mazelle ; poids en change ; 1423-1502. — Walis, commerce de bois. — Droit sur les planches qui descendent la Moselle ; 1570. — Une pièce de 1632, *signée A. Fabert.* — Essais des Comys du fait du pain en la cité de Metz ; 1522-1626. Dix-huit pièces concernant les foires de la ville de Metz.

505. Admodiation de la pêche au quai de Guénange, appartenant aux Seigneurs de Rodemach, et en celui d'Ecancy, appartenant au Chapitre de la cathédrale de Metz, laissés à Claudon le Lorrain, pécheur, demeurant à St-Julien devant Metz.

Plus bas est l'acte de cautionnement pour ladite pêche ; 24 décembre 1559.

Pièce en parchemin avec sceau.

506. Six pièces, dont trois sur parchemin relatives à la wouerie de Metz ; de 1337 à 1603.

507. Sept pièces, dont six sur parchemin, relatives à la wouerie de Metz, et acte d'achat de ladite wouerie par le citoyen de Metz de Richard Poujoisse (copie moderne).

508. Difficultés et traités entre Metz et la Lorraine touchant les droits d'entrée et de sortie sur les marchandises de Lorraine ; 1679 à 1715.

Dix-huit pièces manuscrites.

509. Mémoire concernant les droits qui se lèvent sur les marchandises, dans l'étendue de la Prevôté de Sierck (par M. Emmery) ; *Metz, Joseph Antoine,* 1772, *in-4° br.*

510. Pièces et mémoires relatifs au paiement de droits sur les marchandises au bureau de Sierck.

Cinquante-une pièces.

511. Ordonnance et placard du Roi sur le fait ou droit du

Thoulieu, appelé communément le droit de haut-conduit, qui se lève au pays et duché de Luxembourg et comté de Chiny ; à *Luxembourg*, 1698, *in-4°*.

512. Ordonnances du Duc de Lorraine, relatives aux droits d'entrée et de sortie des marchandises en Lorraine ; de 1563 à 1670 ; douze pièces.

513. Ordonnance de Son Altesse sur les droictz de l'impost d'entrée et issve foraine. Règlementz d'impostz faict en la Chambre des Comptes de Lorraine ; 1597 et 25 novembre 1665.

Deux parties in-4°.

514. Tarif général des droictz d'entrée et sortie des Dvchés de Lorraine et de Bar, pays et estat de Son Altesse ; *Nancy, Claude et Charles Charlots*, 1665-1670.

Edict de Son Altesse portant la rédvction des droictz d'entrée et sortie, impostz de fredeau et de toilles, auec le règlement sur iceux ; 9 pages.

515. Environ 30 pièces in-fol. : Approvisionnement du sel à Metz ; 1481-1687.

516. Environ 30 pièces : Gabelle ou impôt sur le sel à Metz, 1634-1647, destiné au paiement des gages du Parlement.

517. Environ 60 pièces concernant les gabelles, impôts et droit du douzième sur la vente des vins par des particuliers ; 1714-1780.

518. Taxe des gros fruicts en froment, méteil, seigle, avoine, orge, navette et vins, les marcs compris, faite chaque année par les Magistrats de la ville de Metz, depuis 1590 jusqu'en 1773 ; in-fol. de 7 feuillets, *belle écriture.* — Et autres pièces, 1632-1691. — Etat des vins nouveaux trouvés à Metz, 1597 ; seize pièces.

519. Ordonnance de police concernant la vente et la taxe du vin, de la bierre et des voitures de vendanges; de 1725 à 1766.

Ordonnances concernant la taxe du pain, de la viande, de la volaille et du gibier; 1728 à 1766.

Ordonnance concernant la foire de mai; de 1732 à 1766. — Taxe des voitures pour le bois de Saulcy; 1732 à 1765. — Taxe concernant les porcs et pigeons, et la vente des porcs; 1726 à 1737. — Taxe concernant l'enlèvement des boues et de la neige et fonte de neige; 1725 à 1736. — Taxe concernant les étrangers et les mendiants; de 1726 à 1751. — Taxe contre les rôtisseurs et cabaretiers; 1726–1729. Taxe concernant les cheminées; 1727–1735. — Taxe contre les pigeons; 1733. — Défense aux coquetiers de vendre du gibier ailleurs que sur le marché; 1735. — Et différentes autres ordonnances et sentences de police; de 1725 à 1766.

Ensemble 139 pièces.

520. Soixante-onze pièces relatives aux quartiers jurez, Tappenard jurez, mesureurs de grains, et droits des coupillons.

xvie siècle, 10 pièces. On y remarque les signatures suivantes : Scepeaulx (de Vieilleville), Louis de la Vallette, R. de Commenge (de Sobole).

xviie siècle, 28 pièces dont 10 sur parchemin. Signatures de Schomberg, Belloy, etc.

xviiie siècle, 33 pièces.

521. Huit pièces concernant les Grénetiers; 1592-1633.

Dont une pièce signée Fr. Baudoiche, datée de 1551.

Lettre aut. signée Le Goullon, grénetier, à M. Thobias Hilgart, 28 janvier 1612, au sujet d'une dette du fils de ce dernier.

Ordonnance concernant les grains et la gréneterie,
1633; pièce signée A. Fabert, Teyssier, etc., etc.

522. Neuf pièces, 1616-1625; dont:

> Procès contre un nommé Bertrand, au sujet d'une voûte d'aisances.
>
> Traité fait par les Trésoriers de la cité, avec Vigneulles, concierge du Palais, pour la fourniture des ustensiles à M. de Marescot; 14 septembre 1619.
>
> Et autres pièces.

523. Requeste au sujet des marchands d'Allemagne.

> Pièce originale sur parchemin avec sceau.

524. Dix-huit pièces in-fol. relatives au droit de forfuyance, savoir:

> Requeste à MM. les Maistre-Eschevin, Conseil et Treize par les habitants de Corny; pièce apostillée de 18 signatures.
>
> Responce des procureurs-généraulx de Lorraine et Barrois aux demandes et consultations des Maistre-Eschevin et Treize de la ville de Meiz; 15 *feuillets*.
>
> Salvations de l'Estat de Metz aux contredits du procureur-général de Barrois.
>
> Abrégé des partages proposez entre Monseigneur de Lorraine et la ville de Metz.
>
> Et autres pièces non datées, mais vers 1680.

525. Vingt-trois pièces relatives au droit de forfuyance; de 1547 à 1575.

526. Treize pièces. Changeurs, Receveurs et Trésoriers de la cité.

> Charte de l'évêque Bertram, qui règle ce qui concerne la banque ou communauté des changeurs de Metz; 21 décembre 1190.
>
> Une pièce concernant Collin Paillat et Poinsignon Baudoche, vers 1431.
>
> Requeste de Nicolas Desche, receveur de la cité, au

grand Conseil, pour obtenir la facilité de payer ce qu'il redoit sur ses comptes.

Pièce originale.

Reçu de trois florins d'or pour les affaires de la cité ; signé du 22 octobre 1548 Jacques Thalassie.

Réflexions sur le procez criminel contre le sieur Mathias Causse de la Forêt; in-fol.—Réflexions sur l'imprimé donné au public par Mᵉ Gabriel Monmerque, secrétaire de la ville de Metz, accusé, pour servir de justification à Causse de la Forêt; deux pièces in-folio imprim.

527. Quinze pièces, 1485-1492, relatives aux finances, et inventaire de la vaisselle d'or et d'argent.

528. Livre de la vaixelle tant voillon comme belle vaixelle qui est en la.......... et des or et argent monnoies; *in-4°, deux cahiers recouverts en parchemin.*

Manuscrits du xvᵉ siècle.

529. Six pièces du xvᵉ siècle, dont :

Ce sont les somez d'argent que Jehan de Gorse, changeour de la cité, ait reçues de plusieurs personnes, lesquelles ont reçu gaiges, etc.; *in-4° de 6 pages.*

Et autres pièces relatives aux emprunts sur gages.

530. Onze pièces, 1401-1601.

Sommes payées par les Vandours de la ville de Metz, pour l'an 1402.

Pièce sur parchemin.

Les receptes des natures et censes de Vercy, que Symonin, maire dudit Vercy, de la cité de Metz, a fait pour l'an 1472.

Autre pour 1488.

Fragment d'un rôle de cens dus à Philippe Rollin; xvᵉ siècle.

Extraits des comptes du Receveur général de la ville de Metz, pour les amendes; 1600-1601. — *Idem*, pour 1601-1602.

Manuscrit de P. Ferry avec notes marginales.

531. Cinquante-quatre pièces relatives aux finances; 1663-1782.

Il y en a sur parchemin.

532. Extraits de manuscrits, examen de monnoies et notes concernant les monnoies lorraines, pièces de monnoies et médailles découpées, dans des enveloppes.

Manuscrits de Lemoyne et Dupré de Geneste.

533. Divers travaux numismatiques de Lemoyne et Dupré de Geneste; monnoyes gauloises et austrasiennes. — Feuilles séparées contenant des monnoyes de France, Auvergne, Besançon, Blois, Bourgogne, Dijon, Champagne, Langres, Reims, Verdun. *Le tout orné de dessins.*

534. Travaux de Lemoyne et notes sur les monnoies. Dissertatio III de re nummariâ sub Carolingis. — Extrait de l'ouvrage de Hartzheim. Historia nummariæ. — Suite du catalogue de mes livres (Monnoyes). Evaluation ou tarif du prix du marc et diminution des écus d'or, sol, pistoles d'Espagne, escus et pistoles d'Italie, légères, de diverses fabriques; 1645. — Ordonnance de 1609 sur le prix et cours des espèces d'or et d'argent (en Lorraine).—Marques des Reichsthaler d'empire valant trois francs huict gros pièce, de même que ceux de l'empereur patacons et de la maison d'Autriche; gravées sur bois. *(Les trois dernières pièces sont imprimées.)*

535. Monnoyes et sceaux des Archevêques de Trèves; 1066-1567.

Travail numismatique de Lemoyne, orné de près de 65 sceaux et monnaies fort bien dessinés.

536. Déclaration des pris des monnoyes tant d'or que d'argent ayant cours es pays de Lorraine, Barrois, Verdun et terres adjacentes, avec la réduction des prix des thalers de nouvelle fabrication et autres espèces d'or et d'argent, naguères décriées et mises au billon par l'ordonnance de Monseigneur le Duc de Lorraine; ensemble les pourtraicts de chacune desdites espèces, tant vieux thalers que nouveaux. *A Verdun, par N. Bacquenois*, 1566; in-4° de 38 p.

Copie manuscrite d'un livre rarissime. Les dessins sont bien exécutés; ils représentent 119 pièces de monnaies.

537. Monnoies des Evêques de Metz, de Théoderic II à Adémar de Monteil. Cahiers contenant 40 espèces de monnoies dessinées. — Un grand nombre de pièces dessinées et non collées.

538. Monnoies des Evêques de Metz; 929-1652.—Monnoies du chapitre de la cathédrale de Metz. — Monnoies de la cité de Metz. La dernière pièce est à l'effigie de Fouquet de Belle-Isle; 1760; *in-fol. non rel.*

Manuscrit fort bien exécuté. Texte et dessins par Dupré de Geneste, et beaucoup plus complet que le manuscrit de la bibliothèque publique de la ville; ouvrage inédit comme texte de Dupré de Geneste.

Atours concernant la ville de Metz

ET LES CORPS DE MÉTIERS.

539. Dix-neuf pièces, 1128-1237, relatives au droit du tonneu.

La plupart sur parchemin.

540. Atours de la ville de Metz; 1221-1421. Onze pièces.

Originaux et anciennes copies.

541. Vingt-une pièces, 1288–1519, atours concernant la ville de Metz.

> Anc. et nouv. copies.

542. Quatre pièces, liste et table des atours de métiers de la ville; 1382-1485.

542 *bis*. Huit pièces, 1315-1412, atours concernant les corps de métiers de la ville de Metz.

> Pièce sur parchemin.

543. Sept pièces in-fol.; atours relatifs à la ville de Metz qui ne sont point dans le grand cartulaire.

> Copies modernes.

544. Atours concernant les poids, du 11 août 1341.

> Pièce originale sur parchemin.

545. Affaires des Parmentiers avec les Corriers (corroyeurs) de blancs pardevant la justice, en 1421.

> Manuscrit sur vélin, ayant 10 mètres de longueur.

546. Instruction d'un procès pour les Tanneurs.

> Pièce du xvᵉ siècle sur vélin, 2 mètres de longueur.

547. Vingt pièces, 1584-1628, relatives au grand Conseil, y compris la liste des membres.

> Pièces signées par A. Fabert, Ferry, J. de Lartigues, Fontaine, de Montigny, Praillon, de Flaraucourt, Bontemps, etc., etc.

548. Corps de métiers à Metz, classés par ordre alphabétique, savoir :

> Edit du Roy, concernant les Arts et Métiers. *Metz, Fr. Antoine*, 1740; in-fol. de 26 pages.
> Apothicaires, 3 pièces.
> Arquebusiers, 7 pièces.
> Barbiers; 1382-1742. Etuveurs; 1382-1412. Vingt pièc.
> Bonnetiers, 19 pièces; 1595-1743.
> Bouchers, 18 pièces; 1530-1771.
> Boulangers, 30 pièces; 1382-1778.

Bourreliers, 6 pièces; 1382-1412.

Boutonniers, 5 pièces.

Carreleurs, Savetiers, 10 pièces; 1366-1774.

Chandeliers, 9 pièces; 1382-1776.

Chapeliers, 8 pièces; 1412-1706.

Charrons, 6 pièces; 1382-1437.

Charpentiers, 10 pièces; 1594-1775.

Chaudronniers, 9 pièces; 1382-1773.

Chaussetiers, 21 pièces; 1646-1773.

Chirurgiens, 11 pièces; 1603-1756.

Ciriers, 7 pièces; 1602-1774.

Cloutiers, 9 pièces; 1396-1769.

Cordiers, 9 pièces; 1382-1617.

Cordonniers, 2 pièces; 1561-1730.

Corroyeurs, 25 pièces sur parchemin; 1412-1612.

Chanviers, 6 pièces sur parchemin ; 1318-1546.

Coussiers, 1 pièce sur parchemin; 1412.

Couteliers, 15 pièces; 1382-1739.

Couvreurs, 6 pièces; 1412-1651.

Distillateurs, 8 pièces; 1674-1778.

Drapiers et Retondeurs de draps, 30 pièces; 1523-1636-1412-1700.

Emouleurs, 2 pièces; 1645.

Epingliers, 11 pièces; 1382-1633.

Faiseurs de bas au métier, 6 pièces; 1700-1723.

Ferblantiers, 4 pièces ; 1382-1755.

Fondeurs, 7 pièces; 1596-1696.

Fourbisseurs, 8 pièces; 1382-1745.

Faiseurs de futaine et bon basin, 1 pièce; 1631.

Franc métier, 2 pièces sur parchemin; 1356.

Haranguiers, 4 pièces; 1485-1606.

Huiliers, 11 pièces; 1382-1775.

Jardiniers, 1 pièce; 1597.

Jaugeurs, 1 pièce; 1605.

Joueurs d'instruments et Maîtres à danser, 2 pièces; 1679-1682.

Lanterniers, 2 pièces; 1412-1657.

Lormiers, 2 pièces; 1382-1412.

Maçons, 15 pièces; 1382-1736.

Maréchaux-ferrants, 4 pièces; 1382-1777.

Merciers, 32 pièces; 1412-1753; plusieurs sur parch.

Marchands, 19 pièces; 1220-1599; *belles copies mod.*

Menuisiers, 29 pièces; 1604-1769.

Musteliers des gayniers et de ceaulx, que font bouteilles et berris de keut, 1 pièce; 1382.

Orphèvres, 17 pièces; 1627-1776.

Passementiers, 3 pièces; 1617-1692.

Pâtissiers, 6 pièces; 1382-1701.

Paveurs, 1 pièce; 1414.

Pécheurs, 9 pièces; 1346-1560.

Peintres, 11 pièces; 1382-1769.

Pelletiers, 10 pièces; 1411-1756; quelques-unes sur parchemin.

Potiers d'étain, 9 pièces; 1412-1776.

Potiers de terre, 2 pièces; 1699.

Revendeurs, 6 pièces; 1382-1651.

Rôtisseurs, 11 pièces; 1382-1771.

Scieurs de long, 1 pièce; 1382.

Serruriers, 5 pièces; 1643-1762.

Tanneurs; 1303-1588; quarante pièces sur parchemin.

Tanneurs, 130 pièces; 1382-1774.

Tailleurs d'habits, 20 pièces; 1382-1773.

Tapissiers, 14 pièces; 1698-1760.

Teinturiers, 4 pièces; 1698-1739.

Tisserands, 20 pièces; 1382-1778.

Tonneliers, 14 pièces; 1412-1760.

Tourneurs, 3 pièces; 1740-1770.

Vanniers, 1 pièce; 1501.

Vignerons, 5 pièces; 1382-1604.

Vitriers, 7 pièces; 1412-1718.

Woircoliers, Selliers, 9 pièces; 1382-1771.

Cette collection précieuse pour l'histoire des sciences et des arts dans le Pays messin, se compose de plus de 800 pièces manuscrites.

Juridiction des Treize.

549. Atour qui permet de prendre, tous les ans, un des
Treize pour faire rentrer ce qui était dû à l'hôpital
Saint-Nicolas; 1282.

Pièce originale sur parchemin, au sujet des habits des
morts, pour l'entretien des ponts.

550. Huchements et ordonnances des Treize; de 1405 à
155.....

Douze pièces des xve et xvie siècles.

551. Huchement des Treize; de 1399-1573.

Trente-une pièces, dont 23 sur parchemin.

552. Fragment d'un ancien formulaire, atour 1340, concernant les Maires et leurs Doyens.

Le polz des Dames, fait par jugement du Maître-
Echevin; de la Saint-Valentin, 1417.

Comment la cité de Metz et partie par les trois maiours
de Metz, à cause des trois celles des Eschevins du
Palais de Metz, lesquels sont vingt Eschevins avec
la celle du Maître-Eschevin qui est la celle de l'Empereur.

Comment les trois mairies de Metz sont parties par
dehors la cité de Metz, contreval le Pays messin;
in-fol. 11 *pages.*

Manuscrit du xvie siècle; quelques notes de P. Ferry.

553. L'accord que les Treize ont accoustume de faire par
assemblée chacun an; *in-fol. de* 13 *pages.*

Minute du xve siècle.

554. Quatorze pièces concernant les Treize, savoir:

Charte de Raoul de Coucy, par laquelle il accorde aux

citains de Metz, de choisir les Treize durant huit ans, en reconnaissance d'un prêt de six mille livres à lui fait, pour racheter les terres de l'Évêché qui avaient été aliénées; du 5 octobre 1393. *Copie moderne.*

La même copie à laquelle on a ajouté le dessin des sceaux de cette pièce.

Une pièce originale de 1483, offices municipaux, Treize; signée de l'évêque de Metz, George de Baden.

Lettre des Sept-Jurez en la justice de Pont-à-Mousson, aux Magistrats de la cité de Metz; du 28 mars 1584.

Lettre des Treize, à M. le duc de la Vallette, du 11 septembre 1628, au sujet de la dispute survenue entre les Treize, de Saulny, maître-échevin, et le sieur de Fabert, treize, ou l'interdiction de ce dernier à la Chambre de justice.

Le serment de l'accord des Treize au XVIe siècle.

Et autres pièces.

555. Cinq pièces, Clercs et Greffiers des Treize, savoir:

Trois pièces sur parchemin, accords devant les Treize; 1452-1463 et 1556.

Différends entre la cité et le cardinal de Lorraine; 7 mars 1555. *Copie moderne.*

Lettre de M. de Clervant au Greffier des Treize.

Pièce originale signée *Claude Antoine de Vienne.*

556. Vingt-trois pièces, concernant les Sergents des Treize; 1367-1762; dont cinq sur parchemin.

557. Jugements des Treize, condamnation, bannissement, etc., etc.; de 1441 à 1638.

Douze pièces du temps.

558. Porte fuers et bannissement des Treize; 1531-1538.

Huit pièces, écriture du temps.

559. Douze pièces, 1286-1462, concernant les Treize de la justice de Metz.

Originaux sur parchemins, dont trois sur papier.

560. Instructions de procès civil, forme de teneur, etc.; 1414-1441.

Treize pièces, écriture du temps.

561. Requêtes aux Treize de la justice de Metz; 1339-1588.

Quatre pièces.

562. Appel et jugements des Treize; 1423-1520.

Quatre pièces originales.

563. Onze pièces, 1463-1517, relatives aux Treize de la justice.

Originaux sur parchemin, dont deux sur papier.

564. Trois pièces, savoir :

Tenour vautées depuis la Chandeleur 1420, jusqu'à la la Chandeleur 1421; *très-grande feuille.*

Tenour vautées depuis 1529, jusqu'en 1530; *in-fol. de 14 pages.*

Tenour vautées depuis 1531, jusqu'en 1532; *in-fol. de 8 pages.*

565. Requêtes de différents particuliers; 1412-1497.

Vingt-sept pièces originales sur parchemin.

566. Jugement au civil par défaut, par un Maire et un Eschevin; 1374-1537.

Six pièces originales et minutes.

567. Actes de tesmoignaige en plaid; 1412-1487.

Dix-huit pièces originales sur parchemin.

568. Faire estal sur les biens, un Maire et un Eschevin de l'Estaut; 1375-1428.

Neuf pièces originales sur parchemin.

569. Vendages à l'Estaiche en plait, un Maire, un Eschevin et un Treize; 1400-1558.

Douze pièces.

570. Instruction des affaires. — Témoignage en justice. — Interrogatoire (au sujet de Huguenin de St-Nicolas, et d'une entreprise contre la cité). — Détails d'une affaire portée devant les Treize, et autres pièces.

Onze pièces des xve et xvie siècles.

8

571 Procuration, constitution de Procureurs; 1534. — Ratification de vente par un mari. — Vente par criées et subhastation; 8 mai 1593. — Justice criminelle, caution; 1ᵉʳ mars 1484. — Saisie en exécution de jugement; 20 novembre 1604. — Confiscation. — Inventaire, etc., etc.

    Quatorze pièces, dont quatre sur parchemin.

572. Quinze pièces sur parchemin; 1369-1526.

   Crauteit pardevant les Treize; 1369-1526.

    Quinze pièces sur parchemin.

573. Cinq pièces, 1486-1634, dont une sur parchemin avec scel.

   Proclamation que ait aquessé que ait laié.

574. Exurements et cadrules; 1353-1583.

    Quatre-vingts pièces sur parchemin.

575. Conduits par Sergents des Treize ou en plait; 1400-1491.

    Trente pièces sur parchemin.

576. Relèvement; 1361-1538.

    Quarante-neuf pièces sur parchemin.

577. Quinze pièces sur parchemin, 1356-1452, dont:

    Cist ban furent pris an ceil en la mairie de porte Mazelle, ont li sires Jeoffrois fut maistre-eschevin de Mes; p. 1356.

    Forme de prendre bans; 1372, etc., etc.

579. Plainte de Hermans-le-Barbier, contre Messieurs les Treize, appel au criminel de Heu, échevin.

- - -

Paraiges de la ville.

580. Papiers et matériaux concernant les Paraiges de la ville de Metz, depuis 1228 jusqu'en 1490, par M. Emmery.

581. Liste des gens de Paraige, pour 1538; in–fol., format
d'agenda, de 18 pages.

> Manuscrit du temps.

582. Liste des Paraiges et notes sur les anciennes familles
de Metz.

> Quatorze pièces, travail manuscrit de M. Emmery. (A. L.)

Échevins de la ville de Metz.

583. Treize pièces, savoir :

> Lettre de Bertram, et diplôme de l'empereur Frédéric,
> surnommé Barberousse, pour l'élection du Maistre-
> Echevin ; 1179.
>
> Copie de la main de D. J. François.
>
> Atour ou constitution sur l'élection du Maistre-Eschevin
> du 12 avril 1179, avec le serment du Maistre-Eschevin.
> *Copie moderne.*
>
> Officiers municipaux, Maistre-Eschevin, Chevalier; 1305.
>
> Mémoire de Pantaleon, pour justifier que cette dignité
> donne la noblesse.
>
> Requeste au Roy par M. Le Noble, contre le Maistre-
> Eschevin et les trois ordres de la ville de Metz, 1680; *in-
> fol., 11 pages imprimées.*
>
> Liste de MM. les Maistres-Eschevins, de 1667 jusqu'en
> 1680. — Liste de MM. les Gentilshommes qui ont fait
> connaître et vérifier leur noblesse, depuis 1667 jusqu'en
> 1680. *Grande pièce imprim. et autres pièces.*

584. Jugements des Maistres–Eschevins ; 1387-1586.

> Vingt-huit pièces du temps, dont 13 sur parchemin.

585. Une pièce sur parchemin, datée de 1297.

Les Maistre–Eschevin et Treize de la cité de Metz, et
Philippe, roi de France.

586. Plaintes adressées au Maistre-Eschevin; 1525-1534.
Six pièces avec notes de P. Ferry.

587. Remonstrance faicte par Mess. les Maistres-Eschevins de la cité, à Mgr de Changuy, gouverneur de Metz; du 22 avril 1558.
Pièce sur parchemin.

Amans de la ville de Metz.

588 Atour de l'établissement de Amans, de l'an 1197. — Confirmation de cet établissement par lettres du Roy des Romains, de l'an 1199. — Notes de deux atours, l'un de 1297 et l'autre de 1312, et de quelques faits arrivés en 1473 et 1474.

589. Lettres d'institution des Amans, de l'an 1197. — Confirmation de cet établissement par lettres du Roy des Romains, de l'an 1198. — Atour des Amans de la cité de Metz. — Atour don remedyement des Amandries, du 12 janvier 1422. — Arrêt du Conseil, concernant les priviléges de la ville, du 9 janvier 1629. — Serment du Maître-Echevin en 1553. — Relation de quelques faits arrivés en 1628, 1631 et 1632. — Rôles des maîtres des Amans.

590. Actes d'Amans, de 1221 à 1299.
Trente pièces sur parchemin.

591. Actes d'Amans; de 1300 à 1399.
Cent trente-quatre pièces sur parchemin.

592. Actes d'Amans; de 1400 à 1450.
Quatre-vingt-quatorze pièces sur parchemin.

593. Actes d'Amans; de 1451 à 1499.
Cent cinquante-trois pièces sur parchemin.

594. Actes d'Amans; de 1500 à 1550.

Cent vingt-neuf pièces sur parchemin.

595. Actes d'Amans, requêtes, etc., etc.; de 1551 à 1599.

Quatre-vingt-une pièces sur parchemin, quelques-unes avec sceaux.

596. Actes d'Amans; 1360.

Rouleau en parchemin ayant plus de 4 mètres de longueur.

597. Formules d'actes d'Amans; vers 1520.

Trente-sept feuillets, écriture du temps.

598. Acquêt pour Jacques Praillon, aman et maistre-eschevin de Metz, pour deux tiers ou trois quarts de la seigneurie de Moncheux. Les ratifications qui y sont attachées; du 17 août 1497.

Très-grande pièce sur parchemin.

Acquest pour sieur Jean Vian, dit Capitaine prouensal, du quart en la Seigneurie de Champel; le 22 mai 1498.

Grande pièce sur parchemin, originale et signée.

Ratification des vendaiges de Mademoiselle de Longeville; du 17 mai 1598.

Pièce sur parchemin avec plusieurs signatures.

Une autre pièce du 21 avril 1599.

599. Quatre-vingt-treize pièces concernant les Amans, savoir :

Transmission des charges d'Amans au XVIᵉ siècle ; *la signature de François Travault s'y trouve.*

Transmission des charges d'Amans au XVIIᵉ siècle ; 1600-1642. Pièces signées des noms suivants : Ferry, Lombar, Cl. Domplot, Cl. Muler, Ph. de Saint-Jure, Lonchan, mère du précédent, Machault, Rutant, Mangin, Sanson, J. Bague, treize, A. Fabert, L. Goffin, contrôleur des guerres, Fregefon, Ph. de Vigneulle, Herbelets,

Grand-Jambe, J. Bachellé, D. Bonhomme, de Montigny,
Fr. le Goullon, Floze, Jolly, Bastogne, etc., etc.

Pièces relatives au conflit entre les Amans et les Notaires royaux, et suppression des Amans.

Mémoires et factums des Notaires ; 2 pièces in-fol. imprimées.

Mémoire pour la ville, concernant la vénalité de ses
offices.

Mémoire pour les Amans de la ville de Metz, servant
de réponse au placet des Notaires.

Relation de quelques faits arrivés depuis 1551 jusqu'en
1569.

Mémoire pour la ville de Metz, contre Saintin Saulnier,
pour prouver que la terre de Gorze fait partie du Pays
messin.

Manuscrit in-fol. de 19 pages, tiré des manuscrits de
M. de Bionville.

Actes d'Amans de la cité, 1635 et 1636 ; in-fol., 20 p.
Et autres pièces.

600. Annonce que trois Amanderies sont à vendre au
profit de la ville de Metz.

Pièce instructive.

601. Trois pièces sur l'amanderie de St-Gengoulf, St-Gour-
gon de Metz, dont une en parchemin. — Arrêt rendu sur la requête des détenteurs, aux fins de faire
passer leurs charges à leurs descendants, confirmé
par le Roi de France et des Romains, de 1197 du
7 février 1668.

Copies modernes.

602. Prouisions de la suruiuance de l'amanderie Sainct-
Gigouf, pour Abraham-le-Coq ; 1644.

Belle pièce originale sur parchemin, accompagnée de
son sceau.

603. Sy-après sont escript les noms de tous les Amans que
oncque furent en Metz. *Cahier in-4°.*

Manuscrit du xvie siècle, accompagné de plusieurs pièces et du cachet dont se servaient les Amans.

604. Liste alphabétique des Amans de Metz.

Manuscrit sur 647 petits papiers séparés.

605. Déclaration de tous les Amans qui ont été en cette cité, depuis l'établissement d'iceux chacun selon son ordre, en chacune arche ou amandellerie de chaque paroisse, jusqu'en 1727, avec notes tirées de pièces originales ; *in-fol. de 47 pages.*

Tables alphabétiques des Amans de chacune des dix-neuf paroisses de Metz ; *in–12 de 39 pages.*

Plus huit pièces détachées, relatives au même sujet.

Le tout manuscrit de M. Emmery, et marqué (A. L.).

606. Amans ; *neuf pièces in-fol. et in–4°.* (A. L.)

Travail de M. Emmery, accompagné de six liasses représentant 124 pièces sur parchemin, depuis 1335 jusqu'en 1598, pour servir de preuves à l'appui du travail ci-dessus. Ces 124 pièces sont des actes d'Amans et de Notaires, pièces judiciaires, huchements, testaments, etc., etc.

607. Amans ; *un cahier in-fol.* (A. L.)

Travail de M. Emmery sur le contenu de diverses pièces du xive siècle, accompagné de 105 pièces sur parchemin, qui sont : des actes d'Amans ; des exurements de conduit, de relèvement, crauts devant les Treize, semonces en leu de bans, tennours, rapports d'acquets judiciaires pour les Treize. — Actes de Tabellions et Officiers étrangers.

Actes de Notaires.

608. Fragments d'anciens titres sur parchemin.

609. Ban de Trefond, de 1241 à 1269.

Grande feuille de velin, ayant près de 3^m,30 de long.

610. Contrat de mariage; avril 1298.

Pièce originale sur parchemin, avec sceau. On y a joint une copie; 3 *pages in-fol.*

611. Trente-deux pièces sur parchemin; 1300-1682.

Testaments, devises, pièces y relatives, tutelles, etc., savoir :

1300. Testament de Arnould Aixiet.

1359. Jacomin Brusaldelz.

1376. De Cugnin Daniel.

1468. De Ysabelle Maigney, femme Clausse Lallement.

1471. Nicolas de Hinguesanges, clerc des Sept de la guerre.

1518. Jaicomin Husson Le Marchant.

1530. Joanne, veuve Burtemin.

1544. Devise de dame Ailisette de Remyat, fille de Seigneur Nicolle de Remyat, en son vivant aman et eschevin du palais de Metz.

1610. De Thiébault, maréchal des Salines de Dieuze.

1617. De Pierre Wirion, Marchant.

1629. De femme Catherine, veuve de Jean Marchal, cordier.

1644. Marie Rindtsfoust, veuve d'Abraham Mangin Marchand.

1652. Elisabeth Marchal, femme d'Abraham Marion, drapier.

1682. De Ch. de Nouroy, baron de Serrier, etc., etc.

Et autres pièces.

612. Huit pièces; 1504-1634.

Douaires, dons en mariage, dont un registre de 24 pages, du 4 décembre 1520.

Une pièce du xiiie siècle, sur parchemin, concernant l'héritage de P. Raucourt, etc., etc.

613. Une pièce sur parchemin, avec sceau de cire rouge, du 22 décembre 1445.

Une donation entre de Moncene et de Montureux.

614. Actes de Notaires, de 1615 à 1697.

Onze pièces, dont deux sur parchemin.

615. Actes d'acquets ; de 1600 à 1699.

> Cent-une pièces sur parchemin, quelques-unes avec sceaux.

616. Cinquante-trois pièces, la plupart sur parchemin, concernant diverses adjudications de terres, prés, maisons, etc., des xvii et xviii° siècles.

Coutumes, Atours, Ordonnances, etc.

617. Les coutumes générales de la ville et cité de Metz et Pays messin ; *in-fol. de 31 feuillets, cart.*

> Manuscrit du xvii° siècle.

618. Cinq pièces relatives aux coutumes de Metz, dont :

> Nous soubsignez estant appelez pour avoir nostre advis sur les points et articles cy-après escriptz, lesquels nous ont esté proposés tant verballement communiqués et escriptz disons sur ce d'un mesme accord et union par opinion ce que sensuipt, du 27 may 1562 ; *in-fol. 3 pages.*
>
> Manuscrit avec signatures.

619. Attestation des S. Maistre-Eschevin et Treize de Metz, sur le fait des coustumes de Metz ; 26 avril 1559.

> Grande feuille sur parchemin, avec sceau.
>
> Ce sont les articles sur lesquels le seig. Cl. Ant. De Vienne, seig. de Clervant, demandait à être éclairé et résolu.

620. Notes et observations sur la coutume du Bailliage de Bassigny, par M. Dubois ; in-fol. de 12 pages.

> Manuscrit.
>
> Liste de ceux qui ont assisté à l'assemblée des états du Bassigny Lorrain, pour la rédaction des coutumes ; in-12 de 8 feuillets, *mss.*

621. Pièces manuscrites relatives à la coutume de Lorraine, dont :

   Notes et observations sur la coutume du Bailliage de Bassigny, par Dubois. — Fragments d'un commentaire sur la coutume de Lorraine. — Divers cahiers in-4°. — Loy de Beaumont, etc., etc.

   M. Emmery a écrit sur un des cahiers de la loi de Beaumont : « m'a été donné par Dom Tabouillot, l'un des auteurs de l'Histoire de Metz. »

622. Copies, brouillons, minutes d'édits, d'ordonnances, des XVIIe et XVIIIe siècles.

   Une liasse.

623. Statutz et ordonnances faicts entre les Seigneurs-Gouverneurs de la noble et impérialle cité de Metz, et les bourgeois, etc., *imprimé nouvellement;* 1542, in-fol. de 25 feuillets.

   Très-belle copie d'un ouvrage fort rare et curieux. Voy. Teissier, page 34.

624. Neuf cahiers in-fol. et in-4°, concernant les droits du sceau des offices créés en Lorraine, des XVIe, XVIIe et XVIIIe siècles.

625. Pièces de plusieurs atours ou règlement fait à Metz pendant les XIIIe, XIVe et XVe siècles.

626. Ordonnances de S. A. sur la résolution des Estatz généraux de ses pays, terres et seigneuries, assemblés à Nancy, le 14 mars 1600. *Nancy, par Blaise André, imprim. de S. A.; in-4° de 6 feuillets.*

627. Ordonnance de S. A. sur la résolution des Estats généraux assemblez à Nancy, le 2 mars 1626. *Nancy, par J. Garnich,* 1626; *in-4°. br.* — Traité povr le rétablissement dv commerce, entre les subjets du Roy, et ceux du Roy catholique dans les Pays-Bas Espagnols, du 25 octobre 1675. *Nancy, par Charles et Cl. les Charlot,* 1676; *in-fol., br.*

628. Arrest du Conseil du Roy, concernant la juridiction de la ville de Metz. — Extraits du registre du Conseil privé du Roy, de 1611 à 1629 ; 26 pages, écriture du temps.

629. Quatre ordonnances de M. de Fromigières, commandant à Metz, le 1er septembre 1625, du 26 janvier et 23 août 1629, 28 décembre 1621.

Pièces originales avec signatures.

630. Quatre-vingt-seize pièces, affiches-placards, et br. in-4°, jugements de différentes juridictions, depuis 1774 jusqu'en 1786.

Quelques-unes relatives aux feux d'artifices, chants religieux dans les rues, les réunions clandestines, et d'autres contre les Juifs.

631. Cent-soixante-seize pièces in-4° et affiches-placards, depuis 1789 jusqu'en 1808, renfermées en 2 cartons. Délibération des trois ordres de la ville de Metz. — Arrêtez et discours des représentants du peuple, tels que Ladoucette, Balth, Faure, Lacoste, Mallarmé, etc., et autres pièces concernant toutes les fêtes révolutionnaires.

Réunion curieuse.

***

Justice de Metz.

632. Création de la justice de Metz, depuis l'an 1557, jusques et compris 1641. Recognu sur des registres du Consistoire de l'Église réformée de Metz par P. Ferry, l'un des pasteurs d'icelle, en l'année 1640,

pour faire cognoistre combien il y en a eu de la Religion chacune année ; in-fol. de 40 pages.

Manuscrit intéressant par les notes historiques.

633. Recueils de différents actes de procédure que M. Jacques Ferry (père de Paul Ferry, ministre), a été dans le cas de dresser en sa qualité de Treize et Conseiller du Maître-Echevin. Avec un grand extrait des articles et ordonnances de la ville de Metz, en marge desquels l'extrait en est fait succinctement, et quelques listes des Srs Treize, et Cours du Maître-Echevin. Pet. in-fol. *br.*

Manuscrit très-curieux.

634. Création de la justice par Monsieur de Montigny, à Metz, et du départ des Officiers d'icelle, pour l'an du rétablissement, de 1592 à 1608 ; 10 cahiers in-fol.

635. Trente pièces in-fol., 1553-1609, savoir :

Extrait d'une lettre du Roy à M. de Vieilleville, touchant la création de la justice à Metz. — Remontrances de ceux de Metz à ce sujet. — Remontrances des Paraiges et serment du Maître-Echevin.

Délibération des Maître-Echevin, Conseil et Treize, contenant un état et situation de la justice à Metz, lorsque le Roi prit cette ville en sa protection, 27 novembre 1556.

Dénombrement des Treize, depuis 1557 jusqu'en 1583 ; 13 cahiers in-fol.

Lettres patentes de Henry IV ; 1602. *Cop.*

636. Vingt-deux pièces, concernant la juridiction de Metz, 1567-1613, savoir :

Lettres d'évocation au Conseil du Roi, d'une instance pendante pardevant le Maître-Echevin et les Treize, entre Jean Didier, à cause de Jennon Delandre, sa femme, contre Claude Sermoise, signifiées le 19 décembre 1581, par exploit de François.

Simony, sergent royal au Bailliage de Chaumont, parlant au portier de la porte Saint-Thiébault, n'ayant osez entrer, étant un peu suspect de peste.

Réponse de MM. des Etats de Metz, à M. le Président Vyart, au sujet de cette affaire, du 13 septembre 1580.

Autre réponse, du 22 septembre 1580.

Réponse du 23 novembre, des trois Etats à M. de Tevalle, pour le fait du président Vyart.

Représentation à M. D'Arquian, et lettre du Roi au sujet de Joseph Cabure; 1609.

637. 1585. Une pièce in-fol. de 6 pages, touchant la ville de Metz, pour quelques réformes et provision des offices qui dépendent de l'Exercice, vacans par la destitution de ceux de la prétendue Religion R. qui en étaient pourvus.

Manuscrit du temps.

638. Neuf pièces, concernant le seigneur de Semeuze, 1605-1614, dont:

Lettre signée à M. le Maitre-Echevin de Metz. S. D.

Requête des Maître-Echevin, Conseil et Treize, au Roy, contre le S. de Boutillac, seigneur de Semeuze, pour la conservation de la juridiction; 1612. Minute.

Factum pour le procès.

639. Trente-huit pièces, concernant la juridiction de la ville de Metz, 1614-1640, dont:

Lettres minutes de la ville de Metz, au duc d'Epernon, au Roy, rolle des amendes, 1636, etc., etc.

640. Quatorze pièces, 1641-1697, concernant les Officiers municipaux, dont:

Règlement de l'élection du Maître-Échevin.

Relation de ce qui s'est passé le 29 octobre 1643, en l'audience des Députés de Metz, devant le Roy, la Reyne, les Princes et Seigneurs du Conseil, lesquels Députés étaient M. de Gournay, Bachellé, etc., etc.

Et autres pièces telles que liste des Treize, de 1661.

641. Mémoire contre l'entreprise des prétendus trois ordres

de la ville de Metz, sur la juridiction des Officiers royaux, par L. P. G. 13 juillet 1676; *in–4° de 26 pages imprimées.* — Réponse des Maistre-Eschevin et gens des trois ordres à l'écrit précédent, composé par le Procureur général au Parlement, etc.; *in-4° de 15 pages imprim.*

642. Deux cent quatorze pièces, 1692-1725, concernant les Conseillers assesseurs en l'hôtel-de-ville de Metz.

On y remarque 25 lettres originales, signées de Duportault, Muzac, Sequel, Grandjean, Derissan, Poutet, Evrard.

643. Cent-vingt et une pièces in-fol., savoir :

Mémoire de ce qui s'est passé à Metz, à l'occasion de la suppression du Parlement; *in-fol. de 31 pages.*

Minute de la main de M. Emmery.

Pièces concernant le rachat des charges, 1772, savoir :

Copie du projet envoyé à M. Maujean, le 20 mars 1772.

Minute signée de Bertrand, Collignon, Leclerc, de la Barre, Emmery, de Brye, etc., etc.

Correspondance à ce sujet, entre les membres de la société, le maréchal d'Armentières, le maréchal de Broglie, etc., etc.

Traité de Société fait par MM. les Officiers de l'hôtel-de-ville de Metz, pour le rachat des charges municipales, du 3 avril 1772; in-4° de 16 pages, impr. de J. P. Collignon.

Lettre autographe, signée Maujean. Paris, 17 avril 1772, à M. Emmery; in-4°, 4 pages avec cachet.

Registre de société. Etat des pièces qui le composent.

Mémoire concernant l'usage où sont les anciens Echevins de l'hôtel-de-ville de Metz, de reprendre leur rang lorsqu'ils rentrent à l'hôtel-de-ville.

Le tout manuscrit autographe de la main de M. Emmery.

644. Une pièce sur parchemin, datée 1672, accompagnée du sceau de la Bullette.

645. Sept pièces relatives aux Bannerots des paroisses; 1585-1688.

Plaidoyers, Procès

ET JUGEMENTS CRIMINELS.

646. Quatre pièces, repertoires de jugements à diverses
époques; 1320-1453.

647. Jugement sur lequel sont spécifiés tous les droits de la
seigneurie de Flanville, 10 mars 1465.

Très-grande pièce sur parchemin.

648. Déposition curieuse au sujet du Roi des Ribauts, à Metz.

Pièce du xve siècle.

649. Quatre pièces curieuses, savoir :

Bannissement de Collaire, Philippe Le Gronaix, Jean
Geoffroy et Jean le fils Thiébault, de Saint-Arnoult, pour
30 ans, entre la mer de Chipre, et 30 ans fuer de Metz et
de l'Evêché, et s'ils ne gardent leur ban, ils doivent être
noyés, etc., du 28 octobre 1314.

Plusieurs jugements de plusieurs villages, tant du pays
de Metz que d'autres; 1300-1340.

Fragment du procès fait à Thiriat Lohier, de Letricourt,
qui fut condamné à être noyé au pont des morts, pour
avoir connu charnellement sa fille, du 8 novembre 1548.

650. Requête présentée au Parlement de Paris, par la ville
de Metz, contre un nommé Fleury, orfèvre à Paris,
7 décembre 1527.

651. Jugement arbitral entre la cité de Metz et Nicolas
d'Heu, 28 juillet 1529.

Bel original, pièce sur parchemin.

652. Huit pièces, 1548–1550, savoir :

Pièces du procès de Pierre Chamoliet.

Remontransce (aux Magistrats de Metz), de Nicolas
Cadart, prisonnier.

Pièce signée; il demande son élargissement et la ville pour prison.

Inventaire des biens, meubles, etc., trouvés en la maison de Jehan Pioche.

653. Ce sont ici toutes pièces du procès criminel fait à la requête du sieur Gassetier, prévôt à Metz, contre Noël Journet, maître d'école à Sainte-Ruffine, qui fut condamné à être brûlé avec les livres par lui composés contre Dieu et la Religion, par sentence de la Chambre du Conseil, du 27 juin 1582; in-fol.

Neuf pièces originales fort curieuses, savoir :

Dénonciation du 26 mars, 3 *pages*, 27 mars, dépositions des tesmoings, 5 *pages*, plusieurs signatures. 27 mars, interrogatoire, 7 *p. plus. sig.* 6 avril, ordonnance pour que le livre dudit Journet soit mis entre les mains des Docteurs, pour le lire et en faire rapport, 1 *page*, avec la signature des Docteurs.

Vingt-sept avril, interrogatoire de Noël Journet, 16 *pages*, plusieurs signatures. 11 avril, confession de foi, 8 *pages* signées.

Liste des noms des Juges et la peine qu'ils ont prononcée contre ledit Journet (le feu vif), 1 *page*.

Seize may, censure de la Sorbonne, pièce en latin, 1 *page*.

Vingt-huit juin, jugement, 1 *page*.

654. Interrogatoire, jugement et condamnation de Lorrette, femme de Claudon Mozet, vigneron demeurant à Vallière, âgée de soixante ans, native de Vantoult, accusée de sorcellerie, du 14 mai au 6 juin 1592; in-fol. de 27 pages.

Manuscrit du temps, apostillé de plusieurs signatures.

655. Huit pièces, 1610-1611, relatives à Claude Forget, notaire, touchant le fait de la violence et défloration par lui faite à la personne de Suzanne, fille de Jean Girard, cordonnier, savoir :

Remonstrance de Girard, aux Treize de la ville de Metz.

Ordonnance pour les chirurgiens Henry Wirion et Rolland, qui ont pansé et médicamenté la fille Suzanne, que Forget a déflorée.

Une quittance signée H. Wirion et M. Rolland, avec paraphes.

Une quittance signée de Claude de Lassus, peintre, pour le tableau de Forget, pour monstrer au Champ-à-Seille.

Inventaire des biens, meubles de Claude Forget, fugitif. *In-fol. de 7 pages.*

Estat abrégé de la recepte et despense faicte et soustenue par M. Isaac Bague, chancelier de MM. les Treize, des deniers provenant du vendage des meubles de Cl. Forget, pendu en effigie, au mois de mars 1611; *in-fol. de 3 pages.*

656. Arrêt rendu par le Conseil du Roi, contre le sieur Jacques Loys, accusé d'avoir fabriqué de la fausse monnaie, 18 février 1617; in–4° de 16 pages impr.

657. Quatre pièces, jugements criminels, savoir:

Conclusion du procureur-général Joly, contre Thiriot-le-Payen, du village de Jouy, accusé d'avoir répandu des nouvelles prétendues fausses, 20 novembre 1621.

Condamnation de plusieurs paroissiens d'Ars-Laquenexy, pour n'avoir pas assisté à la procession faite en intention de prier Dieu pour la prospérité des armes du Roi, 30 septembre 1628.

Conclusion du Procureur-général du Roi, contre Jean de Boulogne dit Claude, demeurant à Pierrevillers, accusé d'avoir eu communication avec les ennemis du Roi: 1635.

Requête de Marie Aubertin, contre Thobie Henry, son mari, du 18 mai 1669.

Accusation d'injures atroces, menaces et attentat à sa vie, propos scandaleux, jurement et reniement du saint nom de Dieu, etc.

658. Procès–verbaux dressés par M. le Président Charpentier, dans la contestation du sieur Royer, demandeur en exécution d'arrêt du Conseil, contre les sieurs de Vigneule, père et fils, Benoît le Goulon,

9

greffier du sieur Maître-Echevin et Nicolas Mamette, greffier des sauvetés, au sujet du privilége d'appel contre les jugements du sieur Maître-Echevin; 27 et 29 novembre 1621.

Sept pièces.

659. Deux pièces du procès criminel fait à Jérémie, le braconnier, Jean Gauvain et complices à la requête du sieur de la Grange-aux-Ormes, du 8 août 1623; *in-fol. de 17 pages.*

Il demande prompte punission des vols, meurtres et assassins.

660. Cinq pièces, savoir :

Lettre des Maire et Justice de Saint-Avold à la ville de Metz, du 23 août 1612, avec cachet, au sujet d'un juif.

Juridiction, 9 mars 1624, pièces concernant le S. de Cherisy, seigneur du ban Saint-Pierre.

Affaire de Montgomeri et de Malmedy, de 1617 à 1629; deux pièces.

Vingt-deux et 27 septembre 1625, une pièce relative au scandale commis par la veuve de feu Lartigue, et par la fille de feu J. Réné dit Bartel, l'une et l'autre accusées de s'être abandonnées à la lubricité hors mariage.

661. Cinq pièces concernant les prisons, savoir :

Arrêt du Parlement de Metz, du 17 septembre 1636, qui ordonne, attendu que les prisons sont infectées de peste, que Jean-Philippe Delandres, sieur de Tichemont, coadjuteur de l'abbaye de Saint-Abemont, prisonnier à la conciergerie depuis un an, en sera tiré et mis à la garde d'un huissier qui s'en chargera.

Copie signée Jullien.

Un reçu signé pour fourniture faite à un prisonnier, 16 may 1636.

Mémoire au sujet du transféré des filles débauchées des prisons de la ville au dépôt de mendicité.

Ordre à un Lieutenant, un Sergent et 15 Soldats de la

garnison, d'escorter en toute sûreté, deux chariots chargés de 21 gallères qui viennent d'Alsace, et de les conduire dans les prisons royales de Metz, de Marsal, le 2 juillet 1666; pièce signée.

662. Lettre de M. Veillart, chanoine de N.-D. de Paris, à M. Goffin; *in—4° de 7 pages, s. n. d'imprimeur, (commençant ainsi :* « Je veus croire que vous scavez que l'équité naturelle permet qu'on deffende son honneur » *et finissant par :* « Je suis dans un courage purement chrestien, oubliant les offenses. ») — Responce servant d'apologie à deux mémoires, faits par un particulier Eschevin de Metz (M. Goffin), et envoyés à Paris sous le nom emprunté de la ville, contre l'honneur d'icelle et celui du sieur Veillart, cy-devant agent de la ville en Cour; in-4° de 20 pages sans nom d'imprimeur (vers 1643).

663. Huit pièces, savoir :

Arrest notable de la Cour de Parlem. sur ceste question : savoir si celuy est capable de succéder, qui a esté en la compagnie des Jésuites, demeurant et portant l'habit et le nom de Jésuite, et ayant après deux ans de probation, fait vœu de pauvreté, chasteté et obédience perpétuelle. Paris, J. Brunet, 1631 ; 16 pages in-8°.

Remonstranse au Roy, signée par De Montigny, Ferry, E. Ferry, Duvivier, etc., 1708, au sujet du manque de bleds et vin.

Réponse de Jacques Daymard, prêtre, curé de Lorry, devant Metz, en mémoire de M. J. Bourk; in-fol.

Et autres pièces.

664. Un carton renfermant diverses pièces manuscrites (de la main de M. Emmery) et imprimées, concernant le procès de Lafond, contre Joyeulx. Interrogatoire des témoins, notes, lettres signées Lafond.— Le mémoire imprimé de ce procès, in—4° de 26 pages.

— Extrait des minutes du Greffe du Bailliage criminel de Metz. — Instructions pour M. Emmery. —
Réplique aux faussetés de Joyeux, et autres pièces
de la main de M. Emmery.

Lettre de M***, à une personne de considération; in-4°
de 27 pages. — Observations sommaires sur le crime
de rapt, pour M. le Marquis de Tavannes Mirebel;
Metz, Antoine, in-4° de 7 pages.

665. Mémoire (au Roi) pour la ville de Metz, en réclamation
de diverses propriétés dont elle a été privée au profit
du génie militaire (Paris, imprim. d'Everat, 1817);
in-4° de 28 pages.

> Pièce signée Marie, avocat au Conseil du Roi. — Une
> lettre signée Turmel, à M. Emmery, pair de France, à
> Groxyeulx; Metz, le 30 juillet 1817.

Liste des Magistrats.

666. Listes des Officiers de Justice de la cité de Metz, depuis 1482 jusqu'en 1487, 1508 et 1509.

> Manuscrits du temps.

667. Liste des Officiers de Justice de la cité; *cahier in-fol.*
format d'agenda de 26 pages.

> Manuscrit du XVIe siècle.

668. Rolle et estat des gages et pensions des Conseillers,
Chambellans, Maistres d'hostel, Escuyers, Gentils-
hommes, Conseillers de longue robbe, Secrétaires,
Gens de bureaux, Officiers, Domesticques et aultres,
à la retenue de Monseigneur, pour l'an 1572; *in-fol.*
de 47 pages.

> Manuscrit très-curieux par les noms des personnages et

emplois qu'ils occupent : Monseigneur l'Evêque de Toul , commence la liste des Conseillers.

669. Dénombrement des sieurs Maître-Echevin et Conseillers établis en la justice de Metz, par feu M. de Vieilleville, en l'an 1557, le 23 juin 1631 ; un cahier in-fol.

670. Liste des Magistrats de Metz, depuis 1609 jusqu'en 1641 ; vingt-neuf pièces.

671. Deux registres de cent feuillets chacun, contenant les submissions faites par MM. les Présidents, Conseillers, Gens du Roi et anciens Officiers de la Cour, des 28 juillet 1659 à 1717. On y remarque les signatures suivantes :

Bosuët, De Pilançon, Lemoyne, D'Aubertin, Jobal de Viset, Durand, De Champel, De Brageloinne, De Bretagne, Colbert, De Laltaignant, Louis Joseph Gorgin De Mardigny, De Jules Vecourt, Saint-Blaise, Besser, Hordal d'Ulisce, De Belchamps, Leduchat et de beaucoup d'autres.

672. Quinze pièces, listes des Procureurs du Parlement de Metz ; 1633-1773.

673. Compte des gages de la Cour, pour l'année 1677, par M. Gaudet, conseiller du Roy ; *in-fol. de 73 feuillets,* vélin.

Manuscrit d'une belle écriture.

Parlement de Metz.

674. Arrêts et édits du Parlement de Metz, 1634-1698, *renfermés dans un carton in-fol. qui a pour titre : Supplément aux arrêts.*

Ces pièces sont manuscrites, sur papier parchemin et imprimées.

675. Pièces manuscrites et imprimées, préparées pour le
Recueil des édits du parlement de Metz; 1633-
1691-1780-1785. — Notes tirées des Recueils de
M. de Corberon, procureur : Adultère, Bigamie,
Fornication, Rapt, Sodomie, Bestialitus, Senocli-
nium, Voleurs de nuit, d'églises, domestiques, etc.

676. Cinquante pièces, 1659-1745, relatives au Parlement
de Metz, dont 23 sur parchemin,

> Arrêts, édits, etc., etc., partages d'émolumens entre
> les huissiers de la Cour.
> Dispense d'âge pour J. B. Mathiat, pour l'office de pro-
> cureur, 6 mars 1745. Grande pièce sur parchemin signée
> Louis, et contre-signée de Voyer Dayenson.
> Et mémoires du Receveur des Domaines de la ville,
> contre les héritiers du sieur Hubert Rançonnet.

677. Pièces manuscrites et imprimées, relatives aux édits
et arrêts du Parlement de Metz, 1662-1665; classées
et mises en ordre, avec des notes, par M. Emmery.

678. Edict portant svppression de plvsieurs Conseillers,
Notaires et Secrétaires du Roy, et de Procvrevrs,
Notaires et Sergens. Vérifié au Parlement de Metz,
le 5 juin 1664. *Metz, Jean Antoine,* 1664; in-4° de
25 pages. — Stile et reglement povr l'instrvction
des procès, es Chastellenies, Preuostez, Bailliages,
Presidiaux et Conseil prouincial d'Alsace, du ressort
de la Cour de Parlement de Metz. Ensemble les taxes
et salaires des Iuges et Officiers. *Metz, par Jean
Antoine,* 1665; in-4° de 246 pages et 2 feuillets
pour la table, et l'autre blanc. *n. r.*

679. Recueil d'édits, arrêts et déclarations du Roi, concernant la ville de Metz. *Metz, Jos. Antoine,* 1776;
in-4° de 65 pages y compris le titre.

> *Ouvrage curieux par les arrêts qu'il renferme, au sujet*

de la création et l'établissement de cinq Bailliages, de Maires
et Echevins de Metz, Toul et Verdun, etc., etc.

Liste de MM. du Bailliage de Metz, et autres pièces.

680. Trois pièces sur les duels.

Edit du Roy, portant règlement général sur les duels
avec le nouveau règlement de MM. les Mareschaux
de France, sur le même sujet. *Metz, Jean Antoine,*
1679; in–4° de 30 pages.

Déclaration du Roy, portant ampliation de l'édit du
mois d'août, contre les duels (14 décembre 1679);
in–4° de 4 pages cotées, 31 à 34. (Suite à l'article
précédent).

681. Trente pièces sur parchemin, du xviiie siècle, arrêts,
liquidation, extraits des registres des Treize de la
Justice de Metz, etc., etc.

682. Extraits des registres secrets du Parlement de Metz,
1633–1673; in–4°, 3 cahiers. — Pour les années
1679, 1680 et 1681; in-fol. 3 cahiers manuscrits.

683. Extraits des registres secrets du Parlement de Metz,
pour les années 1679 à 1703. — Recueil d'arrêts
rendus à la Grand'chambre et à celle des enquêtes,
et de sentences rendues au Bailliage, 1734–1741,
avec une table des matières. Ensemble 15 cah. in-fol.

684. Extraits des registres du grand Conseil, et de l'état
de Metz, qui sont en mains de M. Damoncour, et
de papiers et mémoires qui y sont également.

685. Mémoire pour la ville de Metz, sur le projet de sup–
pression de la Cour royale, établie en cette ville;
in–fol. de 8 pages.

Pièce arrêtée et approuvée au Conseil municipal de la
ville de Metz, dans sa séance extraordinaire du 26 octobre
1815, et signée Marchant, maire, Purnot. Plus une lettre
du Maire de la ville, adressée à M. le Comte Emmery, du
28 octobre 1815, relative au même sujet.

Factums et Mémoires

CONCERNANT DIVERS PARTICULIERS.

687. MÉLANGES. Six pièces, dont :

Factum pour Daniel Collin, ancien maire de la ville de Vezelise en Lorraine, appelant d'une ordonnance du sieur Charuel, contre les Maire, Conseillers et communauté de Vezelise, et contre Cl. Saulnier; in-4° de 8 pages.

Privilèges accordés par l'empereur Charles IV, de l'an 1349, à Jean, duc de la basse Lorraine, avec la transaction passée à Augsbourg, le 26 juin 1548, et les Estats de l'Empire; in-4° de 33 pages (allem. et franç.).

688. Rolle de tous les siéges royaux au ressort de l'étendue du Bailliage de Chaumont-en-Bassigny, et des siéges non royaux étant en ladite étendue, desquels siéges non royaux les appellations ressortent immédiatement au Parlement de Paris : donné à Paris, le 29 mai 1553.

Manuscrit moderne, in-folio de 25 pages.

689. Arrêts de la Chambre de Lorraine et de la Cour des aides. Lettres patentes et privilèges concernant les corps de métiers en Lorraine, de 1660 à 1678.

Une forte liasse in-4°.

690. Factum pour frère Nicolas Morizon, et les Chanoines réguliers de l'abbaye de Saint-Paul de Verdun, contre M. François Robert, prêtre régulier du diocèse de Verdun.

Mémoire pour Moyse Alcan, juif de Nancy, contre les directeurs de la compagnie de commerce de Lorraine dite d'Aubonne; 2 parties in-fol.

Le curez de Lorraine, en 1698, à Son Altesse Sérénissime, touchant les portions congrues, 1698; trois cahiers in-4°

Mémoire pour Dom Pierre Malard, religieux de Saint-Vannes, contre les supérieurs majeurs de la même congrégation; 1756.

Factum et mémoires pour les ci-après :

Messire Henry de Thyard, de Bessy, évêque et comte de Toul. — Sieurs François et Jean-Baptiste Lecomte, et autres contre Me Etienne Bertrand, le jeune, procureur au Baillage de Metz. — Le Parlement de Metz, contre la Cour souveraine de Lorraine et Barrois, 12 juillet 1766. — L'abbé Gabriel Maillet, de Saint-Mihiel, contre les bourgeois de la même ville. — Les Conseillers du Roy, assesseurs en l'hostel-de-ville de Nancy, et les sieurs Vignolles et Fontenille, conseillers audit hostel; 1693. — Antiphrase de la qualification moderne d'un lieutenant-général au Baillage de Nancy.

Factum d'une affaire du sieur Beaufremont, président de la Chambre des comptes de Lorraine; 1719, pour M. le Comte Duhautoy, contre Malcuit, maître des comptes de Lorraine; ensemble 11 imprimés in-quarto.

691. Vingt-deux pièces concernant la famille Klein et autres, notamment celle d'Alphonse de Remberviller, y compris le testament de ce dernier.

692. Huit pièces concernant MM. de Fouchécourt; les Bello de Lorry-devant-le-Pont; le comte de Pons et le comte de Marmier son beau-frère.

693. Vingt-neuf pièces in-fol. Mémoires et Factums concernant les Trois-Évêchés et divers particuliers.

694. Quatre-vingt-dix-neuf pièces et Mémoires concernant divers particuliers de France au xviie siècle.

695. Plaidoyers et Mémoires pour les ci-après nommés : le Curateur à la succession de M. le maréchal de

Bassompierre contre le sieur baron d'Elz, à MM. de Bassompierre. — Les sieurs Nicolas et François les Poinsignon, Pierre Noel, ancien garde-du-corps, etc. contre Mᵉ Maud'huy de Beaucharmois, avocat, et Silvien Piquart, 1729. — Messire Antoine Bernard de Reims, chevalier et seigneur de Vannes, contre Messire Nicolas-François de Baillivy, chevalier et seigneur de Marigny, 1726. — M. Antoine Cleriades, marquis de Choiseul-Beaupré, maréchal-de-camp des Armées du Roi, contre MM. comte de Sommièvre, duc de Choiseul et autres, à Mᵉ Brou, avocat à la cour, à Mirecourt, et autres. — Les Prémontrés reformés, le sieur Pierre-Paul Binois, contre les Syndic et Créanciers du sieur Claude Regnault, et le sieur Jacques Niell, chevalier de l'ordre royal et militaire de Saint-Louis. — Dame Catherine-Marguerite née comtesse Lavaux, douairière de Thomas-Melchior de Greiche, contre Félicien de Hurdt, chevalier, et Charles-François de Greiche, chevalier, 1774. — Et autres personnages. Consultations de Mᵉ Blouët, procureur à la Cour. — Ensemble douze imprimés in-fol.

696. Factum des Abbé et Religieux de Senones, contre le Prince de Salm et ses entreprises. — Pour le sieur Christophe-George Vassart, conseiller au Parlement de Metz, contre l'arrêt rendu en faveur des sieurs Groselier, Coster et autres, par l'ancien Conseil de Lorraine, 1736. — Pour Nicolas-Pascal Marcol, contre Messire Charles-Ignace de Mahuet et autres. — Pour les héritiers de Dame Marie-Rose de Greiche, douairière de Roucy, contre Dame Catherine Marguerite de Lavaux, veuve Greiche, 1774. — Pour le sieur de Bourgogne, contre les Dames et

sieurs de Massigny et de Brillon. — Pour les Abbé
et Religieux de l'abbaye de Beaupré, contre les Officiers et Bourgeois de Lunéville. — Pour le sieur
Louis de Thomassin, contre le sieur de Pindroy. —
Ensemble huit imprimés in-fol. (Lorraine.)

697. Mémoire du très-révérend père Dom Michel Fouant,
prieur de l'abbaye de St-Vanne de Verdun, pour les
Abbé et Religieux de l'abbaye de Saint-Léopold de
Nancy, contre Dom Benoit Belfoy, religieux du
même ordre; du 23 juin 1742. — Consultation en
date du 25 novembre 1742.

Bulles d'érection du monastère des Bénédictins de
Nancy; 24 décembre 1619 – 1664.

Factum pour les sieur et demoiselle Genay, contre
M⁰ Chappé et Wathier, 1775.

Requête à Son Altesse royale Madame Régente.

698. Plaidoyers concernant plusieurs personnages importants de Lorraine; ensemble 8 br.

Précis pour Nohemier-Raicher, rabbin des Juifs de
Lorraine (Metz) 1744.

Requête pour servir de justification à Mᵐᵉ de Beauvais.

699. Réplique pour les sieurs Honoré de Ligniville, Léopold
Turpin de la Chataigneraye, François-Ernest de Lapierre et autres, au mémoire de M. Ant. Cleriade de
Choiseul-Beaupré, primat de Lorraine, etc. 1761. —
Le Sʳ Gaultier à l'acte imprimé et signifié par M. Malcuit, le 22 février 1759. — Pour M. Malcuit, maître
des comptes de Lorraine, contre Jean Gautier, 1759.

Plaidoyer de M⁰ Malcuit, contre le sieur Gaultier et
les sieur et dame Barat de Boncourt, et la comtesse
d'Hunolstein; 1758. Ensemble cinq imprim. in-fol.

700. Papiers concernant différents particuliers : Le chevalier de St-Genis et de la Demoiselle Boury. —

Correspondance du Curé de Courcelles-Chaussy,
en 1743. — Correspondance de Molenes à M. Emmery, 1757 à 1762, au sujet des affaires de cette
famille. — Requête pour le sieur Antoine-Louis
Benjamin de Chatel, contre le sieur Sever, etc. —
Et autres pièces. *Le tout renfermé dans un carton.*

701. Mélange, savoir :

Arrêt de la Cour souveraine de Lorraine et Barrois,
portant règlement au sujet des Juifs étrangers, *Nancy,*
1760 ; in-4° 9 pages. — Fête donnée à Mesdames de Fr.
Adelaïde et Victoire, à leur arrivée à Lunéville, le 13 août
1761. *Lunéville,* Messy, 1761 ; in-4°, 4 pages ; *prose mêlée
de chansons.* — Arrêt de la Cour de Lorraine, qui ordonne
des réjouissances pour l'arrivée de Mesdames de France,
le 26 juin 1761 ; *Nancy, Charlot, P. et F.,* in-4°, *3 pages.*
— Provision de Gouverneur et Lieutenant-général, évêchés de Metz et de Verdun, pour le Maréchal, duc de
Broglie, le 15 février 1772 ; in-4° 8 pages.

702. Huit pièces in-4° et in-8°, relatives au procès entre le
comte de Hautoy et Jos.-Fr. Coster ; *Nancy,* 1768.

703. Cahiers in-fol. et papiers concernant l'affaire de
M. Salary, de Ferrières, fournisseur de la viande
au camp de Compiègne, en 1769.

704. Mémoires et factums pour les ci-après nommés : —
M. Nicolas-François Millet, curé d'Héming, contre
Joseph Cretin et Nicolas Parquet ; 1772. — Le grand
Doyen, Chanoines et Chapitre de l'insigne Eglise
primatiale de Lorraine, contre les habitants et
communauté de Salonne, par M. Pierre Dieudonné
Drouville ; 1728. — M. François Robert d'Hannoncel,
prêtre, curé de Sommedieu, contre M. Maurison de
Tarquinpaul et les Religieux de l'abbaye de St-Paul
de Verdun, 1729, et beaucoup d'autres ; ensemble
neuf br. in-fol.

705. Plaidoyers et mémoires pour les ci -après nommés, et autres personnages importants : L'université contre le Président de Nancy; 2 br., 1773. — Le comte de Lawenhaupt contre son épouse; 1773. — Dame Françoise de Briot, veuve de Nicolas de Lamarre, conseiller du Roi, contre Claude Mique, architecte du Roi et autres; 1772. — La comtesse de Couvouges et Consors, contre la dame de Villeron; 1707. — M. Claude George Mathieu de Moulon, contre M. de Méhon Etrevol et autres; 1737. — Les sieurs Mathieu d'Hourt, chevalier du Saint-Empire, résidant à Bettange, et autres, contre Jean Henry de Bar, le seigneur de Herprick Hemestroff et autres personnages importants. — Jean-Alexandre Chastelain, contre M. le Procureur général d'office et autres; 1764. — Ensemble 12 br. in-fol.

706. Plaidoyers et mémoires pour les ci-après nommés et autres personnages : L'insigne Chapitre de Remiremont, contre la dame Raigecourt à M. le Comte de Raigecourt; 1780. — M. Hubert Charvet, précepteur du prince Charles, contre les dames Barbe Marcol et Anne-Cécile Senturier; 1735. — M. le Comte de Couvouges et Consors, contre le sieur Villeron et Consors. — Frère Dominique Bigarel, contre Montmorency-de-Laval et autres; 1768. — M. Colchien, prêtre et curé de Destrich, contre les Chanoines réguliers de Domèvre, etc., 3 in-4°; 1773. (M. Colchen, avocat). — M. Baltazard Husson, procureur à la Cour, contre Charles-François-Xavier Henry, chevalier et seigneur de Pont; 1762. — M. Claude Damoral Hyacinthe Ferdinand, prince de Lègue et du Saint-Empire, contre de Manonville, à Son Altesse royale; 1726. — Messieurs Jean Ro-

dolphe Beck et Moïse Alcan; ensemble 16 brochures in-fol.

707. Requêtes et papiers concernant différents particuliers, aux XVIIe et XVIIIe siècles.

Liasse contenue dans un portefeuille.

Histoire de Metz

DEPUIS LE VIIe SIÈCLE JUSQU'AU XIVe.

708. Quatre-vingt-trois pièces in-fol., contenant la copie de titres relatifs à l'histoire de la ville de Metz, depuis l'an 631 jusqu'en 1309, rangées par ordre chronologique, et qui ne sont point insérées dans les preuves de l'histoire recueillie par les Bénédictins, savoir:

631. Charta G. Eligii de solemniaco monasterio; *4 pag.*

633. Privilége du roy Dagobert, pour l'Eglise cathédrale de Trèves; *3 pages.*

640. Sigisberti Regis Epistola ad desiderium episcopum cadur censem quod sinodale concilium celebrari non debeat in regno absque permisu Regis; *2 pages.*

650. Diplôme de S. Sigisbert, roi d'Austrasie, pour la fondation des monastères de Saint-Avold et de Malmédy; *2 pages.*

665. Privilége de Numérien, archevêque de Trèves, mort en 666, en faveur du monastère de St-Diey; *3 pages.*

708. Instrumentum mutationis Wl-f. oadi comitis gallice cum S. Sigibaldo metensi Episcopo de villa marsupia fundatoris monasterii san Mihelanensis; *2 pages.*

725. Privilége de Thierri IV dit de Chelles, donné à S. Arnould de Metz, en faveur du monastère de Leobard, aujourd'hui Marmoutier en Alsace; *3 pages.*

840. Carmina œvi Carolini Epitaphium Ludovici pii Imperatoris; 1 *page*.

841. Versus in laudem Lotharii imperatoris, positi in fronte textûs evangeliorum a monachis S. Martini metensis exarati quem acceptatur ipse obtulit eidem monasterio, anno 841 ; 1 *page*.

868. Indictione primâ, metis civitate, apud S. Arnulfum, hœ pactiones inter Ludovicum et Karolum gloriosos Reges facta sunt his prœsentibus, hincmaro archi Episc. suit besto archi Episc., Afredo Episc., item hincmaro Episc , Wilgario Episc., ordone Episc., Regni Caroli gloriosi Regis XXIX; 1 *page*.

869. Quando Karolus Rex metis coronatus est in regno Lotharii; 3 *pages*.

870. Dénombrement des monastères et abbayes, fait en 870, lors du partage du royaume de Lothaire, entre Louis, roi de Germanie, et Charles-le-Chauve son frère; 4 *pages*.

888. Concilium metense in gallia sub Stephano papo V; 2 *pages*.

944. Fragment de la chronique manuscrite de l'abbaye de S. Tron; 1 *page*.

950. Charta Gerardi abbatis sancti Martini metensis de servitio pagensium figalinorum sur monasterio restituto. *(indication seulement)*.

953. Charte de donation de l'église de Saint-André, à l'abbaye de Saint-Clément, par Adalberon 1er; 1 *page*.

971. De la fondation du monastère de Mouzon, faisant mention du comte de Metz (Richard); 1 *feuillet*.

977. Dix mai, charte de l'empereur Otton, par laquelle il confirme la donation faite à Saint-Arnould, par un certain Gislebert de tout ce qu'il avait, à condition que lui, sa femme et ses enfants en jouiraient, en en payant annuellement deux solides de cens, sur l'autel de St-Arnould; 1 *page*.

1050. Douze may, pièce de 3 *pages*.

1103. Abbaye de Saint-Pierremont; 1 *page*.

1105. Cartha restitutionis a Walthero factœ, presente Theodorico Duce metensi; 1 *page*.

1107. Privilegium Henrici V, Regis pro monasterio S. Maximini; 1 *page*.

1115. Trois décembre, lettres patentes de l'empereur Henri IV, confirmatives des biens de Saint-Arnould, avec dénombrement d'iceux; 2 *pages*.

1197. Lettres de la donation des églises Sainte-Croix et Saint-Ferrus de Metz, par le comte Albert de Dabour. — Incorporation desdites églises, du 7 décembre 1198; 4 *pages*.

1126. Charte d'Etienne, évêque de Metz, par laquelle il cède à l'abbaye de Saint-Arnould, le droit de centième denier au bourg de ce nom, et la confirme dans le droit de foire audit lieu; 3 cop. dont une du xvᵉ siècle; 2 *pages*.

1128. Charte d'Etienne de Bar, évêque de Metz, par laquelle il donne les cures d'Avrey et de Mance, à l'abbaye de Saint-Pierremont; 4 *pages*.

1130. Charte par laquelle il rétablit l'office divin dans l'église de Saint-Pierre-aux-Images de la même ville; 2 *pages*.

1132. Donation singulière d'une famille presque entière à Sainte-Glossinde, par l'abbesse Agnès; 1 *page*.

1140. Charte d'Etienne de Bar, évêque de Metz, par laquelle il confirme les biens de l'abbaye de Saint-Vincent de Metz, et en particulier des églises d'Ancy et de Saint-Germain; 4 *pages*.

1142. De origine prioratus de Lixin; 1 *page*.

1144. Trois janvier, donation de partie des dixmes de Salvansart, faite au prieuré de Chiny, par Adalberon évêque de Verdun.

1158. Donation faite au même prieuré de Chiny, par Albert, comte de Chiny, et son épouse Agnès.

1266. Donation au même prieuré.

1153. Donation de la seigneurie de Haméviller, faite à l'abbaye de Justemont, par l'Abbé de Saint-Hubert; 1 *pag*.

1161. Charte de Hellinus, archevêque de Trèves, par

laquelle il donne la terre d'Amelange aux Abbé et Religieux de Justemont, 1 *page*.

1180. Donation de Bertrand, évêque de Metz, par laquelle il certifie que Aldrade d'Avelange, et Herbert son fils, ont donné à l'église de Justemont, une pièce de vigne; 1 *page*.

1182. Charte de Bertrand, évêque de Metz, par laquelle il confirme une transaction faite entre les abbayes de Gorze et de Justemont, au sujet des dixmes d'Amelange; 3 *pages*.

1184. Restitution de la dîme de Thionville à Saint-Maximin; 2 *pages*.

1184. Charte de Bertram, évêque de Metz, par laquelle il ratifie l'échange fait entre l'Abbé de Saint-Vincent et le Prévôt de Saint-Pierre-aux-Images de la même ville, de l'église et du patronage de Saint-Gorgon, et de quelques cens pour une vigne située auprès de Saint-Julien; 2 *pages*.

1184. Vingt-deux novembre, bulle du pape Lucius, par laquelle il confirme aux Chanoines de Saint-Pierre-aux-Images à Metz, l'église de Saint-Gorgon de la même ville, avec le droit du patronage et toutes ses appartenances, 1 *page*.

1185. Treize août, charte de Bertram, évêque de Metz, qui unit la cure de Saint-Gorgon à la collégiale de Saint-Pierre-aux-Images de Metz; 2 *pages*.

1185. Six décembre, charte du même, en faveur de la collégiale de Saint-Pierre-aux-Images; 2 *pages*.

1187. Acte d'engagement de la part de la Cathédrale, de payer cinq sols messins chaque année, le jour de l'invention de saint Etienne, aux quatre églises, de Saint-Thiébault, de Sainte-Glossinde, de Sainte-Marie et de Saint-Pierre; 2 *pages*.

1187. Quatorze octobre, charte en faveur de l'abbaye de Villers, par le comte de Dauspurg; 2 *pages*.

1190. Lettre de la communauté de Metz, en faveur de l'abbaye de Sainte-Croix; 1 *page*.

1195. Charte de Bertrand, évêque de Metz, par laquelle il ratifie l'acquisition de la terre de Puisieux, faite à titre d'échange par l'abbaye de Saint-Clément; 2 *pages*.

1199. Charte par laquelle l'évêque Bertram confirme à la collégiale de Saint-Thiébaut, les différents biens qu'elle possédait alors, entr'autres la paroisse de Sainte-Croix et la chapelle de Saint-Ferroy; 7 *pages*.

1201. Treize janvier, donation de l'église paroissiale de Saint-Victor de Metz, faite à l'abbaye de Saint-Arnould, par l'évêque Bertrand; 5 *pages*.

1205. Charte par laquelle l'évêque Bertrand reconnaît pour franc aleux les terres de Pierrejeu et de Vezon, et les fait rendre à l'abbaye de Saint-Clément; 3 *pages*.

1206. Bertrand, évêque de Metz, en faveur de Saint-Simphorien, 1 *page*.

1207. Treize avril, diplôme de Philippe II, roi des Romains en faveur de la collégiale de Saint-Thiébaut de Metz; 3 *pages*.

1212. En faveur de Saint-Thiébaut par Frédéric..... 1 *page*.

1214. Charte d'union de l'église d'Arcy à l'abbaye de St-Symphorien, par l'évêque Conrad de Scharphennech; 1 *page*.

1214. Vingt-trois décembre, accession d'Elfo, chantre et archidiacre de l'Eglise de Metz, à l'union faite de l'église d'Arcy à l'abbaye de Saint-Symphorien; 1 *page*.

1215. Treize mars, charte de Conrad de Scharphennech évêque de Metz, concernant certains biens situés à Arcy, et vendus à l'abbaye de Saint-Symphorien; 1 *page*.

1216. Mars, accord entre le Chapitre de la Magdelaine de Verdun, et Thiébaut, duc de Lorraine, et Marquis, comte de Metz et Dasbourc, au sujet des salines de Dieuze; 1 *page*.

1219. Trente octobre, bulle du pape Honoré III, portant confirmation des biens de l'abbaye de Gorze. (*Indication seulement*).

1221. Vingt-six avril, Charte par laquelle l'évêque Conrad de Scharpennech donne l'église de Marley à l'abbaye de Saint-Symphorien de Metz; 2 *pages*.

1221. Vingt-deux août, Conrad, évêque de Metz, donation de l'abbaye de St-Julien, au couvent de St-Vincent; 2 p.

1223. Charte du consentement du Chapitre de la Cathédrale, à la donation faite par l'évêque Conrad à Saint-Symphorien, des églises d'Arcy, Marly et Clemery; 1 page.

1223. Charte de Thierry, archevêque de Trèves, qui confirme les donations ci-dessus; 1 page.

1224. Vingt-un mai, bulle du pape Honorius III, par laquelle il confirme les mêmes donations; une page.

1228. Onze novembre, donation de la cure de Fontois, à l'abbaye de Justemont, par Wirric, seigneur du même lieu; 1 page.

1229. Confirmation de cette donation, par Jean d'Apremont, évêque de Metz; 1 page.

1230. Jean 1er d'Apremont, évêque de Metz, en faveur de Saint-Clément; 1 page.

1231. Copie de certaines loix faites à Morville-sur-Seille, l'an 1231; 8 pages.

1235. Mai, donation d'une partie des dixmes de Condé, à l'abbaye de Saint-Arnould de Metz; par Thierry de Morville; 1 page.

1235. Mai, autre donation d'une autre partie des dîmes de Condé, à l'abbaye de Saint-Arnould, par le chevalier Jean Delay.

1238. Lettres de Thomasse, duchesse de Bar, par lesquelles elle augmente de dix sols la donation faite à Justemont, de vingt sols par sa mère Lorette; 1 page.

1239. Mai, donation de dix muids de grains, faite par Mathieu, duc de Lorraine, à l'église de Justemont au lieu de trente sols donnés par Lorette et Thomasse, duchesses de Lorraine; 1 page.

1242. Avril, donation de la vouerie de Norroy-devant-Metz, à l'abbaye de Saint-Vincent, du consentement de Jacques, évêque de Metz; 1 page.

1248. Quatorze août, acte d'acquest de la vouerie de Raucourt, par l'Abbé de St-Symphorien de Metz; 1 page.

1256. Donation à Saint-Arnould, de quelques biens à Vigy et à Sanry; 1 page.

1262. Mars, bulle du pape Urbain IV, en confirmation des priviléges de Saint-Symphorien; 1 *page*.

1290. Lettre de Clément Auximas, second général de l'ordre des Hermites de Saint-Augustin, à Richer, doyen de la collégiale de Saint-Thiébaut de Metz, par laquelle il confirme un engagement de prières, contracté envers lui par le couvent des Augustins de Metz; 2 *pages*.

1294. Février, échange de Domangeville; 1 *page*.

1298. Acte de l'accord fait entre l'Abbé de Saint-Symphorien, et des particuliers de Nommeny, par l'entremise de l'évêque Gérard; 2 *pages*.

1298. Avril, contrat de mariage, obligation d'une maison ou chastel de Liney, avec 2 faulciez de prés et 7 jor de tere et lou quart de voy.; 3 *pages*.

1303. Charte de l'évêque Renault de Bar, qui fait connaître que Henry Ecuyer, fils de Renault de Cherisy, tient de Saint-Symphorien la forte maison qu'il a audit lieu, et qu'il doit en faire reprise de l'Abbé. *(Indication)*.

1303. Trente juin, reconnaissance de la communauté de St-Julien-lès-Gorze, qu'elle doit à l'abbaye du même lieu, une rente annuelle de quarante-deux sols pour le rachapt des fours; 2 *pages*.

1309. Renault de Bar, évêque de Metz. La seigneurie de Raucourt reconnue à l'abbaye de St-Symphorien; 1 *page*.

Réunion précieuse faite par et sous la direction de Dom Jean-François, qui a ajouté des notes et des éclaircissements historiques à la plupart de ces pièces qu'il destinait à l'impression.

709. Vingt-huit titres relatifs à l'histoire de Metz, depuis 1212 jusqu'en 1319.

Originaux sur parchemin, non insérés dans les preuves de l'histoire de la ville.

710. Ferry de Flekestein, déclare ne pouvoir rien demander aux messins, à raison de ce que son frère a été fait prisonnier par eux, 24 juin 1267.

Pièce originale sur parchemin.

711. Défense à tout citoyen fait prisonnier de se racheter
soi-même, 1274.

Pièce originale sur parchemin.

712. Cuit cist qui ci-desoüs sont nomeit et escrit en cest
parchemin sont receut por manant de Mes, et ont
fait fauteit à la ville, et ont paiet à la ville ceu kil
durent por lor fauteit! Ce fut fait l'an de graice de
nostre Signor, M et CC et IIIJ XX et VI ans.

Manuscrit sur parchemin de deux mètres et demi de
longueur, écrit sur deux colonnes.

713. 1306, 23 décembre. Une très-grande et belle pièce
sur parchemin, de Ferry, abbé de Saint-Martin-
devant-Mes.

Originale; On y a joint une belle copie in-folio de cinq
pages et demie.

514. 1307, 25 mars. Pièce sur parchemin concernant la
dame abbesse de Remiremont.

Originale avec deux sceaux, dont un à deux faces.

715. Lettre de puissance pour faire visitation, par l'archevesque de Trèves à deux chanoines de Metz; du
28 septembre 1308.

Pièce originale sur parchemin.

716. Une pièce de Pierre de Haraucourt, chevalier; datée
de 1311.

Pièce originale sur parchemin; une note indique cette
pièce comme étant du 2 août 1296.

717. Une pièce sur parchemin; de 1313, concernant le
seigneur Braidit et les deux fils du seigneur Thiébaut,
Symonin et Joffroit.

718. Notice d'un manuscrit messin sur la guerre qu'essuya
cette ville en 1324, et analyse des autres poésies du
manuscrit; 15 pages in-fol. — Une pièce de vers en
français; in-4° de 30 pages, avec l'avis au lecteur,

commençant ainsi : Ce n'était pas l'intention de l'Auteur de donner au public son Elégie, etc. *(C'est l'Ouvrage de Héraudel, publié en 1660, et dont les exemplaires sont très-rares.)*

Belle copie de Lemoyne.

719. Quittance de Jean, roi de Bohême, comte de Luxembourg, et d'Edouard, comte de Bar, tous deux au service des Citoyens de Metz, sortis de la ville pour faire la guerre à leurs concitoyens ; 1327.

Pièce originale sur parchemin.

720. Quittance de Jean, roi de Bohême, donnée en 1328, au Maître-Eschevin, aux Treize-Jurez, aux Paraiges et à toute la Communauté de la cité de Metz.

Pièce originale sur parchemin.

721. Trois pièces sur parchemin, savoir :

Une de 1323, de Jean, roi de Bohême, de Pologne, etc.

Une de 1416, de la Fertel, prieur de Chesy, abbé de Saint-Pierre.

Une de 1487, Robert, archevesque de Tours, en faveur de Claude de Rouvroy.

722. Cession des frères Godffroy et Joffroy, au Roy de Bohême et au Comte de Luxembourg ; 1328.

Pièce originale sur parchemin.

723. Thieleman de Rodemack, consent à ce que Baudouin de Mathelat, commandeur de l'Hôpital de St-Jean, en chambre, puisse racheter la maison qu'il lui avait vendue à Ennery ; 25 janvier 1332.

Pièce originale sur parchemin.

724. Charte par laquelle Adémar de Monteil, évêque de Metz, déclare les abbayes de l'ordre de Saint-Benoit de la même ville, exemptes de la juridiction temporelle à charge qu'en cas où lui et ses successeurs seraient en guerre, elles lui fourniraient deux voitures,

excepté à l'encontre de la ville de Metz et autres y rappellées; du 7 novembre 1345.

Lettres d'Hector d'Aly, évêque de Toul, en qualité de Grand-Vicaire du Cardinal de Lorraine, par lesquelles il révoque certains statuts qu'il avait faits pour réformer les Religieux de Metz; du 23 novembre 1531.

Lettres des Abbés des monastères de Saint-Benoit de Metz, au Cardinal de Lorraine, évêque de la même ville; du 2 juin 1595.

Mémoire des choses nécessaires pour dresser une dispence.

Copies modernes.

725. L'empereur Charles IV engage les Messins à donner du secours aux Princes, fils de Jean II, roi de France; du 13 septembre 1358.

Pièce originale sur parchemin, avec beau cachet en cire rouge.

726. Traité d'alliance entre l'Evêque de Metz, le Duc de Luxembourg, le Duc de Lorraine, le Duc de Bar, l'Evêque de Strasbourg et les villes impériales d'Alsace; (vers 1362).

Ancienne copie avec notes de P. Ferry.

727. Traité de paix entre Robert, duc de Bar, et la ville de Metz; du 9 août 1370; 3 feuillets in-fol.

Ancienne copie.

728. Une pièce sur parchemin, datée du Jeudi après la Purification; 1375.

729. Lettre de l'Evêque de Bamberg, chancelier de l'empire, aux Magistrats de Metz; 25 novembre 1384.

Ancienne copie.

730. Dix-sept pièces.

Confirmation de priviléges de la cité de Metz, savoir:

15 novembre 1384. Par Wenceslas, roi des Romains. *Cop. du* xv*e siècle en langue romaine.* — Le même en latin; *cop. mod.*—Le même en français; *cop. mod.*

14 juillet 1415. Sigismond, roi des Romains; *copie du* xv*e siècle en langue romaine.*—Le même en latin; *cop. mod.*

25 janvier 1434. C'est la confirmation des priviléges de la cité, que l'empereur Sigismond ait confirmés de la Bulle d'Or.

Très-grande et belle pièce originale sur parchemin, accompagnée de deux copies, dont une de Paul Ferry avec des notes.

1er septembre 1441. Frédéric, roi des Romains; 2 cop.

10 novembre 1492. Maximilien, roi des Romains.

19 avril 1522. Charles-Quint.

10 janvier 1541. Charles-Quint.

11 janvier 1541. Instrument du serement fait à l'empereur Charles cinquième.

Grande pièce sur parchemin.

Lettre de l'empereur Charles IV, en faveur de la cité de Metz, de Nuremberg; 18 juillet.

Pièce originale sur parchemin avec cachet.

731. Une pièce sur parchemin, datée du 27 juillet 1391, concernant les moulins.

732. Sauf-conduit accordé par Wenceslas, roi des Romains, à Thielleman Voize, compétiteur du B. Pierre de Luxembourg, sur le Siége épiscopal de Metz; 21 février 1397.

Pièce originale sur parchemin.

733. Onze pièces; 1390–1568, concernant les Lombards et la cité de Metz.

734. Mémoire pour montrer que les château, village et ban de Pange sont sujets de la cité de Metz; de 1358 à 1503; 5 feuillets in-fol.

735. Fragment d'un livre de chant d'église; in-fol., 4 pag.

Manuscrit sur vélin du xiv*e* siècle, musique notée.

Histoire de Metz.

XVe SIÈCLE.

736. Six pièces du xve siècle, savoir :

Vidimus par l'instrument des lettres du marquis de Maraver pour le fort de la Duché de Luxembourg et comté de Chiny; 1401.

Lettre des Gens du Conseil du Roy de Sicille; du 3 janvier. Feuillet sur lequel se trouvent sept signatures de personnages du xve siècle.

Cy-après sont escriptes toutes les pertes de biens, meubles et aultres choses que ung nommés Jehan Huet Derdenne et Glaude le Borguignon, ont osteit, prins et destrousser devant la citeit de Mets, appartenant à Pierre Moriset.

Et autres pièces.

737. Les députés de Metz à Rome empruntent de Jean de Tornabon, de Pierre Cosme de Médicis et société, marchands de Florence, la somme de quatre cent cinquante florins du Rhin, à condition de les rendre, dans quatre mois, à Pierre de Médicis et société, marchands à Bruges.

Grande pièce originale sur parchemin; du 2 mars 1405.

738. Le grand atour de Metz, fait durant la rebélion du peuple; 16 novembre 1405; *in-fol de 26 pages.*

Copie du temps d'une pièce curieuse.

739. Don bannissement fait de la rebalion quant le seigneur Nicolle Grognat, chevalier, fuit mis à mort par la commune de la citeit de Mets, 1406.

Pièce sur parchemin.

Lettres d'abolition accordées par les Magistrats de la

cité de Metz au commun peuple de Metz, qui s'étoit rendu coupable de divers crimes, dans une rebellion élevée en 1405 ; 6 *pages, cop. mod.*

740. Traité de la ville de Metz avec Barthelemy et Bourguignon du Sollier, Lombards ; du 22 mai 1414.

Grande et belle pièce sur parchemin.

741. Mémoire et lettres concernant la prise de deux Evêques de France, qui revenoient du Concile de Constance, et la destruction de la forteresse du Saulcy ; juin 1415 ; 5 pages.

Ancienne copie.

742. Procuration donnée à Jean de Lutanges, pour aller solliciter, auprès de l'empereur Sigismond, la confirmation des priviléges de la ville de Metz ; du 2 juillet 1415.

Ancienne copie du xve siècle.

743. Extrait du Cartulaire des Célestins de Metz ; 1262-1417 ; in-fol. de 56 feuillets.

Manuscrit d'une belle écriture moderne.

744. Dix pièces originales sur parchemin ; 1362-1419.

Quittances et promesses des Capitaines et Soldats employés au service de la cité.

Les noms suivants se trouvent sur ces pièces : Philippe des Hermoizes, Jehans de Vergier, Robert et Jehans de Chauffour.

745. Quatre pièces in-fol ; 1392 et 1430 ; savoir :

21 décembre 1392. Ceux de Metz et de Thionville,
18 mars 1430. Lettre de paix de René, fils du Roi de Jérusalem, etc.

Et autres pièces.

746. Cahier in-fol. de 25 feuillets, contenant les pièces suivantes :

1° Traité d'alliance entre Edouard, comte de Bar et la cité de Metz ; 7 décembre 1357 (17 ans)

2° Convention entre Adémart, évêque de Metz, Isabelle d'Autriche, duchesse de Lorraine, tant en son nom, qu'en celui de Raoul, son fils, Edouard, comte de Bar et la cité de Metz ; 28 août 1331.

3° Traité de ligue défensive entre Adémart, évêque de Metz, Venceslas de Bohême, duc de Luxembourg, Robert, duc de Bar, Bouchard, sire de Fenestrange, lieutenant de M. de Virtemberg, gouverneur du duché de Lorraine et de la cité de Metz ; 4 mai 1360.

4° Traité d'alliance défensive entre Thierry, évêque de Metz, Jean, duc de Lorraine, Robert, duc de Bar et la cité de Metz, contre Pierre de Bar, fils de M. Henry de Bar ; 24 mars 1372.

5° Traité d'alliance entre Raoul de Coucy, évêque de Metz, Charles, duc de Lorraine, Robert, duc de Bar et la cité de Metz ; du 17 mars 1391.

6° Plein pouvoir de ceux de Metz, à Nicole Mortel, pour l'exécution du traité d'alliance dudit jour ; 17 mars 1391.

7° Traité d'alliance entre Raoul de Coucy, évêque de Metz, Charles, duc de Lorraine, Robert, duc de Bar, seigneur de Cassel, Edouard aîné, fils de Bar, marquis du Pont, seigneur de Dung et de la cité de Metz ; du 2 juillet 1408.

8° Accession d'Elisabeth de Gorlick, duchesse de Luxembourg, comtesse de Chiny, au traité d'alliance fait entre René, duc de Lorraine et la cité de Metz, le 4 août 1433.

9° Traité d'alliance entre Réné, duc de Lorraine, et la cité de Metz, dans l'accession de la Duchesse de Luxembourg ; 4 août 1433.

Copie du xv° siècle.

Les n°° 4, 5 et 6, n'ont point été connus des auteurs de l'Histoire de Metz.

747. Trois pièces; 1342, 1422, 1438.

    Copies modernes avec notes de P. Ferry.

748. Six pièces. Priviléges de la cité, savoir :

    14 juillet 1415. Par Sigismond, roi des Romains.

    25 janvier 1434. Par Sigismond, empereur.

    10 novembre 1492. Maximilien, empereur.

    Copies modernes.

749. Défi de Philippe des Hermoises, écuyer, à Madame la Duchesse de Bavière, de Brabant, de Luxembourg, Comtesse de Chiny; 1er mars 1435.

750. Ratification faite par Louis, fils du Roi de Jérusalem et de Sicile, marquis du Pont, de l'accommodement fait entre ceux de la ville de Metz et ceux de la Lorraine, touchant certaines pilleries qui se sont faites dans le Pays-Messin; le 4 octobre 1440; *in-fol. trois pages.*

    Copie du xve siècle.

751. Ce sont lez despans que la citeit de Metz ait fait à la journée qui ait estait acceptée en l'encontre du Roy de Sicille au lieu de Thionville; le 26 avril 1444; *in-fol. 3 pages.*

    Pièce du temps.

752. Cinq pièces, dont trois sur parchemin et une avec sceau; de 1344, et les autres de 1449-1451, concernant la seigneurie de Werize. Plus une grande pièce sur parchemin, datée de 1627. — Requeste de François de Lavalette.

753. Causes et raisons d'une appellation interjettée par MM. de Metz, contre le mandement du pape, pour aider la ville de Mayence; 1462, 6 pages in-fol.

    Copie extraite des Recueils du sieur de la Hiere.

754. Instrument d'une disposition faite devant le Notaire apostolique par ceux qui avaient entendu dire par

Watelet, qu'il y avait à Metz des traitres disposés
à livrer la ville au Duc de Lorraine; du 3 février 1465.

Grande pièce sur parchemin.

755. Accord fait et passé entre lesdits Chanoines et la cité
de Metz, par Seigneur Evesque de Metz; 9 février 1465; 6 pages in-fol.

Copie du temps.

756. Quittance de 450 florins de Rhin, que maistre Guillaume Bernard et maistre Thiery Thieriot ont promis
au Banet à Rome, en nom de la cité de Metz; du
22 juin 1465.

Pièce sur parchemin.

757. Lettres escrittes au Pape et Cardinaux, contre les
Chanoines de Metz; 1465; 6 pages in-fol.

Tirées des Recueils de la Hiere, avec notes de P. Ferry.

758. Pièces du 9 février 1465 et du 20 avril 1467; concernant le traité fait entre la cité et la Grand'Eglise de
Metz. — Lettres sur la modération et lettre de
sauvegarde de George, évêque de Metz; 5 feuillets
in-folio.

Pièces du temps.

759. Dix fragments de pièces relatives à la Dame de
Précigny; en 1468.

On y remarque les signatures de: Ph. de Lenoncourt
et René (de Sicile).

760. Neuf pièces in-fol.; 146....-1471, dont:

Instruction à maistre Gérard, le grant docteur en
théologie et à Martin, notre secrétaire, pour aller de Metz
aux diettes et journées en la Cour impérialle.

Articles et remonstrances touchant le fait de Spire.

Assemblée de Ratisbonne; 1470.

Instructions données aux Députés de Metz envoyés à
la journée de Ratisbonne; 1471.

Journée de Worms, 24 décembre 1544.
Et autres pièces.

761. Querelle du Chapitre de Metz avec la cité, de 1462 à
1473.
Onze pièces originales sur parchemin, et anc. copies.

762. MÉLANGES. Six pièces, savoir :
Déclaration des biens que l'abbaye de Saint-Mensuy de
Toul, a à Moyenvic; 1473. *Copie moderne.*
1477. Une pièce copiée du recueil de la Hière.
Garnison de Metz ; le sieur de Tevalles propose de faire
prêter au Roi quinze mille livres, par les marchands de
Metz, si l'on veut leur rendre cette somme dans six mois,
avec celle de deux mille cinq cents écus qui leur sont dus
pour les avoir précédemment prêtés en l'année 1577.
Dépense faite en l'estable en la maison des Lombards.
— Mandement pour le paiement de cette dépense. —
Quittances des ouvriers, du 23 mars 1586.
Pièce signée.

763. Quittance de la prise de Morelet de la Fertel, du 26
février 1477.
Pièce sur parchemin.

764. Neuf pièces, savoir :
Instructions de Mess. Warry Roucel, Mich. de Gour-
nays et Jehan d'Esch pour la response et excuse de la cité,
à Monseigneur le Gouverneur des pays de Bourgogne et
Champagne, etc., 8 juin 1480.
Ecriture du temps.
Du commerce d'entre ceux de Luxembourg et ceux de
Metz, 6 mars 1485.
Lettre de la Reine de Sicile, duchesse de Lorraine et de
Bar, à la cité de Metz, du 31 juillet 1510.
Pièce avec monogramme et contre-signée Dupuis.
Et autres pièces.

765. Cinq pièces in-fol., xve et xvie siècles.
Accord du Comte de Vursbourg, 3 *pages*; 16 novembre
1482.

Intelligence de M. Robert de la Marck, 3 avril 1497 ;
7 *pages.*

Lettre d'accord du Seigneur de Jametz et de la cité,
18 juillet 1538 ; 1 *feuillet.*

Minute et copie des lettres d'intelligence entre MM. de
la cité de Metz, et Mrs Jehan de la Marck et le seigneur de Jametz, du 18 juillet 1538 ; 10 *pages.*

Il est appointement entre noble homme Jehan Daultei,
seigneur d'Aipremont d'une part, et la cité de Metz
d'autre part pour ce qui s'ensuit ; 4 *pages.*

766. Cy-après s'ensuivent les receptes : ensemble tous les
frais et missions faiz tant pour les préparations et
choses nécessaires au siége que la cité ait mis devant
Rychemont, le mercredy 28 de may l'an 1483, et
le lundy 7 de juillet en suivant, et en l'an dessus dit
ladite Rychemont fut rendue à Mess. Michel de
Gournay, chevalier, et à Mess. Conrad, etc., etc.;
in-fol. de 12 feuillets.

Manuscrit curieux.

Inventaire des biens de Richemont venus en la part de
Monseigneur le Gouverneur de Luxembourg, du
1er aoust 1483.

Deux pièces sur parchemin.

767. Certification que Adam de Liederbach, n'a point été
sur les dompmaiges de la ville, du 30 avril 1485.

Pièce originale avec un très-beau scel en cire rouge.

768. Traicté et accord faict entre Henry de Lorraine, pour
lors évêque de Metz, et Mess. de Metz, touchant la
juridiction d'iceluy évêque ; *in-fol. de 4 pages.*

Manuscrit original sans date, mais vers 1486.

Deux pièces sur parchemin, 1484 et 15 novembre
1492, concernant le même évêque Henry de Lorr.

769. Procès-verbal sur la répétition collégiale de Metz, a

fait de Mess. les Treize, du nommé George, prêtre, emprisonné de leur authorité, à requeste du nommé Nicolas le Tisserant, et de Margueritte sa fille, pour avoir forcé et violenté ladite Margueritte, du 7 juillet au 3 octobre 1487.

Manuscrit in-fol. de 9 pages.

770. Instructions pour Me Henry d'Espinal, secrétaire, pour aller devers la grâce de Monseigneur l'Archevêque de Trêves, pour et au nom de MM. de la cité de Metz :

1° Se plaindre de Philippe de Schomberg, seigneur de Baitelstein, qui donne retraite dans son chateau de Baitelstein, à Héber de Wacheneau et Webectien, à Conrad Sund et autres ennemis de la cité, et reçoit les prises qu'ils font journellement sur elle.

2° Demander qu'ils soient tenus les uns et les autres, de réparer le dommage qu'ils ont fait.

3° Assurer Mr l'Archevêque que Biatsche ou Brotsche qui est au service du Comte palatin, contre Mr l'Archevêque de Trèves, n'est plus au service de la cité.

4° Excuser la cité auprès de Mr l'Archevêque, de ce qu'elle est entrée dans quelque alliance avec le Comte palatin.

5° S'informer si le Danison Arnould de Fénestrange, Richard Leuste et autres ennemis de la cité, ne sont point contraindables par service, ou autrement de Mr l'Archevêque de Trèves, et si par ce moyen on ne pourrait pas avoir réparation des dommages qu'ils font à la cité, 8 octobre 1488.

771. Instructions à Messeigneurs François le Gournaix et Jehan Chaverson, de ce qu'ils ont à besongnier devers Monseigneur le Marquis de Baude, et de par Messeigneurs de la cité.

Les oppressions et dommages faits sur la cité de Metz,
sujets et habitants d'icelle ; 1489.

Manuscrit original 13 pages.

772. Jehenne de Verny, dame Dauthon ; 27 août 1489.

Pièce sur parchemin avec sceaux de cire rouge.

773. 1490. Une pièce sur parchemin concernant l'église
Sainte–Ségolaine.

774. Vidimus de la lettre du Roy sur l'assignation de la
journée de Brisach ; du 20 novembre 1492.

Pièce sur parchemin.

775. Institution de la justice impériale et ordonnance
d'icelle, comment et par quels moyens ung chacun
en doit faire et user. Fait à Worms par l'empereur
Maximilien.

Manuscrit in-fol. de dix feuillets ; daté du 7 août 1495.

776. Neuf pièces in-fol. — Confirmation des priviléges de
la ville de Metz, par :

26 novembre 1404. Rupertus Dei gratia Roman rex.

28 août 1442. Frédéric, roi des Rom.

1er novembre 1442. Frédéric, roi des Rom.

2 mars 1458. Frédéric III, empereur des Rom.

25 juin 1463. Priviléges du Chapitre de la Cathédrale
de Metz.

10 novembre 1492. Maximilien, empereur.

5 février 1521. L'empereur Charles V.

Copies modernes.

777. Sept pièces, 1444-1497, savoir :

Traité de paix entre le roi René, duc d'Anjou et la cité
de Metz, du 3 mars 1444.

Autres traités de paix, des 19 janvier 1485, 4 novembre
1489, 22 juin 1490, 15 décembre 1492, 8 janvier 1497.

Intelligence et accord à faire pour la cité, entre le
marquis Christoffe de Baden, gouverneur de Luxembourg ;
1497.

778. Intelligence et accord à faire pour la cité entre le marquis Christoffe de Baden, gouverneur de Luxembourg; 1497; 6 pages in-folio.

779. Une pièce sur parchemin, datée du 24 octobre 1498, de Maximilien, roi des Romains, avec la cité de Metz.
Pièce originale.

780. Six pièces, xve et xvie siècles.

1° Despens fait en revenant de Rome...... 6 mai 1463; 5 pages in-fol.

2° Une pièce du 11 octobre 1486; 5 pages in-fol.

3° La mission faite par l'ordonnance de mess. Roucel et Renald lo Gronaix, pour les provizion de la citeit, ait fait à la venue du Roy des Romains (Maximilien). Pièce de 1498; 3 pages.

4° Le voiaige Despaigne depuis Metz jusqu'à............ fait en l'an 1523.

Inventaire des biens appartenant à Hyldebrant de la Roche; du 16 décembre 1505; 2 pièces.

781. Ceux qui sont nommez pour compte en les Paroiches Saint-Vy, Saint-Jehan au neuf Moustier, St-Mamin et Saint-Gergonne.

782. Déclaration de certains exploits mis à exécution par les Seigneurs de Metz, au préjudice, intérêt et mépris du duché de Luxembourg, mesmement de la Prevôté de Thionville; 5 pages in-fol.
Pièce manuscrite du xve siècle.

783. Sensuyvent les vidimus autentiques extraits des titres originales, à l'occasion desquels différends et débats sont présentement entre les Officiers du duché de Luxembourg et plusieurs citoyens de la cité de Metz.
Grande pièce, du xve siècle, sans date.

784. Traité touchant les exactions prétendues par Monseigneur de Lorraine, tant au sujet des églises que des nobles féodaulx; 8 pages in-fol.
Manuscrit du xve siècle.

785. Ce sont les ordonnancez quilz semblet à ceulx que pris sont pour la venue du roy des Romains, et à leur Conseil que se doient faire et ordonner par la Main que cy après sensuit; in-fol. 2 feuillets.

Manuscrit du xve siècle.

786. Cinq pièces in-fol., relatives à l'affaire de Renard Fuchs de Cologne.

Manuscrits du xve siècle.

787. Quatre pièces in-fol., dont :

Réponse en cas que Mess. de la cité ont mis en termes et consultes, etc.

Instruction pour forme de répliques, faicte par J. Brusley; 7 *pages.*

Manuscrits du xve siècle.

788. Sy sont lez somes dargent que nous avons paier à plusieurs personnes qui avoyent des gaiges des citains pour le fait de la guerre des Lorrains.

Pièce in-4° de 8 pages, non datée, mais du xve siècle.

789. Le fait du maire de Villers, print à Fay, du 8 janvier 14.....; 1 page in-fol.

Ecriture du xve siècle.

790. C'est ceu quil fault par la cloche de Meute qui affiert ad charpentaige.

Pièce du xve siècle.

Deux autres pièces de 1619, relatives à la cloche de Mutte de Metz.

791. Etat des biens appartenant à la Maison de Heu.

Manuscrit du xve siècle; in-fol. de 44 pages.

792. Chronique de Philippe de Vigneulles; in-fol., *n. rel.*

Brouillon autographe du tome premier; il s'arrête à l'année 1417.

793. Chronique de Philippe de Vigneulles; in-fol., *non rel.*

Manuscrit du tome premier de cette chronique qui s'arrête à l'an 1252. Belle copie.

794. Fragments et copie de la chronique de Philipppe de Vigneulles, tome 2.

Manuscrit du XVIᵉ siècle.

795. Extraits de la chronique de Metz, par Philippe de Vigneulles, et de celle de Jean Aubrion, depuis 1502 jusqu'en 1523; in-fol. *non relié.*

De la main de Lemoyne.

Histoire de Metz,

XVIᵉ & XVIIᵉ SIÈCLES.

796. Pièces relatives au fait de Mathis Gissel, ennemi de la cité, du mois d'août 1501; 6 *feuillets in-fol.*

Pièces très-curieuses.

797. Cy appres sensuivent les despens et mission que sont este faiz en allant, sejournant et retournant, des journées par Mess. les Ellecteurs au lieu de Wurtzburg, au jour de la Sainte-Catherine, an 1502, auxquelles Monseigneur Maistre Henrysel et moy Girard, avons este envoye par Mess. de la cité.

Manuscrit in-4º de 16 pages.

798. Besoingne de la journée impériale, tenue au lieu de Constance, en l'an 1507; 6 *feuillets in-fol.*

799. Neuf pièces in-fol. et in-4º, empire, 1507, savoir :

Une pièce concernant Maximilien, empereur des Romains, 29 septembre 1512.

Un fragment sur parchemin, concernant le même personnage.

Liste des personnes qui doivent accompagner le roi des Romains dans un voyage à Rome.

Une pièce signée Ferdinand II (en latin). Note de P. Ferry.

Epitaphe de Charles VI, empereur. Et autres.

800. Six pièces, 1493-1530, dont :

1° Philippe comte palatin du Rhin, au Maistre-Eschevin de la cité ; 1504.

2° Les points et articles que Messire Robert de la March voudrait rendre, et lettres d'intelligence que Mess. de la cité voulaient renouveler, 30 janvier 1509.

Actes et missives de la cité de Metz, de l'année 1530, adressées au bailly de Nancy, à Jehan de Luthtenge, officier à Raville, à noble et honoré seigneur de Bassompierre, au Maistre-Eschevin et sept Jurez du Pont, au justicier de Thionville, etc., etc.

Cahier de 15 pages, copie du temps.

Autre cahier de 4 pages, copie du temps.

801. Ordonnance de Maximilien, empereur des Romains, contre Philippe Schluchterer de Erpffenstain, et de Pierre Goffroy autrement dit Burtal (Pierre), donnée à Landey, le 13 février 1515 ; in-fol. in-plano (impression gothique).

Pièce curieuse et rare.

802. Compte des despens, fait à aller à la journée assigner devant Monseig. de Trèves, le 21 juin 1515.

Manuscrit de 10 pages in-4°.

803. Lettres de sauvegarde de l'empereur Charles-Quint, obtenues par François de Gournay, du 9 févr. 1522.

Copie du xvie siècle.

804. Sept pièces, copies modernes, 1476-1524, dont :

Une pièce où il est question de Jean Chaverson, Maistre-Eschevin en 1476.

Une pièce où il est question de Marguerite, archiduchesse d'Autriche, duchesse et comtesse de Bourgogne, à la cité de Metz, 29 avril 1524.

Une pièce sur parchemin, de 1527, etc., etc.

805. Translat des compromis de Nicolas de Heu, et de Jehan de Heu son fils, d'une part, et de Maître-Echevin et de la cité, d'autre, entre les mains de Richard, archevêque de Trèves, afin de terminer tous débats et discors entre les parties qui ont promis de s'en tenir à la décision de l'archevêque, sous peine de dix mille florins d'or f. 28 juillet 1529.

806. Onze pièces, savoir :

Comment le commun denier se doit payer.

Une pièce, demande de l'Empereur à la cité de Metz.

Translat de lettres impériales, du 2 juillet 1471.

Quittance par Maximilien, du service de gens que les Messins ont envoyés pour guerroyer les rebelles de Bruges et autres, juillet 1488; *copie moderne.*

Instruction pour avoir exemption du subside de l'Empereur; 1519.

Lettre à Monseig. le comte palatin Frédéric, du 12 octobre 1532.

807. Donation de la terre et seigneurie de Mussey près de Lue, faite à Maître Jehan Bruno du pont de Metz, docteur, par Robert de Heu, écuyer, et Philippe Chaverson, sa femme, fille unique de seig. Michel Chaverson, écuyer, seigneur de Montoy, 9 mai 1536 et 27 août 1536.

808. Cinq pièces, dont :

Quittance de Boucquars, sire de Fenestrange et de Schonecken, pour un terme de la pension que lui faisait la ville de Metz, décembre 1370.

Original sur parchemin.

Autre pièce de 1451, adressée à la ville de Metz.

Autre pièce de 1526, adressée à la ville de Metz.

Autre pièce pour acquitter la ville de ce qui est dû. S. D.

809. Dix pièces in-fol., 1471–1547, savoir :

Journée de Ratisbonne, 8 avril 1471.

Journée de Spire, 1488.

Mandement du roi Maximilien, pour la journée de Constance, du 18 mars 1507.

Journée de Worms; 1535.

Et autres pièces avec notes de Paul Ferry.

810. Quatre pièces, droits de l'empereur, savoir :

Ce sont les droits mons. l'Empereur.

Pièce du temps.

Prétention de l'empereur, sur les villes de Metz, Toul et Verdun, et les justes intérêts que ces dites villes ont sur leur propre liberté; 7 *pages in-4°.*

Copie de Nicolas.

Et autres pièces dont une du 10 janvier 1541 ; *cop. mod.*

811. Écritures fournies en parlement de l'Empereur à Malines, de la part des seigneurs Maistre–Eschevin et Treize de la cité de Metz, appellants d'un jugement des Gouvernez, Président et Gens du Conseil provincial à Luxembourg, à eux joint Jacques Bour, leur bourgeois, à l'encontre de Kauff Claus de Meslendorff.

In-fol. de onze feuillets manuscrits.

On trouve dans ce recueil un acte de procédure du 1er mars 1541.

812. Cy morts sont escripts tous les vignerons de Saint-Georges et Saint-Médard; 8 octobre 1542, 3 pages.

In-fol., long. de l'arche du Grand-Moustier.

813. Instructions à seigneur Nicole Roucel, eschevin, citain de Metz, de ce qu'il aura à remonstrer à la très–sacrée majesté l'Empereur, touchant les lettres de sauvegarde obtenues pour seigneur Franç. de Gournay; 4 pages in–fol., 1542.

814. Distribution faite entre MM. du Clergé de la cité

ci–après nommée, des 2000 florins d'or au prix
de 28 sols messins, pour chacun florin accordé par
les clergies à MM. de la cité ; du 3 février 1543,
trois pages in–fol.

Écriture du temps.

815. Instruction au seigneur de Barisey, de certaines remonstrances à faire de par Mess. de la cité de Metz,
à la grâce de Monseig. le duc de Guise ; du 11 avril
1543, *in-fol., 2 pages.*

Une lettre signée Anthoinette adressée aux Magistrats
de la ville ; de Joinville, 2 juin 1543, *avec cachet.*

816. Deuxième harangue faite par Charles Baffour, ambassadeur de l'Empereur à Metz, en plein conseil, le
12 octobre 1543.

817. Huchement, ordonnance et edict fait en la cité de
de Metz, touchant l'extirpation de la nouvelle doctrine ; du 13 octobre 1543, *in-fol., in-plano.*

Pièce curieuse impr. en caract. goth.

818. Attestation du seigneur Jaiques d'Esch, chevalier,
que le 15 mars 1545 il ouit seign. Richard de Raigecourt qui en grande fureur appeloit traystre seign.
Claude de Gournay, chevalier.

Pièce très-curieuse.

819. La proposition de l'ambassadeur de France faite à
Worms ; 1545.

Copie du xvie siècle.

820. Robert de Heu, maître-échevin de la ville de Metz,
4 pièces sur parchemin, savoir :

1533, 5 septembre ; 1548, 13 juin ; 1545, 9 août ;
1547, 5 novembre.

821. Huit pièces, savoir :

Instructions de ce que MM. Claude Baudoiche, de

Gournay, avec Nicolas de Raigecourt, députés du Conseil, auront à remonstrer à Monseig. de Lorraine; 19 mars 1534.

Lettre de pouvoir et procuration pour les Députés à la journée et conférence amiable entre certains officiers de Lorraine et ceux de Metz; 5 décembre 1549.

Pièce originale.

Supplication pour ceux de Metz; du 22 février 1549.

Pièces avec la signature de Chrestienne, et cachet.

Et autres pièces du xvie siècle.

822. Une pièce in—fol. de 4 pages, concernant la Bullette; de 1540 à 1549.

Ecriture du temps.

823. Compte du voyage fait par Monseig. de Moulin à Nancy; in-4°, deux pages datées 1551. *Pièce signée Françoys Baudoiche.*

Autre pour un voyage vers le Roi; du 19 mars 1551.

824. Six pièces in-fol.; 1551.

13 et 14 mars, au sujet de la Reine régente à Metz; 6 pages signées.

27 et 29 mars, lettres de Henri II. Cop. modernes.

Neutralité du Roi pour les duchés de Lorraine et de Bar; 12 septembre, 6 pages.

Instruction et mémoire à François Dinguenheym, de la part de la cité de Metz vers le Roi; 24 novembre, etc.

825. Quatre pièces, 1552.

Avril 1552. Articles pour M. le Connestable. Serment de la ville au roi Henri II.

Une pièce du 14 septembre 1552, etc.

826. Trois pièces, 1553.

Avis du sieur de Malleroy pour le siége de Thionville et sur la ville et l'évêché de Metz; 8 pages.

Lettre de sauvegarde ou de neutralité accordée à ceux de Metz par le Roi; 3 septembre 1543. — Lettre de la ville de Metz à celle de Strasbourg, du 8 septembre 1543, par laquelle les Messins témoignent qu'à l'approche des deux

armées du Roi et de l'Empereur, ils ne sont point sans
inquiétude, etc.

Instruction à Jehan Bruno, docteur, de ce qu'il aura
à faire vers Monseigneur le comte de Furstemberg,
Monseig. le Cardinal de Lorraine et le Roi de France,
de par MM. de la cité de Metz.

Pièce apostillée de plusieurs signatures.

827. Henri II, roi de France, à François de Laubespine,
président de notre justice à Metz. Donné à Compiègne le 22 de mai 1554.

Pièce originale sur parchemin, intéressante pour l'histoire (on a enlevé la signature).

828. Procès-verbal de la remise des clefs de l'arche de
la grande Eglise, faite aux Magistrats de la cité de
Metz, par M. de Bonneval, vicaire et grand doyen,
de la part du cardinal de Lenoncourt, et par l'ordre
de M. Vieilleville; desquelles clefs les Magistrats
n'ayant pas voulu se charger qu'il n'ait été fait inventaire, elles ont été déposées dans un coffre dont
M. de Bonneval a conservé la clef; 4 septem. 1555.

829. Quatre pièces, savoir :

Ordonnance du duc de Guise au sujet du charroi de
foin, paille et avoine du pays pour les subsistances; 1552.

Copie de la lettre que le roi Henri II ait escript quand il
envoya le sieur de Vieilleville à Metz; 18 mars 1552.

Ordonnance de Monseig. de Sansat, concernant les vins;
du 16 octobre 1555.

Pièce signée avec cachet.

830. Deux pièces, 1555.

Articles présentés au Roi par les Députés de Metz,
et répondus par S. M. du temps de M. de Vieilleville, qui a été gouverneur depuis 1553 jusqu'en 1571.

Lettre des Magistrats de la ville de Metz au Roi;
22 octobre 1555.

Copies du temps.

831. Quatre pièces, 1556-1559.

Lettre du roi Henri II à la ville de Metz; Paris, 17 octobre 1556.

Lettre à l'abbé de Saint-Arnould; St-Germain-en-Laye,
23 décembre 1556.

Note de M. Emmery sur un feuillet séparé.

Permission donnée à ceux de Metz de posséder du bien
en France; septembre 1559.

Cop. mod.

832. Lettre de neutralité du roi François Ier; septembre
1559.

Remonstrances très-humbles que Michel Praillon et
Claude Dabocourt, députés par les Maistres-Eschevins de Metz feront à Monseig. de Vieilleville, gouverneur pour le Roi, en ladite ville et Pays messin.

Belle copie avec notes marginales et signée.

833. Remonstrance très-humble que les Maistre-Eschevin,
Conseil et Treize de la cité, tant pour eux que pour
les habitants d'icelle et Pays messin; font à la majesté du Roy tr. ch. pour le bien de son service et
utilité de la cité et pays; 9 mai 1560, sept pages
in-fol.

Il s'y trouve de plus une requête particulière de Michel
Praillon, qui paraît avoir été répondue en même temps
que le cahier de la ville.

834. Deux pièces, 1559-1560.

Remonstrance très-humble que les Maistre-Eschevin et
Conseil de la cité, tant pour eux que pour les habitants
d'icelle et pays, font à S. M.; 19 septembre 1559.

Remonstrance à M. de Vieilleville, lieutenant-général
du Pays messin; 1560, six pages.

835. Remonstrance des Maistre-Eschevin, Conseil et Treize
de Metz, par Michel Praillon et Claude Dabocourt,
leurs députés, à Monseigneur Charles, cardinal de

Lorraine, sur le collége qui se doibt ériger en ladite ville de Metz, du 11 octobre 1560; *in-fol. de 4 pages.*

Pièce originale avec la réponse du Cardinal de Lorraine et son scel.

836. Dix-huit pièces dont huit sur parchemin, des Notaires apostoliques; 1503-1661.

837. Six pièces in-fol., savoir :

1. Résultat de la journée de Nomeny; du 30 décembre 1563 ; *douze pages, cop. mod.*

2. Proposition pour terminer les différends de Lorraine; 1603, *trois feuillets.*

3. Traité entre le Duc de Lorraine et les Trois-Ordres de Metz; du 18 juin 1604. — Lettres patentes du roi Henri pour la ratification de ce traité; du mois de juin 1604. — Relation de quels faits arrivés en 1713 et 1714. *8 pages.*

4. Autre exemplaire avec cachet, signé de Le Goullon. *Notes de Paul Ferry. 6 feuillets.*

5. Conférences et consultations tenues à Nancy, les 28, 30 et 31 janvier 1606, entre les Députés de S. A. et les États de Metz, pour la forfuyance; *2 pages.*

6. Traité de la route, du 23 février 1661 (fait à Paris, entre le Roi et le Duc de Lorraine); *14 pages.*

838. Double de la lettre que le Roy a escript à Monseig. le Duc de Lorraine.

Double de la lettre que la Royne a escript à Monseig. de Lorraine, au sujet des impôts de la ville de Metz.

M. Emmery fixe la date de ces pièces vers 1563.

839. Remonstrance des Maistre-Eschevin, Conseil et Treize de la cité, pour et au nom des corps de ladite cité, au Roy très-chrestien leur protecteur, en 1564; *in-fol., 10 pages.*

Minute signée Praillon, Dinguenheym, etc.

840. Deux pièces signées Amances, des 23 mars 1564 et 26 janvier 1565.

Ordonnance qui défend d'emporter les pierres des ruines des églises abbatues, et pour l'octroi des bleds; du 2 octobre 1565.

841. Neuf pièces, 1398–1565, lettres de retenue de médecins et physiciens au service de la cité, savoir:

De Dominique de Semetique, physicien, 1450. — De Nicolle Perret, docteur en médecine, 1499. — Jehan Pierre de Mellez, de Jehan Antoine, chirurgiens, 1532. Et autres.

Originaux signés et copies du temps.

842. Lettre de l'empereur Maximilien au Bailli, Lieutenant et Conseillers de l'Évêque de Metz, et à Didier Gamorel; du 29 juillet 1569.

Accord et traité d'entre Monseigneur le cardinal de La Vallette, et les PP. de la congrégation de Saint-Vannes, touchant l'introduction de la Réforme en l'abbaye de Saint-Clément de Metz, du 24 octobre 1631; apostillée de dix signatures, dont celles de Roquefrine, A. Fabert de Moulin, etc.

S'ensuyt la teneur émanée de Monseigneur le Cardinal, et dirigée à MM. les Archidiacres, etc.

Pièce avec la signature Hidulphe Jobart, avec cachet.

843. Pour l'instruction des sieurs Commis de la cité de Metz, pour aller vers le Roi; vers 1571; 3 feuillets. Touchant les affaires de Religion.

844. Mémoire de ce que le docteur Thimotheus Jung, conseiller du Conseil privé de l'Empereur, fera fidèlement et très-humblement entendre à S. M., de la part de Philippe, baron de Lignenbourg, et Lararus de Schurendy, après la présentation de leurs lettres à S. M. Maximilien, empereur; à Mulhausen du 28 juillet 1572, in-fol.

Manuscrit de 4 feuillets.

845. Quatre pièces.

Copie de la lettre de M. de Lorraine ; du 13 janvier 1562.

Articles qu'il faut remonstrer à M. de Montcassin, gouverneur de la cité ; 1573.

Compliment fait à M. d'Halevin, marquis de Piennes, qui en 1573 succéda au gouvernement de Metz à MM. de Vieilleville et de Retz ; du 8 novembre 1573.

846. Remonstrance de la ville et cité de Metz, au Roy son protecteur ; du 7 février 1575, in-fol. de 8 pages.

Pièce signée Mondelange.

847. Cinq pièces, 1560, 1569–1575.

Remonstrance que Michel Praillon et Claude d'Abaucourt, députés de Metz, feront à S. M. le Roy de France ; 21 février 1560. Cop. mod.

Cahier présenté au Roy par les Députés de la ville de Metz, répondu par Sa Majesté, le 20 février 1575.

Et autres pièces.

Il y a deux doubles du 1er article.

848. Quatre pièces.

5 novembre 1558. Pièce signée.

11 juillet 1567. Missive pour Thionville.

4 août 1571. Lettre signée G. Brosset.

28 août 1575, de Paris. Extrait d'une lettre de M. de Luxembourg.

849. Cahiers présentés au Roi par la ville de Metz, répondus par S. M. le 9 mars 1576 ; neuf pag. in-fol.

Autre exempl. signé Mondelange, maistre-eschevin ; in-fol. 6 pages.

Autre copie signée du même, et à laquelle les réponses du Roi n'y sont pas.

850. Trois pièces, 1576.

Instruction pour les Députés de la ville en Cour ; *in-fol. 4 pages, avec notes de P. Ferry.* — Et deux autres pièces, *cop. mod.*

851. Remonstrance que les sieurs Maistre-Eschevin, Conseil et Treize de la cité de Metz, font à Messieurs les
Députez de la majesté du Roy, leur protecteur, et à
Monseigneur le duc de Lorraine, ce jourd'huy, jour
du mois de novembre 1577, assemblez en ceste ville
de Gorze; in-fol. de 18 pages.

Minute avec l'instruction faite à Nomeny.
Il y a deux autres copies.

852. Remonstrance très-humble que les Députez de la ville
et cité de Metz, font à la majesté du Roy, leur protecteur, 27 may 1578; *in-fol. de 20 pages.*

Copie du temps, avec les réponses du Roi.

853. Cinq pièces in-fol.; 1577-1579.

Remonstrances de la ville et cité de Metz, au Roi, son
protecteur; 5 *pages.*
Remonstrance; février 1579; 7 *pages.*
Remonstrance; mars 1579; 2 *pages.*
Remonstrance; 9 avril 1579; 2 *pages.*

854. Cinq pièces; 1576-1580.

Double de la lettre du Roi, au Président de Metz, touchant MM. de la ville, des 15 mars 1576.
Lettres du roi Henry, à M. Viart, du 15 mai 1577 et
20 octobre 1580.
Response de MM. des trois estatz de ceste cité de Metz,
sur la proposition du Président; 22 septembre 1580.
Pièce signée B. Praillon, de Gournay, etc.

855. Instruction de MM. les Maistre-Eschevin et Treize de
la cité de Metz, aux sieurs Dabocourt et Noblet,
vers nos Députés en Cour, du 15 janvier 1581;
in-fol. de 5 pages.

Minute apostillée de plusieurs signatures.

856. Cinq pièces, 1582, dont une pièce du Provost de
Thionville.

857. Remonstrance faicte au Roy, par les Députez de la
ville (d'Abocourt et Noblet), sur les entreprises de
juridiction faictes par M. le Président Viart ; *in-fol.
de 12 pages.*

Minute apostillée de plusieurs signatures, répondue par
S. M., le 27 mars 1582.

858. Quatre pièces sur parchemin, xive et xve siècles,
dont une concernant la délivrance de Herney, du
15 octobre 1583.

859. Huit pièces in-fol., 1384-1586, dont :

Confiscation des biens des citoyens de Metz, au profit
de Fritz Hofman, 17 novembre 1394.
Une pièce du xve siècle.
Lettre du Roi de Navarre aux trois états de Metz;
1586. *Copie.*
Et autres pièces.

860. Confession touchant La Panisse, 22 décembre 1586;
16 pages in-fol.

861. Quatre pièces.

Instructions données au sieur de Mondreville, par le
duc Jean Casimir, comte palatin du Rhin, etc., pour traiter
avec le duc de Lorraine, la paix entre lui et la ville de
Metz, le 27 juillet 1590.
Autres sur le même sujet.
Lettre écrite à M. de Sobolle, par le Comte Palatin du Rhin.
Autre lettre écrite au Duc de Lorraine, par le Comte
Palatin du Rhin.

862. Trève conclue à Novean-sur-Mozelle, par les Commis
et Députés de par le Roi, pour la ville de Metz, et
du Duc de Lorraine, par lui ratifiée le même jour
et publiée à Metz, aussi le même jour, le 28 septembre 1590; 3 feuillets.

863. Trois pièces in-folio.

Articles présentés au Roi, par les gens des trois ordres de la cité, le 23 juin 1592 ; 7 pages.

Extraict des responces faictes aux articles présentés au Roy à Bloye, le 15 janvier 1597 ; 5 pages. — Confirmation des priviléges de la ville de Metz ; 1597.

864. Extrait des comptes de la cité de Metz, qui sont entre les mains du sieur Jean Bachellez, receveur de la ville ; 1541-1594.

865. Dix pièces, 1571-1595, savoir :

Lettre de M. de Piennes au Roi, du 12 janvier 1578. *Cop.*

Relation des bouches et rations des chevaulx qu'il fault fournir à la compagnie d'Espagnolle, le 24 juillet 1582 ; 3 *pages in-fol.*

Estat de la despence que le Roy veut et ordonne, estre faite par son Conseiller général, tout pour la solde et entretenement des gens de guerre à cheval et à pied, en garnison pour le service de S. M. en la ville de Metz ; 1595. *Quatre pages in-fol.*

Et autres pièces.

866. Six pièces, savoir :

Copies des lettres de l'Empereur, du 28 juin 1513 et 28 juin 1536, à Monseigneur le Cardinal de Lorraine, évesque de Metz par la cité, du 25 février 1535.

Copies des lettres de neutralité du roi d'Espagne et le grand duc Charles, pour les pays de S. A. du 15 janv. 1596.

Rapport de ce qui s'est passé à Metz, Toul, Verdun et Sainte-Menehould, touchant la publication des neutralités avec le récépissé de M. Alix, pour les pièces qui lui ont esté mises en main.

867. Responce faicte par les Trois-Estats de la ville de Mets, au sieur de Bussy, conseiller du Roy, du 16 mars 1596, *in-fol. de 3 pages.*

Minute apostillée de 17 signatures.

12

868. Remonstrances faites au Roy par les Députés de l'Estat, en l'an 1596; *in-fol. de 8 pages.*

Minute.

869. Remonstrance au Roy par les Trois-Ordres de la ville de Metz, en 1596; *in-fol. de 5 pages.*

Minute apostillée de plusieurs signatures.

870. Quittance donnée au Receveur du sieur de Barisy, en 1193, 94, 95 et 97 des sommes par lui payées à compte de celles pour lesquelles il devait subvenir au prêt fait par la noblesse de Metz, suivant la cotisation faite par MM. des Trois-Etats.

871. Articles présentés au Roi par les Députés de Metz, et répondus par S. M. à Rouen, le 15 janvier 1597. — Lettres patentes données le même jour en conséquence; in-fol. 8 pages.

Autre copie de la même pièce; 10 pages *(détériorée).*

872. Cahiers présentés au Roi par la ville de Metz, le 6 janvier 1599; répondus par S. M. le 26 du même mois; 7 pages in-fol.

Remonstrances faictes au Roy le 13 septembre 1599, avec les réponces du Roy; in-fol. de 18 *pages signées Maguin.*

Et deux autres pièces.

Copies du temps.

873. Articles de Messieurs des Trois-Estats de Metz, répondus par le Roy à Bloys, le 13 septembre 1599; in-fol. de 7 feuillets.

Cop. du temps.

874. Mélanges sur Metz, savoir :

Privilegium Dui atventu Episcopi. Ann. 863. *Cop.* mod.
Ordonnance des archiducs Albert et Ysabel portant que la ville de Metz sera exempte des nouveaux impôts établis

dans le duché de Luxembourg; du 5 novembre 1599. *Cop. mod.*

Déclaration des revenus qui appartiennent à l'Abbé de Saint-Vincent de Metz, à cause de son abbaye.

Deux pièces.

875. Pièces concernant les domaiges que le haut noble puissant et seigneur, et Mgr le Duc de Lorraine et marquis, ses Lieutenants, Officiers, complices et suivants, ont faits en plusieurs villes et lieux appartenant à ceux de Metz, au temps pendant la guerre que mon dit Seigneur de Lorraine et Monseigneur de Bar on darnierement lieu ensemble.

876. Instructions aux Députés de par Messieurs de la cité de Metz, pour comparoître à la journée assignée par Madame Marguerite, régente, et à mes dits Seigneurs de Metz, et à Nicolas de Heu.

877. Journée de Trèves contre Pierre Burtal.

878. L'ordre et façon de faire que ceux de Metz auront à observer pour obtenir payement des censives et autres dettes qui leur seront dues par les sujets de notre souverain Seigneur Mons. le Duc de Calabre, de Lorraine et de Bar.

Projet présenté par le Duc de Lorraine.

Manuscrit du xvie siècle.

879. Quatre pièces du xvie siècle.

Divers semblent et instructions à des envoyés, dont une pièce en latin.

880. Six pièces, xvie siècle.

Négociations entre la Lorraine et Metz.

Dont une de 17 pages, avec notes marginales de Paul Ferry.

881. Différends entre le Duc de Lorraine et la cité de Metz, in-fol. de 13 pages, plus un feuillet séparé.

Manuscrit du xvie siècle.

882. Huit pièces, dont :

> Translat de lettres de ceux de Trèves à la cité.
> Anthoine de Lorraine et comte de Vaudemont, à ceux de Metz.
> Cy-après sensuict les pétitions et demandes que le Roy de Sicille fait à la cité de Metz ; 4 pages.
> Minutes et copies sans dates, mais du xvie siècle.

883. Plusieurs consultations et avis eus sur les griefs et oppressions des poures gens ; *in–fol. de 34 pages.*
> Ce que les Seigneurs ordonnés de la part des Princes électeurs, entre Princes et états du St–Empire, au Conseil retrainct aux journées impériales de Speyre, ont entre eux avisés être de nécessité de faire sur les doléances et plaintes d'un chacun état, etc.
> Manuscrit du xvie siècle.

884. Quatre pièces, concernant les droits des évêques à Metz, dont :
> Ce que l'Evesque de Mets ait de puissant en ceste cité.
> Copie de 4 pages ; xvie siècle.

885. Huit pièces in-fol. des xve et xvie siècles.
> Traités entre la cité de Metz et le duché de Luxembourg.

886. Sept pièces, savoir :
> Vingt avril 1523. Francisco Dey gratia francorum Rex.
> Vingt août 1630. Lettre des Eschevins de Metz, à Monseigneur de Lorraine.
> Sauvegarde et plaintes ; pièce originale avec cachet.
> Deux garanties du Roi de France, du 4 janvier et 17 février 1667 (affaire de l'électeur Palatin) ; *cop. mod.*
> Articles, accords des conditions pour la sauvegarde de Lorraine, 7 avril 1650.
> Pièce originale avec cachet.
> Sauvegarde signée du 5 juillet 1654, avec cachet.
> Passe-port signé de S. A. de Lorraine, le 24 décembre 1650, avec le cachet de ses armes.

887. Onze pièces , savoir : sauf-conduits.

    1° Du 23 juin 1422.

    2° Dix-neuf janvier 1444; du Roi de France à un particulier. Pièce sur parchemin.

    3° Du 15 février 1444; du roi Charles VII à un Chevalier et un Ecuyer messin. *Copie.*

    4° Dix-huit octobre 1444; du roi Charles VII à un Chevalier et un Ecuyer messin. *Copie.*

    5° Trente-un juillet 1484; passe-port. Pièce avec cachet.

    6° Sauf-conduit pour les Députés de Metz, du 22 juillet 1485, accordé par Maximilien, et Philippe archiduc d'Ostrice, etc.; pièce sur parchemin.

    7° Vingt-trois juillet 1515, autre donné par MM. du Conseil, Evesque et Comte de Toul, etc., avec cachet.

    8° Sauvegarde de 1648, plus 5 sauvegardes imprimées, de Dom Francisco Sanchez Pardo; 1651-1654.

888. Six pièces, dont :

    Nicolas de Ragecourt et Martin Dingenhem, compte et mission faits au voyage au sujet de la Royne régente des Pays-Bas, 29 novembre 1537; copie signée.

    Estat d'un voyage à Bry, par le S. Praillon, in-fol. de 2 pages S. D.

    Deux pièces relatives à les vaisselles et joyaux, baillés par Moulx, seigneur de Vielleville, pour estre vendus, et les deniers provenant, les employer au faict des fortifications; 15 décembre 1557.

    Ancienne copie.

    Estat pour le menuz des deniers que Vigneulle, conseiller du palais, a rendu de MM. Praillon et Triplotz, treize et trésorier de ceste cité, pour employer à l'achapt des viandes pour le traittement que la ville a faict à Monseigneur le duc de la Vallette, et à Mme la Duchesse, aux Capitaines, etc., etc., 25 août 1624; in-fol. de 9 pages.

889. Trois pièces, 1592-1602, savoir :

    Charte de Henri IV, qui établit P. Joly, son procureur-général à Metz, Toul, Verdun et Marsal, du 16 juillet 1592.

Copie de la main de D. J. François; in-fol. de 6 pages.

Lettres des Maistre-Eschevin et Treize de la cité, à MM. les Députés de la cité de Metz, en Cour, du 9 juin 1602. *Originale.*

Réclamation au sujet d'une amende prononcée contre un bourgeois, par le Président de Metz, dont Louis XIII avait fait don à un particulier, au préjudice des droits de la ville; *in-fol. de* 12 *pages.*

Mémoire curieux.

890. Onze pièces, 1583-1603, dont:

Interrogatoire de Fr. de Rozières; *copie moderne.*

Lettre patente du Roi, 7 may 1595; 11 *pages in-fol.,* ancienne copie.

Liste des personnages qui doivent assister aux audiences de M. le Président; 1601.

Lettres patentes du Roi, du 31 mars 1603; ancienne copie. Réglement des autorités.

891. Extrait des priviléges confirmés à la ville et cité de Metz, du 6 novembre 1404 à 1625.

Cahier in-fol., 38 p., très intéressant pour l'histoire de la ville.

892. Quarante-cinq pièces : Officinalité et juridiction ec- clésiastique. — Empiètement de ceux de Metz sur cette juridiction, savoir :

7 pièces du xiv⁰ siècle.

20	—	xv⁰ —
5	—	xvi⁰ —
13	—	xvii et xviii⁰ siècles.

La plus grande partie de ces pièces sont sur parchemin.

893. Harangue faite au roi Henry IV, par M⁰ˢ Praillon et Joly, lorsqu'ils furent accusés de trahison; 15 juillet 1601.

894. Recueil de pièces concernant P. Joly, procureur à Metz; in-fol. de 12 pages.

.Contenant une lettre de Louis de l'Académie, à M. Joly de Maizeroy, du 13 décembre 1779.

Il travaille à l'éloge de Math. de Mondelange. Il a lu à la Société royale des Sciences de Metz, l'éloge de C. Chansonnette. Celui de P. Joly suivra celui d'Anuce Foës, etc.

Lettre du Roi à M. de Sobolle le jeûne; 1602, 11 avril.

Extrait de l'histoire des Évêques de Verdun, touchant les droits de battre monnoie et autres droits réguliers desdits Évêques, en 1606.

895. Trois pièces, 1602.

Remonstrances au Roy, présentées par les Gens des Trois-Ordres de la ville de Metz, et répondues par S. M.; des 28 mars et 3 avril.

Six feuillets. Pièce du temps.

Remonstrance au Roy par la ville de Metz, le 26 janvier 1602. 3 feuillets.

Extrait des cahiers présentés au Roy par les Députés des Trois-Ordres de la ville de Metz, et répondus par Sa Majesté, le 28 mars 1602.

Cop. mod.

896. Plaintes faictes à Monseigneur le duc d'Espernon, estant à Metz, le 16 novembre 1602, par les Gens des Trois-Estats de la ville et cité de Metz, contre le sieur de Sobolle; *in-fol. de* 18 *feuillets.*

Minute très-curieuse scellée et apostillée de plus de 25 signatures telles que Mangin, maître-échevin, J. Foës, doyen, Chellot, abbé de St-Symphorien de Metz, de Roucel, J. de Chastenay, Marteau, Gournay, de Raigecourt, de Montigny, etc., etc.

897. Quarante-six pièces, 1590-1613, concernant les affaires de M. de Sobolle le jeune, gouverneur à Marsal, dont :

Parthyes pour M. de Sobolle le jeune, gouverneur à Marsal, 17 mars 1603; *in-fol. de* 17 *pages.*

C'est un registre de dépenses personnelles, signé Sobolle.

Estat des receptes d'or et d'argent que Jacques Ferry a reçu par les mains du sieur Fr. Mangin pour un voyage fait en Court, au nom des créanciers de M. de Sobolle, 1608; *in-4° de 26 pages.*

S'ensuyt l'estat des dettes provenant d'argent presté audit sieur de Sobolle; *in-fol. de* 19 *pages,* apostillé de plusieurs signatures.

Copies de lettres du Roy, et requestes au sujet des affaires de Sobolle.

Et autres adressées à MM. de Montigny, Ferry, conseiller, etc., etc.

898. Requête présentée par les Gens des Trois-États de la cité de Metz, au duc d'Espernon, contre le président de Batilly, accusé de prévarication; le 16 novembre 1602; in-fol. de 7 feuillets.

Minute endommagée par l'humidité, mais complète; avec le scel de la cité.

899. Récit du subject pour lequel le Roy fit un voyage à Metz l'an 1603, ensemble des signes et marques de reconnaissance qui y furent faictes en son entrée. Diuisé en deux parties (*S. L.*) M. DC. V.; in-4° de 39 feuillets *vélin.*

Manuscrit autographe de P. Joly; malheureusement il a plusieurs feuillets rongés par les souris.

900. Commission pour la conférence de Nomeny; du 22 juillet 1603; *in-fol. de 2 pages.*

Pièce apostillée de 19 signatures et scellée.

901. Six pièces, 1603-1606, savoir:

Demande des Procureurs généraux de Lorraine et Barrois; 4 feuillets.

Duplicques des Procureurs généraux de Lorraine et de Bar, délivrées aux Députés de Metz, le 13 mai 1603; 5 feuillets.

Lettres des Trois-États à Monseigneur le Duc de Lorraine; du 26 octobre 1604.

Accord et transaction faits entre S. A. et leurs sieurs des Trois-États de Metz, touchant les villages respective-ment prétendus; du 18 juin 1604, six feuillets.

Lettre des Mᵉ-Échevin et Treize de la ville de Metz, à Monseigneur le Duc de Lorraine; 25 janvier 1606. Etc.

902. Huit pièces in-fol., 1607-1609, savoir :

Départ de la conférence tenue à Nancy, le 4 août 1607, entre Messieurs du Conseil de Noz Alt. et l'un des Députés de la ville de Metz; 2 pages.

Pièce originale avec plusieurs signatures, dont celle de Gournay, chef du Conseil.

Articles du Procureur général du Barrois, présentés aux Députés de Metz, le 1ᵉʳ juillet 1607.

Articles présentés de la part des Députés de Metz, sur les troubles occasionnés par les impôts, et de la liberté du commerce, accordés entre S. A. et l'Estat de Metz; 1607.

Lettre des Mᵉ-Eschevin et Treize de Metz, au Roy, 9 octobre 1609; minute.

Et autres pièces avec cachets.

903. Mémoire sur l'ancien état de la ville et du gouver-nement de Metz à la fin du xvⁱᵉ et au commence-ment du xvⁱⁱᵉ siècle; in-fol. de 8 pages.

Manuscrit du temps, curieux.

904. Quatre pièces, 1603-1610.

Supplique de la ville de Metz au Roi; 5 pages. — Or-donnance du Roi, 24 mars 1603. — Lettre de confirmation du roi Louis XIII, du 10 octobre 1610. — Lettres patentes de Henri IV et Louis XIII. *Cop. mod.*

905. Articles que le sieur Foës, l'un des Treize, devait présenter à M. le duc d'Espernon comme député de la ville, pour faire cesser les empêchements que M. de Bonnouvrier mettait à la sortie des vins du pays; en 1612.

906. Quatre pièces relatives à l'impôt du sel en la ville de Metz, savoir :

La Vallette (J. Louis de), duc d'Espernon, lettre signée à M. le Duc de Lorraine, de Paris, 17 juin 1610; 1 *page in-fol. avec cachet.*

Délibération de l'Etat, par laquelle étant nécessaire de profiter de la grâce que le Roi a faite à la ville, en lui accordant que l'imposition sur le sel ne serait mise en partie, mais administrée par les Trois-Ordres, etc., etc.; du 28 mars 1634.

Pièce apostillée des signatures suivantes : Praillon, J. Bontemps, J. Rouyer, Gournay de Talange, A. Fabert, etc., etc.

Procuration des Commis et Députés des paroisses, à l'effet de passer l'acte de cautionnement nécessaire pour l'acceptation des pertes du sel, ci-devant laissé à M. Etienne Picart, et ce solidairement avec les Députés des autres provinces, etc., etc.; 17 août 1634.

Pièce apostillée de plus de 30 signatures.

Résultat du grand Conseil, portant que pour subvenir aux plus pressantes nécessités de la ville, on vendra le sel appartenant à la cité, qui est dans le magasin de la neuve salle; 13 septembre 1634.

907. Seize pièces, 1574–1612.

Requête présentée à Monseigneur de Pienne par la cité; du 18 août 1574.

Au sujet du chastiment des rebelles.

A Monseigneur d'Espernon, la cité; 1583.

Autre, au même; 1583.

Ordonnance de M. d'Espernon, qui paraît avoir été faite ou projetée, ensuite des remonstrances à lui faites le 1er août 1583, par le clergé et la noblesse, et par lui répondues le 2 août 1583.

A Monseigneur d'Espernon, par la cité, août 1585.

Curieuse au sujet des dangers que courent les Pasteurs et Ministres.

Ordonnances du Roi, du 13 mai 1588, au sujet des immondices, signée Montcassin.

Lettre du Roi à M. de Sobolle; 13 octobre 1601.

Lettre du Roi à M. le Président, 13 octobre 1601.

Autre, du même jour, aux Trois-Etats, *cop. mod.*

Mémoires sur le bois de l'hôpital, 1602, de la main de P. Ferry.

Lettre de Henri IV à M. de Montigny, le 20 mars 1608 ; *copie sur l'original.*

Réponse faite par le sieur de Bonnouvrier, aux articles que le Magistrat voulait envoyer à M. d'Espernon, par le sieur Foës, 1612; 6 pages.

908. Douze pièces, 1587-1612, savoir :

Lettre des Maistre-Eschevin et Treize de la cité de Metz, au Roi, du 16 juillet 1587. Minute.

Requeste de Mlle Françoyse de Miremont, au Maistre-Eschevin de la justice de Metz, 16 août 1588.

Pièce autographe.

Instruction que nous, les Lieutenant de Metz, Eschevin, Conseil et Treize, avons baillez au sieur Jean Bertrand de Saint-Jure, et Le Goullon noz Desputez, 11 juillet 1588.

Copie des lettres du Roi et de Son Altesse de Lorraine, 3 novembre 1599, 1er juillet 1602.

Déclaration du roi Henri IV, sur les entreprises de Monseigneur de Lorraine, 23 octobre 1602, etc.

909. Trois pièces in-fol., 1602-1616.

Remontrance au Roi, par les gens des Trois-Ordres, 2 mars 1602; 9 *pages.* — Requête à M. le duc de La Valette, par les Trois-Ordres, 1616; 7 *pages.* — Remonstrance que font les Maistre-Eschevin, Conseil et Treize de la cité, pour et au nom du corps de ladite cité, au Roi leur protecteur, 1564; 7 *pages.*

Copies modernes.

910. Traité conclu entre le Duc de Lorraine et la ville de Metz; du 18 juin 1604.— Edit du roi Henry IV, qui confirme ledit traité. — Traité entre le Roi et S. A. R. le Duc de Lorraine. Conclu à Paris le 21 janvier 1718; *trois pièces in-4° imprim.*

911. Instruction pour les Députés que les Trois-Ordres
chargèrent de porter en Cour les plaintes de la ville
contre Nicolas Maguin, ancien Maître-Echevin., en
1618; in-fol. de 10 pages.

Minute scellée.

912. Sept pièces, 1612–1619; in-fol.

Mémoires pour servir d'instruction au sieur Joly, procureur-général du Roi, au Gouverneur de Metz, pour les
affaires de la cité, 16 février 1612; 4 *pages.* — Instructions pour les Députés de Metz, Mathé et Praillon, 5 févr.
1613; 3 *pages avec cachet.* — Lettre du roi Louis XIII,
1613; *cop. mod.* — Requête adressée à M. le duc de La
Vallette, par les Trois-Ordres de Metz, 1616; *minute de*
8 *pages.* — Copies de lettres des Trois-Ordres de Metz au
Roi, 23 septembre 1616 et 26 ..... 1617. — Lettre du Roi
à M. Maguin, 19 avril 1619.

913. Huit pièces in-fol. *(sans dates).*

Requestes et remonstrance au Roi par les Députés des
Trois-Ordres. *Copies modernes.*

914. Conférence de Gorze, du 21 avril 1621; *in-fol. de*
9 *pages.*

Pièce apostillée de plusieurs signatures, Pistor, D'Attel,
Goffin, Legoullon, etc., etc.

915. Adveu pour emprunter argent par MM. les Députés
de Metz (en Cour), sy la nécessité y est, du 4 février,
1623.

Minute scellée et signée par Chiniolle, Daumalle, Di-
lange, Praillon, Guichard, Goffin et Floze.

916. La Vallette (Bernard, duc de), pair et colonel général
de France, gouverneur et lieutenant-général, pour
le Roi, au Pays messin.

Deux pièces signées, du 3 août 1624 et 15 juillet 1626,
au sujet des grains et vins.

Copie des cahiers présentés à M. le duc de La Vallette,

le 14 de septembre 1624 ; in-fol. de 6 pages. — La même pièce imprimée ; in-fol. in-plano.

917. Dix pièces; 1609-1625.

Requeste de la ville de Metz, présentée à M. le duc d'Espernon, 1609; *in-fol. de 5 pages.*

Mandement aux Maires des villages où étaient logés les gens de guerre, 2 juin 1625.

Lettre des Trois-Ordres au Roi, au sujet de l'emploi des deniers provenant de la subvention mise pour subvenir aux besoins de l'armée de M. de Marillac; 1625.

Minute de deux pages, plus une copie.

918. Réglement pour Samuel de St-Aubin, marchand, du 30 avril 1627, au sujet des obsèques de Mme la Duchesse de La Vallette

919. Cinq ordonnances du grand Prieur de Toulouse, pour le remplacement des blés prêtés par le Roi à la ville de Metz, 24 et 27 mars, 21 avril, 31 mai et 27 juillet 1627.

Pièces originales signées.

920. Cinq pièces in-fol.; 1621–1629.

Pouvoir donné aux Députés de Metz, afin d'emprunter deniers pour parfaire leur voyage, 31 juillet 1621. — Remonstrance au Roi, 3 août 1621; 6 *pages.* — A M. le duc de La Vallette, les gens des Trois-Ordres de la cité, du 14 septembre 1622; 3 *pages.* — Les gens des Trois-Ordres au Roi, du 7 février 1623; *minute.* — Et une pièce du 9 janvier 1629.

921. Dix pièces in-fol.; 1611–1631, savoir :

Lettre des Maître-Echevin et Treize de la cité de Metz, au Roy; 19 septembre 1611. Minute.

Autre du 18 août 1611, au sujet du droit de forfuyance.

Autre du 24 septembre 1612, au sujet du droit de forfuyance.

Commission pour les Députez de Metz; 28 juillet 1612.

Pièce signée A. Fabert, G. Foës, avec cachet.

Depart pris entre les Députés de Metz et de Lorraine, sur le fait des habitants de Pange et ceux de Maizeroy; 21 avril 1621; 5 feuillets.

Lettre des Maître-Echevin et Treize de la cité de Metz, à Monseigneur le Duc de Lorraine; 8 avril 1630. Minute.

Copies de lettres de Charles de Lorraine; du 11 mars 1631. Et autres pièces avec cachet.

922. Neuf pièces, 1632, savoir :

Lettre à M. de Boutheilier, conseiller du Roy, pour les Trois-Ordres de Metz; mars 1633; 2 pag. in-fol. Minute.

Une requeste in-fol.; 10 pages.

La ville de Metz au Garde-des-Sceaux de France.

Minute de 2 pages in-fol.

Autre au même, au sujet de l'établissement d'une chambre souveraine pour les Trois-Ordres. Cop.

Autre au cardinal de Richelieu; 10 mars. Cop. sur le même sujet.

Quittance du sieur Oriet, pour la sauvegarde du village de Montz, pour les habitants du lieu, d'une double pistolle; 2 mars 1632.

Pièce signée Deslances.

Lettre des Trois-Ordres à M. de Boutheilier, du 26 avril 1632.

Copie au sujet des excès commis par les troupes.

Estat de tout ce qui a été fourni pour les estapes dressé au passage de l'armée du Roy, ez villages de Vigy, Sanry, Jouy, etc.; septembre 1632; 7 *pages in-fol.*

923. Déclaration et abrégé de l'estat et consistance de la seigneurie de Moncourt et de ses dépendances, appartenant pour le tout à Mme la comtesse de Saint-Amour, 1632; *in-fol.*, 8 *pages manuscrites.*

924. Sept pièces, dont :

Lettre de Mores Tin, à la ville de Metz; de Paris, 25 juin 1633; in-fol. 1 page.

Pièce originale signée avec cachets, au sujet du Mont-de-Piété.

Un cahier in-fol de 14 pages, relatif au Mont-Royal (ou de Piété), au sujet du prêt à usure par divers particuliers; juin 1632. 2 copies.

Une pièce signée Grandjambe, au sujet de la justification que le droit de la Bullette a été reçu par le sieur Estienne; 14 janvier 1643.

Et autres pièces.

925. Treize pièces in-fol., 1633-1649, dont :

Lettres de la ville de Metz au duc de la Vallette, 14 mars 1634.—Mémoire pour MM. les Députés en cour, pour représenter à S. M.; 18 octobre 1633; 12 *pages*. — Requeste présentée au Roy et à son Conseil, pour le sieur Poutet, député, 8 novembre 1640. Minute de 2 pages; et deux autres pièces relatives au même sujet. — Requeste présentée au Roi par les Trois-Ordres; may 1649. *Cop. mod.* Et autres pièces.

926. Dix pièces, dont :

Lettres de la ville de Metz au duc de La Vallette, 1632-1634. *Trois minutes.*

Lettre de la ville de Metz au duc d'Espernon; 1632. *Minute.*

Ordonnances des 14 et 26 septembre 1646, au sujet des corvées, des grains, vins, fromages, etc., dans le Pays messin.

Pièces signées du maréchal de Schomberg, avec cachets. Voicy les debvoirs de condoléances rendus à Madame de Lyancourt, sur la mort de M. le comte de Larocheguyon; du 20 septembre 1646. Avec la réponse de Madame de Lyancourt.

Requête à Monseigneur Leroy, maréchal-de-camp, au sujet de Pierre Martin, lieutenant de milice au village de Lessy, détenu prisonnier sous le prétexte d'injures faites à Annibal, prêtre, curé dudit Lessy.

927. Trois pièces, dont:

Le 4 avril 1635, Abraham Mangin a, par l'ordonnance

de Mrs de Serrière et Lombart, trésoriers de la ville et cité de Metz, fourny pour ung day pour l'entrée de Monseigneur le cardinal de La Vallette, ce que s'ensuict.

Un feuillet sur lequel se trouvent des devises et une lettre relative au même sujet.

928. Récit du jugement du duc de La Vallette, et l'extrait de l'arrêt; 24 mai 1639.

7 pages in-fol.

929. Ordre (de M. de Choisy) pour les chariots conduisant les farines au camp de Thionville; 10 juillet 1643.

Règlement des sommes imposées pour la subsistance des Dragons qui sont à Ars, et de l'infanterie qui est à Ancy.

M. de Laferté-Senneterre, lieutenant-général pour le Roy ez duchés et pays de Lorraine et Barrois.

M. de Seignau, lieutenant du Roy au gouvernement de la ville de Metz et Pays messin. — M. Huguenot de Boucerot, lieutenant en la maréchaussée de France au département des villes, pays et évêchés de Metz, Toul et Verdun; 4 juillet 1644.

930. Articles présentés par l'hôtel-de-ville à M. le maréchal de Schomberg, gouverneur depuis 1644 jusqu'en 1661.

931. Neuf pièces, 1633–1644, savoir:

Lettre des Maîtres-Echevins de Metz, au duc de la Vallette; juillet 1633; 2 pages in-fol.

Minute au sujet d'un logement pour M. de Bretagne.

Lettre au cardinal de Richelieu; du 2 juillet 1633. Min.

Demande au profit du sieur Hauconcourt de la charge des recettes des consignations. Minute.

Ordonnance de M. de Schomberg, sur le règlement des officiers et soldats de la garnison; 19 août 1644; 3 *pages in-folio.*

Pièce scellée et signée. — Et autres pièces.

932. Douze pièces, dont :

Copie de la lettre du Roy, le 17 juin 1656, à la ville de Metz, au sujet de la mort du maréchal de Schomberg, et de son remplacement comme gouverneur de Metz.

Lettre de Colbert à M. Brios, du 15 may 1666; de Saint-Germain.

Pièce originale signée, au sujet de la carte des Trois-Evéchés, Me!z, Toul et Verdun.

On y a joint une copie.

Estat des Bourgeois qui fournissent chez M. le Roy, commandant pour S. M. à Metz, 1688.

Copies des lettres du Roy, à M. de Givry; du 8 avril 1691, et à M. de Belloy; 18 janvier 1698.

Compliment fait à Mme la maréchale d'Armantières, lorsqu'elle vint à Metz pour la première fois.

Articles répondus par M. de Vielleville, gouverneur de Metz, sur les remonstrances que la ville lui a faites.

933. Vingt–une pièces; 1631–1788, dont :

Requeste d'And. Valladier, abbé de Saint-Arnould, à M. de Moric; 8 *pages in-fol., cop. signée.*

Lettres de M. l'Intendant, aux Maires des communautés; 6 octobre 1725.

Pièce imprimée avec cachet armorié.

Une pièce in-4° de 12 feuillets sur parchemin.

Un papier sur lequel se trouvent les armes de M. Depont, intendant de Metz depuis le 16 août 1778, ayant succédé à M. de Calonne.

Et autres pièces imprimées. Ordonnances de l'intendance.

934. Permission de Monseigneur Charles, duc de Calabre, Lorraine, Bar, Gueldre, etc., etc., à ceulx de Metz, pour ung mois de transporter les grains hors son pays feants et descharges des nouv. impotz; du 8 octobre 1561; 1 *page in-fol.*

Pièce signée et contresignée Merlin, avec cachet.

935. Douze pièces, savoir :

13

Conflit de juridiction entre l'Evêque et le Maître-Echevin; *pièce du* xive *siècle.*

Aliénation des biens d'église des Evêchés, du 14 mars 1603; *copie.*

Droits de protection des Rois de France, sur l'Evêché de Metz; 1612-1621.

Etat de ce que l'Evêché de Metz a à présent de revenu annuel; 1630.

Ordonnance d'un seigneur Evêque de Metz, contre les usurpateurs des biens d'autrui, 26 juillet 1645.

936. Mémoire sur l'état de la ville de Metz, et les droits de ses Evêques, avant l'heureux retour des Trois-Evêchés sous la domination de nos Rois (par Nicolas-François Lançon); *Metz, Fr. Ant.* 1737; *in-fol. de* 14 *pages.* Ouvrage curieux.

937. Soixante–onze pièces concernant les Trois–Etats de la ville de Metz, de 1576–1776, savoir :

Copie d'une lettre de Loy, cardinal de Guyze, aux Trois-Etats de Metz, 25 avril 1576.

Copie d'une lettre du roi Henri III, 16 juillet 1588.

Articles présentés au Roi, par les Trois-Ordres de Metz, et répondu au Conseil de S. M., au mois de février 1634.

Minute de requête à M. de Marescot, député par S. M., en la ville de Metz.

Mémoire de M. Lenoble, procureur général au Parlement de Metz, contre les entreprises des Maître-Echevin et des Trois-Ordres.

Diverses pièces manuscrites sont de l'écriture de M. Emmery.

938. Travaux de Paul Ferry, désignés ainsi :

1° Extrait de l'indice général des observations séculaires sur l'histoire de Metz.

2° Liste alphabétique des villages du Pays messin.

3° Chiffons précieux. Tables des recherches sur l'histoire de Metz.

4º Table alphabétique latine.

5º Table, par ordre alphabétique, des recherches sur l'histoire des Trois-Evêchés.

Ensemble 23 enveloppes renfermées dans un portefeuille.

939. Trente-six pièces in-4º imprimées à Metz, savoir :

1675. *Par P. Collignon.*

La prise de la ville et du château de Limbourg, avec plusieurs particularités du siége, et la capitulation accordée au Gouverneur et à la garnison de la place ; 4 *pages.*

1677. Relation du siége et de la prise de Valenciennes, par l'armée du Roi, commandée par S. M.; 7 *pages.*

1678. *Par Nic. Antoine.*

Traité conclu et arrêté à Nimegue, le 10 août, etc.; 8 *p.*

1685. *Par André Chevalier.*

Relation de la défaite de l'armée des Turcs, près de Gran, par l'armée impériale, commandée par le prince Charles, de Lorraine ; 4 *pages.*

1690. *Par Jean et Brice Antoine.*

Trois pièces. Relation du combat de l'armée du Roi, commandée par le comte de Tourville, contre les flottes d'Angleterre, de Hollande, etc., le 10 juillet.

1693. Cinq pièces in-4º; Lettres de l'Archevêque d'Embrun, évêque de Metz, etc.

1693. Relation de la bataille donnée dans la plaine près de Marsaglia, à trois lieues de Turin, et remportée par l'armée française, commandée par M. de Catinat, maréchal de France ; 4 *pages.*

Plus, de 1683 à 1697; 9 pièces.

1693. *Par Fr. Bouchard.*

Une pièce de 1718, relative à la consp. de Cellamare.

Déclaration du roi (Jacques) d'Angleterre à ses sujets, de St-Germain, le 19 juin 1693; 4 *pages.* (Sur l'imprimé à Verdun, chez Fr. Vigneulle).

1697. *Par Brice Antoine.*

Quatre pièces, dont : Paix avec la Hollande, et autres ; 1698. — Lettre du Roi, à Monseigneur l'Evêque de Metz, pour la paix avec l'Empereur et l'Empire.

1733. *La veuve de Brice Antoine.*

Manifeste du Roi de Sardaigne ; 7 *pages*.

Relation de la victoire remportée sur les impériaux, par les troupes du Roi, et celles du Roi de Sardaigne, dans la bataille donnée près de Guastalla, le 19 du mois dernier.

Promotion de Lieutenants-généraux, de Maréchaux de camp et de Brigadiers, faite par le Roi, le 1er août 1734.

1689. *Par C. Cardinet et F. Maret, au Pont-à-Mousson.*

Ordonnance du Roi, portant déclaration de guerre par mer et par terre, contre les Espagnols, qui révoquent les passe-ports, sauvegardes, etc., fait deffense d'avoir aucun commerce, et enjoint à ses sujets de courre sus aux Espagnols, du 15 avril ; 4 *pages.* (Sur la copie imprimée à Metz, d'après celle de Paris).

1717. *Par Jean Antoine.*

Capitulation accordée à la garnison de la ville de Landau, par M. le maréchal de Villars, le 20 août 1713.

Déclaration aux Princes et Electeurs de l'Empire, 4 *pag.*

Vingt-cinq autres pièces in-4°, relatives aux mêmes sujets.

940. Depont (intendant de Metz).

L. Aut. sig. à Mme Lambert, du 24 avril 1790. — Et autres pièces relatives à la pension de cette dernière.

941. Vingt-cinq pièces manuscrites de 1789 et 1790, relatives au département de la Moselle.

942. Environ vingt pièces manuscrites et imprimées de 1789 et 1790.

Lettres de M. de Cherisey, de Necker, etc.

943. Vingt–une pièces manuscrites concernant le département de la Moselle, 1790, relatives aux troubles de cette époque ; la plupart avec signatures.

944. Dix pièces, 1813 à 1817, imprimées et manuscrites sur le département de la Moselle.

Évêché de Metz.

945. Pollion sive matricula omnium Ecclesiorum Paro-
chialium, nec non dignitatum præbendarum, mo-
nateriorum prioratuum et aliorum beneficiorum in
diœcesibus Metarum, Tulli et Virduni contenturum;
in-fol. de 100 pages non chiffrées.

Manuscrit du xviiie siècle.

946. Conrad I, évêque de Metz, 1214-1226.

Copies modernes. 3 pièces.

947. Philippes, évesque, trésorier de Metz.

Deux pièces originales sur parchemin, 1268-1274.

Et copies de brefs du même temps.

948. Copies de pièces et notes concernant Ademare, Laurent, Bouchard d'Avesne, Jean de Vienne, évêques
de Metz, et Jean l'Aveugle, roi de Bohême, etc.;
de 1272 à 1344.

949. Adhésion faite par aulcuns envers de l'évesque de
Metz à une appellation faite par les adhérens contre
Monseigneur Renault, évesque de Metz; 3 juin 1307.

Grande pièce latine, originale sur parchemin, avec
sceaux.

950. Instrument de la procuration des crees et des scelz
que furent faites et annoncées au... de par les Seigneurs de la cité de Metz et autres gens d'église
contre Renault, évesque de Metz; du 10 juin 1307.

Très-grande pièce latine sur parchemin.

951. Procuration par laquelle Monseig. de Metz fut admo-
nestey trois fois sur le débat de la ville et de lui; du
26 avril 1308.

Très-grande pièce latine avec sceaux.

952. Lettre de la première monicion que fut faite à Renault, évesque de Metz, par Chapitre et les Abbé et autres gens d'église de Metz, sur le débat qu'ilz auoient contre lui; du 3 mai 1308.

La seconde monicion faite par Chapitre et par les Abbés et Abbesses et Curez de l'Evesché de Metz, à la personne de Renault, évesque de Metz, des griefz et extorcions qu'il faisoit à l'évesque; 4 mai 1308.

Tierce monicion faite par Chapitre contre Monseigneur de Metz sur aucun débat qu'ils auoient; 4 mai 1308.

Autre, 20 mai 1308.

Quatre gr. pièces latines, sur parchemin.

953. Lettre de procuration faite par les Seigneurs de Metz et aultres gens d'église, pour plaidoier contre Monseigneur Renault, évesque de Metz; du 7 mai 1308.

Très-grande pièce latine accompagnée de sceaux.

954. Monition faite pour le Chapitre de l'église de Metz, pour aucun débat qu'ils auoient contre d'autres gens d'église; 19 juin 1308.

Grande pièce latine, sur parchemin.

955. Acte par lequel Henri Daulphin, évêque de Metz, est institué conservateur des priviléges des Religieuses de Sainte-Claire de Metz, par trois brefs du pape Boniface VIII et Jean XXII, confie ses pouvoirs dans cette partie à trois différents Ecclésiastiques, ensemble lesdits trois brefs; du 2 avril 1320.

Grande pièce originale sur parchemin avec sceau, accompagnée d'une belle copie de 10 pages in-fol.

956. Vidimus de la lettre de paix faicte entre Henry Daulphin et ceux de Metz d'une part, et la cité d'autre, en l'an 1325, le dernier vendredi du moys de may.

Vidimus de la lettre de paix et accort faiz entre révérend père en Dieu, Seigneur Raoul de Coucy,

évesque de Metz d'une part, et la cité de Metz d'autre;
en l'an 1393, le 5 octobre.

Copie du serment que les Treize-Jurés de Metz font
chacun an en la chappelle Saint-Gal, la vigille de
la Chandeleur. S. D.

Priviléges de l'Évêque.

Manuscrit du xve siècle.

957. Ademare, évêque de Metz.

Trois pièces sur parchemin: 16 février 1346, — 28 février 1349, — 9 février 1353.

Copie de l'obligation de l'évêque Ademare, contractée
envers Jean Baudoche, en 1348; trois pages, *écriture de Dom Jean François.*

Deux notes relatives au même Évêque.

958. Acte par lequel Poince Grognat (chivelier, citain de
Metz), prête à Raoul de Coucy, évêque de Metz,
une somme de mille francs pour acheter la Seigneurie d'Ars-sur-Moselle; du 31 décembre 1401.

Grande pièce originale sur parchemin, avec notes manuscrites de P. Ferry.

959. Quittance de l'évêque Raoul de Coucy, pour un terme
de la pension que lui faisait la ville de Metz; du
30 juin 1410.

Pièce originale sur parchemin avec sceau.

960. Deux actes de reprises faites à Raoul de Coucy, évêque
de Metz; des 8 août 1414 et 11 août 1415.

Copies du xve siècle.

Déclaration de plusieurs terres et seigneuries engagées
par Raoul de Coucy, évêque de Metz, dépendantes
de l'Évêché de Metz, l'an 1414; trois pages in-fol.
Notes de P. Ferry.

Notes séparées relatives à Raoul de Coucy.

961. Compromis de Jean d'Apremont, évêque de Metz, touchant les droits qu'il prétendoit sur le pont de Moulin. — Lettre du rapport coment li Évêque de Metz n'ait riens au passage d'ou pont à Moulin.

962. Sept pièces de différentes époques, dont quatre sur parchemin, du xiiie au xive siècle.

Copie d'une lettre de l'Évêque de Metz à nos chers amis et feaulx le Maistre-Eschevin, datée de Vy le 11 septembre (sans date).

963. Deux lettres à révérend père en Dieu, haut et puissant Seigneur, Monseigneur George, es lu et confirme (évêque) de Metz (par les Maître-Échevin et Treize-Jurez de la ville de Metz) ; du 8 mars 1463.

Copies modernes.

Lettre de la cité de Metz à R. P. en Dieu, etc., George, évêque de Metz (le Maistre-Eschevin et les Treize-Jurez de Metz) ; le 21 jung 1462.

Pièce du temps.

964. Copie de la Commission apostolique adressant à Monseigneur l'évêque de Metz (George), l'Abbé de Saint-Mathis près de Trèves, et l'Official de Verdun ; 5 juin 1466 ; in-fol. de 8 pages.

Traduction française, accompagnée du texte latin ; pièce de 6 pages.

Écriture du temps.

Copies de deux pièces relatives au même George, évêque de Metz, 1470, 1481.

965. Vidimus d'ung role escriptz en parchemin, intitulé : Ce sont ly droit que l'Empereur et un Evêque de Metz ont en la cité de Metz, représenté par les maîtres Bouchers ; 10 juillet 1486.

Copie du xvie siècle.

966. Mandement de Marc, évêque de Preneste, cardinal de Saint-Marc et Patriarche d'Aquilée, juge-commissaire député par le pape Innocent VIII, sur les plaintes portées pardevant Sa Sainteté, de la part de l'Évêque de Metz et de Jean, abbé de St-Symphorien, contre les Justiciers de la ville de Metz, qu'on accusait, quoique sans raison, de faire leurs efforts pour éteindre les causes pendantes en la Cour épiscopale, de défendre aux Notaires qui y écrivoient, y écrire, de traduire au for séculier les personnes ecclésiastiques, etc., d'avoir enlevé à Jean, abbé de Saint-Symphorien, des biens dans une maison de leur couvent, et obligés par édit public de les lui restituer, et de cesser de le molester, sous peine et écritures ecclésiastiques, etc., sur quoi les Procureurs des parties respectives ont été cités à Rome, et ordonné des lettres compulsoriales, pour la recherche des titres décisifs en cette cause; du 4 décembre 1489.

Grande pièce originale sur parchemin, avec sceau dans une boîte en fer-blanc.

967. F. Beaurcaire, évêque de Metz; 3 pièces manuscrites, 1559 et 1571.

968. Investiture et don en fief lige perpétuel des salines de Moyenvic et de Marsal, au profit des sérénissimes Ducs de Lorraine, moyennant 45 mille francs et 400 muids de sel par année; 15 octobre 1571, in-fol., dix pages.

Traité entre le Cardinal de Lorraine, administrateur de l'Évêché de Metz et Abbé de Gorze, et le duc Charles de Lorraine, portant abolition en faveur de leurs sujets respectifs, des péages nouvellement établis dans leurs états et domaines; du 10 septembre 1564. Trois pages in-fol.

969. Entreprises par les Justiciers de Metz, sur la juridiction de Monseigneur Illustrissime Évêque dudit
lieu.

> Manuscrit du xvi⁰ siècle, 6 pages in-fol.

970. Affranchissement et droicts attribués à la moictresse
franche de Sainte–Croix; du 2 juillet 1604.

> Grande pièce originale sur parchemin, avec la griffe de
Charles II, cardinal de Lorraine, évêque de Metz.

971. Traité fait entre les Députés de M. le duc de Lorraine
et du Cardinal de Givry, évêque de Metz; du 25
septembre 1610; cinq pages in–fol.

972. Reconnaissance et cession de deux muids de sel sur
les salines de Moyenvic, par un Évêque de Metz, à
l'abbaye de Gorze; du 7 mai 1624.

> Pièce originale sur parchemin signée de Henry de Ver-
neuil, évêque de Metz.

973. Henri de Verneuil, évêque de Metz.

> Quatre pièces in-fol., copies modernes.

974. Apologie pour Mᵉ Claude Pœrson, avocat en Parlement et promoteur en l'officialité de Metz, contre
les articles d'accusation donnés à M. le Procureur
général du Roi, par M. l'Évêque de Madaure.

> Manuscrit du xvii⁰ siècle.

975. Pièces concernant George d'Aubusson, archevêque
d'Ambrun, évêque de Metz.

> 1° Harangve en forme de panégyriqve, présentée au Roy
par l'Archevêque d'Ambrvn, Évêque de Metz, en son
passage à Metz, le 30 juillet 1673. *Metz, J. Antoine*, 1673,
in-4° de 10 pages.

> 2° Harangue présentée au Roy après la prise de Stras-
bourg, par George d'Aubusson.... en son passage à Metz,
le 3 novembre 1681. *Metz, Jean et Claude Antoine*, in-4°,
11 pages.

3° Harangue faite à Monseig. le Dauphin sur son retour d'Allemagne, par le même; le 26 novembre 1688. *Metz, Jean et Claude les Antoine*, in-4° de 4 pages.

4° Avis de M. Nouet, avocat au Parlement de Paris, sur la vacance du Siége épiscopal de Metz, par l'infirmité de Messire George, évêque de Metz, in-4° de 4 pages.

5° Décret du Chapitre de l'église cathédrale de Metz, où il nomme des Grands-Vicaires pour gouverner le diocèse pendant la maladie de Monseig. l'Évêque; 3 octobre 1696.

6° Plusieurs billets d'invitation pour célébrer l'office des morts en présence du corps.

7° Récit de ce qui s'est passé en l'apposition du scellé mis sur les effets de la succession de deffunt M. de la Feuillade, immédiatement après son décès, arrivé le 12 may 1697.

Pièce manuscrite in-4°.

8° Testament de George d'Aubusson, évêque de Metz, 16 septembre 1694; in-fol., manuscrit.

9° Extrait de tous les contrats de fondations faites par Monseigneur George d'Aubusson de La Feuillade, archevêque d'Ambrun, évêque de Metz, dans son diocèse dudit Metz; 18 janvier 1696; in-fol., manuscrit.

10° Une pièce sur parchemin, du 9 juin 1681, signée de l'Évêque de Metz (George d'Aubusson de la Feuillade), avec le cachet de ses armes.

976. Pièces concernant Monseigneur de Coislin, évêque de Metz, dont :

1° Relation de la cérémonie faite pour la dédicace de la place de Coislin. *Metz, veuve Brice Antoine,* 1731, in-4°, 8 pages.

2° Vive le Roy et Monseigneur le duc de Coislin, évesque de Metz.

Affiche-placard sans date ni nom d'imprimeur, avec les armes de France et celles de Mons. de Coislin.

3° La mémoire de feu M. le duc de Coislin, évêque de

Metz, est en trop grande vénération dans les Trois-Évêchés pour ne pas chercher à soulager leurs regrets en faisant part au public de la justice que l'on rend aux vertus de cet illustre défunt.

Discours par M. l'Évêque de Vence ; *8 pages imp., in-4°.*

4° Discours prononcés dans l'Académie française, le 12 mars 1733, à la réception de M. l'Évêque de Vence. *Paris, 1733,* in-4° de 31 pages.

Le discours précédent se trouve inséré dans cet opuscule.

5° Lettre de M. Voysin à M. l'Évêque de Metz, pour obliger les Curés ou Vicaires de publier de trois en trois mois l'édit de Henri II contre les femmes et filles qui cèlent leur grossesse. *Metz,* Brice Antoine, 5 septembre 1711 ; *feuille in-plano.*

6° Donations faites par M. l'évêque de Metz de Coislin.

Et autres pièces.

977. Pièces concernant M. de St-Simon, évêque de Metz, 1760, savoir :

1° Au Roy : Sire, justice, Sire, justice, contre les vexations de M. de Saint-Simon, évêque de Metz ; *sans date ni nom d'imprim.,* in-fol. de 6 pages.

2° Copies des lettres du Garde-des-Sceaux à M. Gallois et à l'Évêque de Metz ; 1754.

3° Copies de M. de La Galaisières à M. de Saint-Simon, évêque de Metz.

Billet de mort de Claude de Saint-Simon, évêque de Metz, du 29 février 1760.

Et autres pièces,

978. Trois pièces relatives à M. de Montmorency-Laval, évêque de Metz ; *in-fol. et in-4° imp.,* 1765, 1772, 1775.

979. Douze pièces, lettres du Roy à Monseigneur l'Évêque de Metz, de 1693 à 1731. *Metz, J. et B. Antoine,* 1693, in-4°.

Cathédrale de Metz.

980. Quarante-sept pièces concernant la cathédrale de Metz, savoir :

Extrait des registres du Chapitre, 15 mars 1788, signé de l'Abbé de Majainville, princier.

Tabula Dominorum per ordi alphabetica; in-8°, 11 pag.

Fondations dans l'église cathédrale de Metz, 1540-1728; *in-8°, 15 pages.*

Notes sur les maisons canoniales; *très-curieuses.*

Liste des Princiers connus depuis 831 jusqu'en 1759; pièce très-curieuse par les renseignements qu'elle contient.

Et autres pièces.

981. Vingt-six pièces. Cathédrale de Metz, savoir :

Remarques (de M. de Coislin); du 12 juin 1714, touchant le cérémonial fait en 1694 et imprimé en 1697, avec les réponses du Chapitre aux remarques faites par Monseigneur; *in-fol., 5 pages.*

Mémoire pour les Chapitres des églises cathédrales de Metz, Toul et Verdun et Pierre Cl. Fumée, contre Pierre Colin; *in-fol. manuscrit de 57 pages.*

Extrait du registre des délibérations des chapitres généraux du Chapitre de l'église-cathédrale de Metz; 17 novembre 1750; *in-fol., 11 pages.*

Notes sur le don gratuit et sur la déclaration des revenus de la Cathédrale, fournies en 1751; *16 pages in-8°.*

Copies des délibérations des Paroissiens de l'église St-Gorgon, et acte signifié par le Chapitre de la Cathédrale, au Curé de ladite église; du 7 septembre 1767.

Imposition de 1760 pour le don gratuit, *in-fol., 13 pag.*

Extrait de la déclaration fournie par le Chapitre de la Cathédrale; en 1751; *in-fol., 8 pages.*

Mémoire pour les Princier, Doyen, Chanoines et Chapitre de la Cathédrale de Metz, contre ceux de Scy et de Gorze *(Dijon 1769);* *in-fol. de 34 pages imprimées.*

Et autres pièces.

982. Inventaire des reliques, joyaux, livres et argenterie de l'église cathédrale de Metz; le 15 juin 1763; in-fol. de 14 pages.

Manuscrit avec notes marginales.

983. Sept pièces sur l'affaire de l'abbé Nancy, au sujet des degrés de noblesse qu'il faut pour être reçu à la Cathédrale de Metz; 1777. — Un mémoire fait et écrit par M. Emmery, et lettres au sujet de cette affaire.

984. Quarante-trois pièces concernant le Chapitre de la Cathédrale (anoblissement); 1782-1783.

Plusieurs pièces sont signées: Deschamps, Devilles, Emmery, Chambeau, Poutet, J.-R.-E. de Bock, J.-F. Leduchat.

Traités de Paix.

985. Accord entre ceulx de la citey de Trèves, d'une part, et ceulx de la citey de Mes, d'autre part; du 11 septembre 1283.

Ecriture du temps.

986. Alliance d'Henri, comte de Luxembourg, avec la cité, contre l'évêque Regnaut de Bar; du 29 juin 1307.

Pièce originale sur parchemin.

987. Traité de paix entre la ville de Metz et les Seigneurs de Hay; du 17 juillet 1314.

Pièce originale sur parchemin.

988. Traité de paix entre la cité de Metz et Henri Dauphin, son évêque; du 29 mars 1325.

Copie du XVIe siècle.

989. Traité de paix entre Robert, duc de Bar, et la cité; du 9 août 1370; dix pages in-fol.

Seulement indiqué dans l'histoire de Metz.

990. Quitance de domages de Jehans de Watronville, es-
cuier, fils de M. Robert de Watronville, chivelier,
fait prisonnier par les Messins, durant la guerre qu'ils
eurent contre Pierre de Bar; du 23 mars 1373.

Pièce originale sur parchemin.

991. Accord entre Yolande de Flandres, comtesse de Bar,
et la ville de Metz, en considération de Jean le Gournay, du 9 juillet 1388.

Pièce originale sur parchemin.

992. Traité de paix entre Philippe, comte de Nassau, et
la ville de Metz, du 23 juin 1402.

Ancienne traduction de l'original allemand, écriture du
xv⁰ siècle.

993. Trève entre la cité et le Duc de Lorraine, ou lettres
par lesquelles le Maître–Echevin, les Treize–Jurez
et la communauté de Metz, font savoir que les
contre–gagières faites sur eux ou les leurs de la part
du Duc de Lorraine, ou des siens à l'occasion de la
course faite par les Messins devant le château de
Preney, au mois d'avril 1409, demeureront en état
jusqu'à ce que la cité ait fait savoir le contraire au
Duc, trois mois devant que d'agir passés, lesquels
trois mois, les choses seront au même état qu'elles
étaient avant les présentes lettres, 16 juin 1411.

Copie moderne.

994. Dédit ou lettre par laquelle Charles de Chaistillon,
seigneur de Saint–Hilier et de Milberg, promet de
ne porter aucun dommage aux Messins, qu'il ne les
ait avertis par ses lettres ouvertes, un mois aupara-
vant, 1ᵉʳ septembre 1411.

Pièce originale sur parchemin.

995. Traité de paix entre la cité de Metz et Réné, duc de
Lorraine, du 31 décembre 1429.

996. Pouvoir donné au Duc de Lorraine par la cité et le seigneur de Commercy, pour faire la paix entre eux, du 7 octobre 1438.

Pièce originale avec sceaux.

997. Traité de paix entre la cité de Metz et le seigneur de Commercy, 10 octobre 1438.

Pièce originale avec cachet en cire.

998. Traité d'alliance ou accord du 20 juin 1443, adressé à mes très-chers et honorés Seigneurs, Mess. les Sept de la guerre, de la cité de Metz, etc.

Pièce originale signée, où se trouvent cités près de cinquante noms de Capitaines ou autres.

999. Traité de paix entre Charles VII, roi de France, et la cité de Metz, avec l'aversion de Louis, dauphin de France, audit traité, du dernier février et 2 mars 1444.

Copie moderne.

1000. Traité de paix entre Réné d'Anjou, duc de Lorraine et de Bar, et de la cité de Metz, du 3 mars 1444.

Copie du xvie siècle.

1001. Lettre de paix d'entre la cité de Metz d'une part, et le duc Charles de Lorraine; du dernier de février 1444.

Lettre de paix d'entre la cité de Metz et le Roi de France; du 10 avril 1445.

Vidimus de la lettre de M. le Dauphin, qui promet de tenir la paix faite entre le Roi de France et la cité de Metz; du 17 avril 1445.

1002. Quatre pièces, 1380–1460.

Traité entre la cité de Metz et Jean de Mirabel, Sr de Warnepert, sous la garantie du Duc de Lorraine, duquel il résulte entre autre chose, que le sujet maimorrable d'un Seigneur, ayant demeuré un an à Metz, acquiert toute liberté; des 14 et 15 janvier 1380. *In-fol., 4 pages.*

Cop. du temps.

Lettre de bourgeoisie pour Robert de Sarrebruck ; 17 octobre 1422. *In-fol., 4 pages. Cop. mod.*

Et deux pièces sur le même sujet, sur parchemin et papier, 1460.

1003. Vidimus des lettres de paix d'entre le duc Nicolas de Lorraine, et la cité de Metz, de l'an 1474 le 28 avril.

1004. Cahier in-folio de 88 pages, contenant les pièces suivantes :

1° Copie de la lettre de paix du roy Jehan de Bohême, l'archevesque Baudin de Trèves, Ferry duc de Lorraine, et Edoart, comte de Bar, d'une part, et la cité de Metz d'autre ; du 3 mars 1325.

2° Vidimus par instrument des lettres du marquis de Moraves pour le faict de la duché de Luxembourg et comté de Chiny, mise de latin en roman ; du 17 mars 1407.

3° Copie de la lettre de paix faite entre feu de bonne mémoire M. le duc Charles de Lorraine d'une part, et la cité de Metz d'autre part ; le 10 octobre 1423.

4° Copie de la lettre de paix faite entre le Roy de France d'une part, et la cité de Metz d'autre ; du dernier de février 1444.

5° Copie des lettres de la paix faicte entre les Roys de France et de Secile d'une pairt, et la cité de Metz d'autre ; du 3 mars 1444.

6° Vidimus de la lettre de Monseigneur le Daulphin, qui promet de tenir la paix faicte entre le Roy de France et la cité de Metz, en l'an 1445.

7° Coppies de lettres obligatoires du Vaulx de Metz, vers 1472.

8° Contre-lettres dudit Vaulx de Metz.

9° Coppie des lettres par Lenoncourt, évesque de Metz ; 1465, le 15 août.

10° Vidimus des lettres de paix entre le duc Nicolas de Lorraine et la cité de Metz, en l'an 1474.

11° Lettre de la paix faite entre le Roy de Secile, duc de

14

Lorraine et de Bar d'une part, et de la cité de Metz
d'autre; par Mons. l'Archevesque de Trèves, en l'an 1490.

12° Lettre de paix d'entre le Roy de Secile, Duc de
Lorraine et de Bar, et la cité de Metz, en l'an 1493. —
Et autres pièces.

Manuscrit du xv° siècle, très-intéressant pour l'histoire.

1005. Extraits de quelques traités faits entre la cité de Metz
et les Princes voisins; 1325, 1370 et 1493.

Copies du xvi° siècle.

1006. Traité entre les Gouverneurs et Gens du duché de
Luxembourg et les Maistre-Eschevin et Treize-Jurés
de la ville et cité de Metz; le 29 avril 1498.

Manuscrit de 7 pages, écriture du temps.

1007. Lettre de pension du Seigneur de Lamarck, gouverneur de Sedan, pour le faict de la guerre en 1500.

Manuscrit de 8 pages in-fol. non signé, mais du temps.

1008. Dix pièces, 1325-1532.

Divers traités de paix, compromis, etc.

Vidimus des lettres données le 14 avril 1533 par la cité
à son Évêque, sur le traité d'alliance conclu le 13 janvier
1532, entre le Duc de Lorraine et de Bar et la cité, dans
lequel il est dit que l'Évêque y sera censé compris.

Traité de paix et arbitrage entre Geoffroy de Bassompierre et la ville de Metz.

Plus 19 feuillets indiquant la source où se trouvent des
traités de paix contractés avec la ville de Metz.

1009. Accord fait et traités, entre Son Altesse de Lorraine
d'une part, et la cité de Metz d'autre, pour certains
villaiges contensieux entre eux, et aultres difficultez;
ledit accord fait par le consentement du Roy, le
18 juin 1604; *in-fol., 3 feuillets.*

Milice, les Sept de la guerre, &c.,

DE LA VILLE DE METZ.

1010. Dix pièces, 1326-1399.

Lettres de convenances et engagements militaires.
Originaux sur parchemin. 4 seulement sont insérés dans
les preuves de l'histoire de Metz, et sont ceux de septembre
1363, 1369, 3 avril 1397 et 23 janvier 1399.

1011. Dix pièces, xve et xvie siècles, concernant l'artillerie
de la cité, savoir :

Ordonnance des Alboulestriers de la ville ; 12 août 1399.
Grande pièce du temps.
Une pièce scellée du scel de Waltié Fleycher de Basle,
maistre de bombardes ; 31 mars 1453.
Convention entre les Sept de la guerre de la cité de
Metz, et Henry Grazeck, de Strasbourg, canonnier, fon-
deur et faiseur de poudre, etc. ; 19 août 1512.
Une pièce signée Françoys Drowert ; canonnier et fondeur ;
8 mars 1519.
Plusieurs quittances des Maistres de bombardes ; 1436
et 1440.
Trois pièces scellées.
Et deux autres pièces de 1522 et 1523.

1012. Vingt-cinq pièces, 1327-1490, quittances des Gens
de guerre au service de la cité, savoir :

De Jean, roi de Bohême, comte de Luxembourg, et
d'Edouard, comte de Bar, tous deux au service des
Citoyens de Metz, sortis de la ville pour faire la guerre à
leurs concitoyens ; 1327.
Autres dont les noms suivent : Henri de Spanehem, le
sire de Fenestrange, Jehans comte de Sarrebruche, Simon
de Bormont, Robert de Comercy, Didier le Poignet, Jehan
de Montague, Jehan de Strazburg, Jehan de Combes,

Gracian d'Albarade, Loys de Vauldrey, Eude comte de Grancy, etc., etc.

Toutes ces pièces sont originales sur parchemin et papier, accompagnées de sceaux et cachets; quelques-unes avec signature et paraphe.

1013. Ce sont lez piessez d'artilleriez que li ville ait apnt tant on gouvernement de l'ospital St-Nicolay ou Neufbourg, come ez granges en celle ores la porte du grant pont dez Mors, et en celle devat St-Marcel, en l'osteil que fuit Vernier le tonnelier; 25 janvier 1401. *Un cahier in-fol.*

Manuscrit du temps.

1014. Trente pièces, xve siècle; lettres de défi envoyées à Metz, savoir :

Ce sunt cealz qui ont deffiey la citey de Metz, pour Karlot de Duylli, par lettres escriptes l'an 1409 en mois de juillet.

— De Perin Gœlof et de Jehan de Rogémont; 3 août 1409.

— Philippe de Dompaire, de 1416.

— Jehan sire de Hassonville, seneschaul de Lorraine, 30 mai 1429. Huguenin de Vienges dit le Bourguignon, Rodolphe fils de comte de Linanges et de Richemont, 13 juillet 1429. Colard des Hermoyses, 20 octobre 1442. De Rene, roy de Jérusalem et de Sicile, du 18 décembre 1444. Etc., etc.

Toutes ces pièces sont originales avec sceaux.

Mémoire des noms et surnoms de ceux qui ont défié la ville de Metz pour le Roy de France, septembre 1444; quatre pages in-fol.

1015. Dix-huit pièces du xve siècle, relatives à l'artillerie, savoir :

Inscription sur une bombarde, 1436.

Cop. mod.

Dictz estans sur les pièces d'artillerie de la ville, 1471.
Original.

Estatz des pièces d'artillerie délivrées et mise es mains des portiers de la ville par la cité, 1493-1514.
Anc. copies.

Jesus Maria. Novelz rolles des pièces d'artillerie et aultres prouisions et municions que sont en la tour des mestiers, des merciers et épiciers, 1535.
Original et copie.

Des compaignons colouvryers de la ville, comment ils sont ordonnez à estre pour les portes et gardes de la cité.
Original.

Les pièces cy-après escriptes appartiennent à la cité et sont en garde au chaitellain de la porte des Allemands.
Original.

Cy-après sont escripts les artilleurs qui estoient pour les portes de Metz, pour les ponts et pour les tours de la ville de Metz; *in-fol., 10 pages.*
Original.

C'est ce qu'il nos faust pour le siége.
Original.

Instruction pour un garde ou autre officier de l'artillerie;
Sept pages.

1016. Six pièces relatives au château de Vry, savoir:

1440, 7 janvier. Compte du revenu de la terre de Vry, pour les années 1435 et suivantes.

État des meubles que Jehan Lohier ait à Vry.

C'est l'ouvraige que Jehan le Masson dit qu'il faut encore faire à Vry.

Monstrance pour Gompleman contre Joffrois Chavresson et Jehan le Mareschaul, son chastellain à Vry.

Inventaire des munitions de guerre qui sont au château de Vry, 1556.
Pièces originales.

1017. Neuf pièces, xv° siècle, savoir:

Visitation faite par M^rs les Gouverneurs des murs avec

M^{rs} les Sept de la guerre, en la maistrie de Seign. Nicolle de Heu, le 26 juillet 1503, par dessus les murs et ez tours de la cité, etc.

Manuscrit du temps, de 14 pages.

Compte de la dépense faite pour réparer les murs, ponts et autres ouvrages publics; 21 juin 1550.

Très-grande pièce, écriture du temps.

L'oppinion de sieur Nicolle de Heu et de sieur Jehan le Groneix, l'échevin, de la récompense que ceux qui tenoient les gerdins qu'ons ont abatu devant la porte Serpenoise, à la partie devers le Champapanne, demandent pour leurs droits.

Cy-après sont escriptes les sommes d'argent qu'on doit payer pour les droits de ceulx qui tenoient les gerdins conb ont abattus devant la pourte Serpenoize, accordez par Seign. Nicolle de Heu et Jehan le Gornaix, etc.

Remonstrances de différents corps de métiers et de l'impossibilité d'entretenir leurs tours; 2 pièces.

Etc., etc.

1018. Douze pièces, xve siècle.

Ce sont lez soldiours qu'il falt payer pour le moys de janv. l'an 1446.

État des soldoyeurs qui doivent servir la ville de Metz; 1er septembre 1448.

Roille des Soldiours que on doit payer pour le mois de septembre 1458; *grande pièce.*

Lettre de retenue d'un Capitaine et chef de Soldoyers; 1er avril 1491. *Le cachet a été enlevé.*

Ce sont les compaignons Soldiours que sont aux gaiges en la cité de Metz; 1498.

Ordonnances des compaignons Soldiours; 7 *pages.*

Ce que l'on a accoutumé remonstrer aux compaignons Soldiours de la cité; 2 *pages.*

Etc., etc.

1019. Registre de touz les deffiez et aydance du duc René de Lorraine et de Bar, déclare par deffiance

envoyer à Messieurs de la cité en l'an 1489 et 1490;
in-fol. de 7 feuillets.

1020. Deux pièces, savoir :

Ceux qui sont prêts d'obéir aux bons Seignours de Metz
ou de leur commandement, pour les villages du Pays
messin.

Pièce du xvᵉ siècle.

En cesiuy present rolle sont escritz le nombre de com-
pagnons pietons es lieux es villages de la cité ; décembre
1542.

1021. Ordonnance pour les Gens d'armes.

Très-grande pièce.
Minute S. D. mais du xvᵉ siècle.

1022. Pouvoir des Sept de la guerre accompagné des listes
du Conseil, depuis 1471 jusqu'en 1547; trente-sept
pièces.

Écriture du temps.

1023. Ordonnances des Sept de la guerre en la cité de Metz,
pour les années 1519 à 1535.

Écriture du temps.

1024. Ordonnance des Coulevriniers de la cité de Metz;
in-fol., 7 feuillets. *Pièce signée Claude Baudoche,
Thibaut de Gournay et Barisey;* 28 décembre 1522
à 1538.

1025. Les Sept de la guerre en l'impériale cité de Metz.
Lettre originale à M. de Mesantey, vice-chancelier au
Sainct-Empire romain ; du 8 septembre 1545.

1026. Institution et liste de Messieurs les Sept de la guerre
de la cité de Metz, depuis l'an 1517 jusques et compris l'année 1548; deux cahiers in-fol.

1027. Vingt-sept pièces, 1555-1654, garnison de Metz,
savoir :

Etat des hommes empruntés par la ville pour la garnison, 21 janvier 1555 ; *sept pages.*

Lettre du Roi d'Avignon, le 21 novemb. 1574. *Cop. mod.*

Lettre des Magistrats de la ville au Roi, 6 septembre 1576. *Minute.*

Sommaire des articles qu'il faut remonstrer à M. de Montcassin pour lui faire entendre qu'il n'est plus possible de pourvoir au prestz de la garnison ; 27 septembre 1587. *Minute de 3 pages.*

Autres pour 1589.

Pour les contributions que Messieurs du Clergé de Metz ont fait à la garnison depuis le 24 janvier 1591 au 20 septembre 1592 ; *in-fol. de 14 pages.*

Lettres au Roi ; octobre 1591 et 24 mars 1592. *Anc. copies.*

Délibération du Grand-Conseil, du 3 mai 1593.

Déclaration de ce que les Demoiselles de Verny ont avancé pour les emprunctz faictz pour subvenir aux prestz de la garnison de Metz ; 27 juillet 1591 et 17 novemb. 1594.

Lettre de la ville de Metz au Roy, du 8 may 1610. *Min.*

Lettre de la ville de Metz au cardinal de Richelieu, du 14 août 1626. *Minute.*

Lettre du Roi à la ville de Metz, du 15 avril 1628. *Cop. mod.*

Copie de l'obligation de M. le cardinal de La Vallette ; 16 octobre 1635 ; *six pages in-fol.*

Résolution prise le 3 octobre 1635, en l'assemblée de l'Estat, a été procédé aux taxes de ce que chacune des paroisses devra contribuer pour faire la somme de 10,000 livres de M. le cardinal de La Vallette ; *4 pages.*

Règlement fait le 25 septembre 1654, pour la contribution de M. le Prince ; *11 pages.*

Remonstrances au Roy par les Trois-Ordres de la ville, au sujet de la garnison. *Minutes très-curieuses.*

1028. Onze pièces, 1589-16...

Ordonnance pour les villages du Pays messin, par M. de Saubole, en l'absence de M. d'Espernon.

Mémoire du procès criminel porté à Monseigneur le Gouverneur pour le Roy, en la citadelle de Metz, 1596; *in-fol. de 3 pages.*

Curieuse pièce.

Entreprinse que les colonelz Dachicourt et la Vourlotte auoient sur la ville et citadelle de Metz, etc., aux moys d'octobre et novembre 1599; *trois pages in-fol.*

Détails curieux de cette conspiration.

Faictz et articles baillés par Jehan de Kure, commis à Metz, de Messieurs les Controlleurs généraux de l'artillerye de France, et sur esquelz je a esté interrogé par le sieur de Saubole le jeune, et contraint à force de tourmentz et viollences de la jehene à luy appliquée, de confesser les poinctz déclarez et articles qui ensuivent; *in-fol. de 3 pages.* Très-curieux.

Il y a plus d'ung que le cappitaine Sobole parla premièrement à Joly, procureur général du Roy au Pays messin, d'une entreprise qu'il disoit estre projettée par l'Espagnol sur la ville de Metz, et en auoit de fort bons advis que luy donnoit ung soldat fort homme de bien, portant les armes au service de l'Archiduc de Braban.

Pièce curieuse de 6 pages in-fol. non datée.

Apologie et deffense du sieur de Sobole; *2 pages in-fol.* sans date.

Une lettre du 28 juillet 1602, six pages, sur ce qui s'est passé au retour de M. de Saubole; *détails intéressants d'un témoin oculaire.*

Copies de lettres du Roy au sujet de cette même affaire.

1029. Trente pièces concernant les poudres et salpêtres, munitions de guerre, etc., 1588–1652.

Quelques pièces avec signatures.

1030. Six pièces. Gouverneurs des murailles, Gardes des portes et de la ville.

C'est l'ordonnance coment on doit paier les portiez; *sans date, mais à la fin du xve siècle.*

Quittance du Gouverneur des murailles de la cité, du 7 juillet 1525, signée Philippe.

Quittance du Gouverneur des murailles de la cité, du 12 mars 1529, signée de Serrière, de Raigecourt.

Information contre le Chastelain de la porte St-Thibaut, 29 août 1642, au sujet des abus et malversations dont il est accusé.

1031. Trois pièces, xviie siècle, poudres et salpêtres.

Ordonnance du Roi sur les salpêtres, 18 novembre 1606.

Copie de la commission de Nicolas Joppin de Verdun, 18 janvier 1615; *in-fol.* 5 *pages.*

Remonstrance pour le sieur Jacois, qui s'ingérait de vendre de la poudre, 4 septembre 1620; 7 *pages.*

1032. Trois pièces, 1643, savoir :

Ordonnance de M. le duc d'Anguien, portant défense de mettre les chevaux dans les bleds et commettre désordres aux pillages du Pays messin. Au camp de Thionville, le 8 juillet.

Ordonnances de M. le duc d'Anguien, touchant les dégast qui se faisoient au camp devant Thionville, le 21 juillet.

Ordonnances de M. le duc d'Anguien, aux fins de faire aller des hommes de la ville, pour remplir 4000 toizes de lignes faites devant Thionville, 9 août.

Ces pièces signées par Louis de Bourbon, dont une avec le cachet de ses armes.

1033. Sept pièces concernant les milices bourgeoises, savoir :

Lettre des Trois-Ordres de la ville de Metz au Roi, du 10 janvier 1620.

Minute.

Une pièce du 6 juillet 1675, signée Du Chastellet, Pierfitte, avec cachet.

Placet présenté à M. du Refuge, par les Capitaines bourgeois.

Pièce apostillée de plusieurs signatures.

Et autres pièces.

1034. Six pièces, savoir :

Ordonnance aux Officiers et habitants du Pays messin, de faire donner subsistance et entretènements aux Colonel, Officiers et Soldats du régiment des sieurs Bellerose. Fait à Bruxelles le 25 novembre 1654.

Pièce signée François, et scellée.

Plaintes portées à Louis XIV, par les Magistrats de Metz, contre les troupes ; 1676.

Copies de 5 pages in-fol.

Demande de justice des horribles excès commis par les troupes, sur un grand nombre d'habitants de la ville, tant en leur personne qu'en celles de leurs femmes, enfants et domestiques ; l'incendie ; le violement, les pillages, le meurtre, le rançonnement, y ont été exercés avec une barbarie et une cruauté extrêmes.

Requête présentée à M. de Serignan par ceux de Metz, qui demandent que les laboureurs du Pays messin, soient exempts de fournir au sieur Réné D'Espic, les voitures nécessaires pour amener de Verdun à Metz, les bleds de la garnison ; 1643. *Pièce apostillée de plusieurs signatures.*

Ordonnance de M. de Serignan, portant que tous Soldats qui voudront prendre mestiers et trafiquer, seront tenus de payer les droits de ville ; Metz, le 20 juillet 1648. *Pièce imprimée chez P. Collignon ; on y a joint la minute ; 1 page in-fol.*

1035. Cinq pièces concernant les anciens Commissaires aux revues et logements des gens de guerre ; 1685. État du produit des gages et émoluments attribués à l'office.

1036. Six pièces, dont :

Les Trois-Ordres représentent au Roi, qu'ils font une très-grande dépense pour fortifier la ville, qu'ils s'attendaient que S. M. pourvoirait à la solde des troupes, que depuis dix mois la garnison n'a point été payée, qu'il est à craindre qu'elle ne se mutine, ne sorte de la ville et ne se répande dans le pays, pour y chercher à vivre ; ils supplient le Roi de donner ses ordres pour parer à un si grand inconvénient.

Minute non datée; in-fol. 2 pages.

Etat des dommages faits par les ennemis, le 16 juin 1712; *in-4° 4 pages.*

Une feuille de route signée Bissy, 22 février 1689.

Ordre de loger et donner l'étape à deux Lieutenants de cavalerie, du 16 janvier 1689, signé Boufflers.

Et autres pièces.

1037. Vingt pièces in-fol., savoir :

Requête de François Marchal.

Signalement des pièces de canons de la citadelle de Metz, prises en 1737, sur le registre de M. Charton.

Etat de la retenue du dixième, faite sur les appointements des Officiers-majors de quelques places du département. De Metz, des six derniers mois de 1772 et 1773.

Camp de Montigny, en 1788.

Et autres pièces.

Noblesse et bourgeoisie.

1038. Deux pièces; 1299.

Priviléges accordés à une famille de Lombards, établie à Metz, du 26 octobre 1299.

Droit de bourgeoisie accordé à George de Kiers et à son frère, tous deux Lombards, du 26 octobre 1299.

Pièce originale sur parchemin.

1039. Lettres de bourgeoisie pour Jean de Noviant, octobre 1339.

Lettres de bourgeoisie pour Abertin, lou maiour de Habomville, 1339, après la Saint-Remy.

Lettres de bourgeoisie pour Symonin fils de deffunt Symonin, qui étoit fils de feu Signor Girairt D'Ou-

ville, chevalier, reçu bourgeois à cause de Margueritte, sa femme, petite-fille du deffunt Joffroit Bas-
zin, citain et bourgeois de Metz, etc.; 1343.

Lettres de bourgeoisie pour Thierias, fils de deffunt
Watrin de Haigieville, reçu bourgeois à cause de sa
femme, fille de deffunt Jacquemin Lohiet de Fayt,
citain et bourgeois de Metz.

Lettres de bourgeoisie pour Jehan, fils de Colaict lou
Rullairt de Maigney, reçu bourgeois à cause d'Isa-
belle sa femme, fille d'Howignon, graice oie de
Maigney, qui a été trouvé borgoi en l'arche du
Grant-Moustier; 1357.

    Pièces originales sur parchemin.

1040. Pension et droit de bourgeoisie, accordés par la ville
de Metz, à Simon Waltaire, comte de Deux-Ponts,
du 25 juillet 1390.

    Pièce originale sur parchemin.

1041. Seize pièces, dont 12 sur parchemin, foi et hom-
mages, attestation de gentillesse; 1417-1516.

    Pièces originales.

1042. Vingt-six pièces, la plupart sur parchemin, 1537-
1685.

    Prestation de foi et hommage au Parlement, et autres
pièces.

1043. Quatorze pièces, 1587, et suivantes, savoir:

    Etat de ceux de la noblesse qui sont absents, en 1587.

    Lettres de bourgeoisie pour Guill. Michon, 21 nov. 1609.

    Lettres de bourgeoisie pour Nicolas Geilbrin, du 24 jan-
vier 1612.

    Lettres de bourgeoisie pour Guill. Boussal, 23 août 1633.

    Lettres de bourgeoisie pour Jacquemin Voirhaie de
Marly, 1er janvier 1633.

    Lettres de bourgeoisie de Claude Parise, 22, 27 juin et
3 août 1633.

Lettres de bourgeoisie pour Gabriel Thiébault dit Pillement, du 24 avril 1637.

Liste de quelques anoblis en Lorraine.

Liste des prétendus nobles de la généralité de Metz, en 1674; 7 *pages in-fol.*

1044. Onze pièces sur parchemin, 1595–1695, foi et hommage, etc., etc.

1045. Mélanges in–fol. et in–4°, quatorze pièces, savoir:

Mémoire touchant le droit des bourgeois de Metz, de tenir et posséder fiefs et seigneuries, 1672; *in-fol. manuscrit, 8 feuillets.*

Mémoire concernant les raisons que l'on peut avoir pour se défendre du paiement du droit de franc fiefs au Pays messin, et terres et seigneuries en dépendantes; *in-fol. 4 feuillets manuscrits.*

Cérémonies pour la dédicace de la place de Coislin, 1731; in-4°.

Description de la construction de vaisseaux en maçonnerie, par le Payen, 2e édition, 1780, in-12 de 37 pages.

1046. Papiers concernant la famille de Dommartin et Duclos.

1047. Papiers concernant Suzanne, fille de Paul Ferry, épouse de Jacques Couet. Son mariage, ses affaires, son testament et ses successions; 1636–1695.

1048. Environ 200 pièces concernant Philippe de Vigneulles l'Anel, beau-père de Paul Ferry, mort en 1634.

Papiers d'intérêts relatifs à lui et à ses enfants, et au partage de sa succession.

1049. Généalogie de MM. Le Goullon, seigneurs de Coin, avec les titres qu'ils produisent sur chaque degré, pour prouver leur filiation noble.

1050. Necrologue tiré de billets d'enterrement que j'ai supprimés comme faisant un trop gros volume, les dates sont celles des enterrements lorsqu'elles sont sur le billet ; quelquefois, mais rarement celles de la mort (depuis 1686 jusqu'en 1782); *in-fol. de 8 pag.*

Curieux travail intéressant les familles du Pays messin, contenant environ 400 noms; manuscrit autographe de M. Emmery.

Hôpital Saint-Nicolas.

1051. Conrard de Scharphenneck, évêque de Metz, commande de donner pendant cinq ans, le meilleur habit de chaque mourant, pour bâtir le pont des morts, du 8 mars 1222.

Pièce originale sur parchemin; on y a joint une copie.

1052. Hôpital Saint-Nicolas. Vingt pièces sur parchemin,

Treizième siècle, 3 pièces, dont :

Ascensement fait par le Chapitre de Saint-Arnould, à la ladrerie des bordes; 1276. *Pièce originale.*

Quatorzième siècle, 3 pièces, dont :

Acquisition d'un cens, fait au profit de l'Hôpital de porte Muzelle, 30 décembre 1360. *Originale.*

Quinzième siècle, 6 pièces.

Seizième siècle, 8 pièces, dont :

Accords du Tonneu pour les Maistres et S. des mestiers des tennours et corvisiers de Metz, 11 mars 1539.

Quittance des deniers fournis pour l'amortissement et affranchissement des habits de morts, à l'Hôpital Saint-Nicolas, 22 juillet 1544.

1053. Jugement des Treize touchant le péage dû à l'Hôpital Saint-Nicolas, en passant sur le pont de Moulins, le pont des Morts et le pont Thieffroy, du 8 juillet 1282.

Pièce originale sur parchemin.

1054. Deux pièces, 1314-1349, concernant l'Hôpital St-Nicolas.

Originaux sur parchemin.

1055. Deux pièces, 1340-1341, concernant l'Hôpital Saint-Nicolas.

Originaux sur parchemin.

1056. Engagement fait par la ville et l'Hôpital pour un cens de 525 livres, constitué du 3 mars 1363.

Très-grande pièce originale sur parchemin, accompagnée de sept sceaux.

Notes de Paul Ferry.

1057. Un cahier de sept rôles, rachat de cens, fait par l'Hôpital Saint-Nicolas, savoir :

Vingt-huit may 1420. Les Dames de Cleirevalz de Metz, de 8 l.

Vingt-huit mai 1420, Perrin, Fauquenel, de 25 l.

Huit juin 1420. Dame Perratte, femme Jehan Lehungre, Amans, 60 s.

Huit juin 1420. Jaicomatte, li femme Jehan Fauquenel, de 12 l. 15 s.

Huit juin 1420. Hersenatte, la fille à Burtin Pied Deschault, de 60 s.

Huit juin 1420. Remploy fait par ladite Hersenatte, desd. 60 s.

Huit juin 1420. Dame Perratte Lehungre, 50 s.

Cinq juillet. Jaicomatte, fille Jennot Chaverson, de 16 l.

Cinq juillet. Remploi fait par ladite Jaicomatte desd. 16 l.

Dix juillet. Signour Jehan Drowin Chevaillier, 10 l.

Manuscrit très-bon pour les généalogies.

1058. Quatre-vingt-douze pièces concernant différents particuliers et intitulés ainsi : Titres extraits de mon mémorial (depuis le n° 590 à 613, 515 à 570).

Lettre autographe de Stettler, capitaine au régiment suisse d'Ernest. Etat des debtes dhues au sieur de Vigneulles, 1593, et d'autres pièces concernant l'Hôpital Saint-Nicolas.

Pensionnaires de la cité.

1059. Lettre par laquelle la cité de Metz, retient à son service et pour être de son commun conseil, Me Jean Galley dict d'Orléans, avec 50 livres de messeins de pension annuelle.

> Copie moderne.

1060. Dix pièces, 1376–1587, pensionnaires de la cité, Procureurs, Orateurs et Advocats de la cité, savoir :

> Une pièce sur parchemin, de Hanris de Morhanges; 1376.
>
> Quittance de Esselin Dupont, pensionnaire de la cité, de la somme de dix livres, juillet 1412.
>
> Lettre de la retenue de Symon de Bourmont, chevalier, seigneur de Vaudemont, 10 septembre 1418.
>
> Quittance de Symon de Bourmont de Vaudemont, de la somme de 30 livres, 22 may 1424.
>
> Lettre de Guillaume Bernart, bachelier en décreit et en lois; 1461.
>
> Constitution des Procureurs, pour la diéte de Ratisbonne; 1471. Cop. mod.
>
> Lettre de retenue pour Orateurs et Advocats de la cité, de la personne de Me Jehan Félix de Salnis; copie du XVIe siècle.
>
> Deux pièces signées de Martin Reychard, du 7 août 1569 (en latin), avec cachet.
>
> Pension faite par la cité, au sieur Bastogne, procureur. 24 février 1587.

1061. Vingt-cinq pièces, concernant les Médecins stipendiés de la cité, et les épidémies; 1581–1636.

> Quelques pièces signées Tevalle, Montcassin, Braconnier, J. Praillon, Jean Michel, etc.

Juifs de Metz.

1062. Notions sur l'établissement des Juifs dans la ville de
Metz. — Mémoire manuscrit de M. Emmery.

Deux pièces de 18 pages.

1063. Trente-six pièces manuscrites, in-fol., de 1574 à
1781, concernant les Juifs de Metz et leur communauté.

1064. Des Juifs de Metz, par Turgot; in-4° non relié.

Manuscrit.

1065. Dissertation sur la loi relative au mariage des Juifs;
15 pages.

1066. Boucherat. Lettre autographe signée à M. de Seve,
datée de Versailles, le 10 juillet 1694, concernant
les Juifs de Metz. Le sieur Estienne Collot, condamné
aux galères, etc.

1067. Testament de l'insigne et fameux Rabi Eleiser, le
23 janvier 1704; *in-fol.* 12 *pages.*

Copie moderne.

1068. Cinq pièces in-fol.; 1714-1718. — Factums et mémoires concernant les Juifs. Pour Mayeur Tresnel,
et Olry Abr. Cahen, contre Ruben Schaube, banquier à Metz. — De Samuel Levy, banquier, détenu
en prison civile. — Joseph Worms, juif de Metz,
contre Bernard Spir et Moyse Spire Levi, banquier.
— Salomon Cahem, etc.

1069. La conversion des Juifs dispersés en Pologne, Hon-
grie, Turquie, etc., etc. *Nancy, Haener* (1759),
in-4° br. de 9 pages.

*Requête présentée par 4500 Juifs, qui veulent em-
brasser la Foi catholique, et qui demandent le*

*baptême à l'illustrissime et révérendissime seigneur
Ladislas Labienski, archevêque de Leopold.*

1070. Fragment d'une requête dressée par M. Bussenne,
avocat au Parlement de Metz, et substitut de M. le
Procureur-général, pour être présenté au Conseil,
de la part de la communauté des Juifs de la même
ville, de 1764 à 1770.

1071. Très-humble remonstrance adressée à S. A. S. le
Prince primat de la confédération du Rhin, sur la
nouvelle constitution des habitants juifs, établis à
Francfort, par Israël Jacobsohn, *Brunswic*, 1808;
in-8° br.

Le moniteur Westphalien, gazette officielle, 16 février
et 6 mars 1808; 2 numéros in-fol. (allem. et français), au sujet de la constitution des Juifs.

Mélanges littéraires, historiques, &c.

1072. Recueil d'étymologies; in-fol. format d'agenda.

Manuscrit écrit pendant les années 1587 à 1591, pro-
bablement de J. Couet.

1073. Cy comance le traitiez de l'art de Rétorique. — Ci-
après contient plusieurs médecines pour plusieurs
maux de maladies; in-8°, *vélin*.

1074. Sentences morales en rithmes extraictes de quatre
poëtes figurez en un jeu de cartes, lesquelles sont
nécessaires ez la ornement des mœurs pour ce que
c'est le principal en toutes choses de mesler l'utilité
avec le plaisir; in-fol. de 18 feuillets.

Manuscrit curieux, en vers. Le volume est terminé par
des énigmes et des éphémérides pour l'an 1599.

1075. Chanson pitoyable sur le désastre arrivé au faux-
bour sainct Marcel, par la rivière des Gobelins;
in-4°, 4 pages. —Le Cantique de Jonas, paraphrase
(par Paul Ferry), xiv dixains; in-8°, 8 pages, sans
nom d'imprimeur. — Lettre en vers à Monsieur,
21 février 1671. — Chanson nouvelle sur l'air du
Bon-Branle.

1076. Lieux communs de Messieurs Du Perron et Ber-
thaud, ce que du passé on appelait Marguerites
Françoises, *grand in-4°, vélin.*

Manuscrit original du temps, en vers. Un monogramme
se voit aux quatre coins de la couverture du livre.

1077. Quatorze pièces, chansons sur différents sujets.

La partie de chasse du Perche, Goet, pour servir de
supplément à la veillée de la bonne femme; *in-16 de 10
feuillets, y compris un dessin singulier.*

Histoire de Beaumarchais; 4 pages in-8°.

Chanson sur la Cour, 21 couplets, pièce très-curieuse.

Chanson sur le mandement des Grands-Vicaires de
Paris, donné pour le carême de 1817, 21 couplets.

Avis aux fidèles, 9 couplets.

Et autres pièces.

1078. Chansons sur divers sujets. Environ 200 pièces,
cahiers et feuilles volantes. *Manuscrits.*

1079. Poésies de Paul Ferry, savoir :

Hymne de la Nativité de Jésus-Christ, vray Dieu et
vray homme, 1606, jour de Noël. — Sur le portrait du
Duc de Lavallette, 16 couplets. — Les Flames chrestiennes.
— Paraphrase de la prière de Jonas, 1634, à *Paris*, xiii
dixains. — Sur l'anagramme de Elisabeth Joly, et autres
pièces de vers français et latins.

Manuscrits autographes.

1080. Discours de Tabouillot, prononcé à la bibliothèque
des avocats. — Epître d'un Messin à M. le M^al de Broglie, par le même. — Couplets aux Nobles Redou-

tables de l'Hôtel-de-ville ; par le même. — Chansons sur M. de Bourdelois. — Epigrammes, livres brûlés aux Récollets, en 1775. Et autres pièces manuscrites.

1081. Quatre pièces en vers, dont : Description de Frascati à Monseig. le Duc de Coaslin, évêque de Metz. — L'espion Turc à Metz ; vers sur l'ordre de la félicité, par M. Robert, avocat ; *et autres pièces manuscrites*.

1082. Remarques sur la thèse dédiée au pape Urbain VIII, par le sérénissime prince Nicolas François de Lorraine, lors Cardinal, par le Révérend Père Vignolle de la société de Jésus ; 18 pages in-fol.

Manuscrit.

1083. Cinquante-une pièces, mélanges et notes historiques et littéraires, concernant les généalogies, les médailles, etc. Liste d'ouvrages concernant l'usure ; des poëtes provençaux et gascons, et notes historiques sur la Lorraine, de la main de Lemoine.

1084. Vingt-six pièces in-4° et in-12, imprimées à Metz, à différentes époques, sur les sciences, la littérature et l'histoire.

Biographie. — Bibliographie.

1085. Les actes admirables en prospérité, en adversité et en gloire du bienheureux saint Livier, gentilhomme d'Austrasie ; in-4° 5 *cahiers n. rel.*

Manuscrit d'un ouvrage fort rare. Il s'arrête à 1623.

1086. Extraict d'un manuscript composé par M. l'abbé de Riguet, grand-preuost de St Diez es Vosge, intitulé : Mémoires historiques et chronologiques pour la vie dè St. Diez, évesque de Neuers et fondateur de l'insigne église de St. Diez en Lorraine; in–4° de 24 p.

Manuscrit de 1690.

1087. Pièces concernant Claude Chansonnette dit Cantiuncula, datées de 1501, 1507, 1518, 1519 et 1528.

Notes de M. Emmery, tirées du recueil de Paul Ferry.

Deux lettres du ministre Schevawer de Basle, datées de 1661, et adressées à P. Ferry; elles renferment des détails sur Cl. Chansonnette.

Plusieurs de ces pièces sont en parchemin.

1088. Illustri et generoso viro hermanno a Ghoer baroni di pesche domino villartii adrimontii, brohainae domino suo colendissimo J. J. Boissardus Vesuntinus; in–fol. 4 pages manuscrites du xv° siècle.

Joan. Jacobi Boissarto Vesuntini vita ab codem conscripta; *in–12 de 16 pages.*

Une pièce de vers latins, d'une écriture du xvi° siècle.

1089. Vive Jésus. (Notice sur la vie de sœur Marie Victoire de Buat); signée sœur Anne–Thérèse de Jassy, à la Visitation de Sainte–Marie, du 2 octobre 1776; in–4' 4 pages.

Une pièce sur les Trinitaires, de 1779.

1090. Dictionnaire universel, par Paul Ferry. A. Z.

Manuscrit composé de sept cahiers in-folio, sur lequel l'auteur a collé par ordre alphabétique, quantité d'articles historiques, biographiques, scientifiques, etc., etc.

1091. Notes sur la vie de la mère Antoinette de Vaseille, morte à 74 ans, au séminaire de la Propagation; Metz, 16 juillet 1760.

Notes sur la vie de la mère Anne–Dorothée de Bouzey, âgée de 80 ans, du monastère de la Congrégation de N.–D. de Nancy, le 7 décembre 1758.

Deux pièces in–4°.

1092. Bibliographie sur l'Ame, ou le principe de connais-
sance des bêtes..., c'est-à-dire : Notice des livres et
ouvrages où il est traité de cette matière, suivant les
différents systèmes imaginés à ce sujet depuis 1522
jusqu'en 1751 ; in-4° de 36 pages, *br.*

1093. Travaux et documents bibliographiques, tels que :
Notice des écrits les plus célèbres, tant imprimés que
manuscrits, qui favorisent l'incrédulité, et dont la lecture
est dangereuse. — Livres sur les habits, habillements de
toutes les parties du corps, ornements, coiffures, chaus-
sures. — Sur l'histoire et les coutumes des villes de
France, etc., etc.

1094. Inventaire des titres de la ville ; 6 pièces in-fol.

1095. Catalogues et inventaires de meubles, livres, etc.

1096. Une liasse assez forte, contenant des fragments et
feuilles séparées, ayant servi au catalogue des livres
de la bibliothèque Emmery. — Un cahier in-4° de
95 feuillets ayant servi au recollement des livres
et dont la plupart des articles sont rayés.

Manuscrits de M. Emmery
SUR DIFFÉRENTS SUJETS.

1097. Travaux de M. Emmery, savoir :
Sur la législation et la politique; l'arithmétique; variétés,
science et littérature ; plaidoyers, etc.

1098. Diverses liasses concernant M. Emmery, savoir :
Passeports.
Députation des colonies.
Services dans la garde nationale.
Mémoire sur la nécessité et les moyens de faire cesser
les pirateries des États barbaresques.
Requête contre Pierre Marchal, libraire à Metz, et
lettre de ce dernier. — Etc., etc.

1099. Vingt-quatre lettres autographes signées, adressées
à M. Emmery, par Messieurs
Thouvenin, de Toul ;
Michel Berr ;
M. de Noailles ;
Tronson Ducoudray ;
De la Tourvaille ;
Cointeraux ;
La Mse de Folleville née de Bussy ;
Antelme, docteur ;
Henry, procureur du Roy à Toul ;
Mesnardi, intendant des postes, etc.

1100. Emmery (Jean-Louis-Claude) : Huit lettres aut. sig.,
concernant la demande du titre de comte accordé
aux sénateurs par les statuts impériaux ; du 1er mars
1808.

Deux pièces d'armoiries or et couleur.

Provision de la charge de Président des assises ;
1er mars 1769.

Grande pièce avec cachet.

Société patriotique de Hesse-Hombourg. J. L. C. Emmery est nommé membre ordinaire du grand comité
des Trois-Évêchés ; à Metz, en 1778, le 17 novembre.

Grande pièce avec cachets.

Deux autres pièces sur le même sujet.

Deux lettres aut. sig. Gardeur Lebrun, Bausire, Marchant, du 6 germinal an iv de la République, adressées à M. Emmery au sujet de la place de professeur
d'histoire (M. Emmery accepte par la réponse mi-
nutée au dos de la lettre de ces derniers) ; de Paris,
le 14 germinal an iv de la République.

1101. Inventaire des papiers de la famille de M. Emmery ;
7 pièces.

1102. Pièces relatives à sa famille, tels que papiers con-
cernant son arrestation, le 20 frimaire, an 2.
Conduite du citoyen Emmery, depuis le 1er mai 1789.
(Pièce curieuse).
Et autres pièces.

1103. Anecdotes de la Révolution, et renseignements sur
les suspects. M. Bonaparte, clubs secrets, liste
pour la police, etc., etc.
Manuscrit curieux; autographe de M. Emmery.

1104. Etudes, notes, extraits, tableaux généalogiques,
relatifs à l'histoire de France.
Une liasse manuscrite.

1105. Notes et renseignements sur la noblesse et l'histoire
de Lorraine.

1106. Sept cahiers *in-4° manuscrits*; histoire ancienne et
romaine.

1107. Une liasse manuscrite, relative à l'histoire générale,
ancienne et moderne; biographie, généalogie, etc.

Toul et Verdun.

1108. Anciennes copies de plusieurs pièces, relatives aux
conférences qui eurent lieu à Toul, en mars, en juin,
juillet 1602.

1109. Factums et mémoires relatifs à l'abbaye de St-Evre-
lès-Toul. — La calomnie confondue en sentence de
l'Officialité de Toul, pour Dame Catherins Aug.
Dauy, de la Pailleterie, contre la Dame abbesse de
Poussay, 1678, et autres pièces in-4° et in-fol., au
nombre de cinq.

1110. Environ 30 pièces in-folio, manuscrites et imprimées, relatives au Baillage de Toul et Autreville, Dommartin, 1463, le vicariat de Gironville, Liverdun, 1703, 1710, 1711, 1771, Menil-la-Tour, 1557, Sevigny, 1733, Tronde, 1323, Laneufville, 1436 et 1777, Void et Vacon, 1733.

1111. Six pièces, concernant MM. le Comte Dessoffy, maréchal de camp, l'abbé Dessoffy, chanoine de la cadrale de Toul, et M. l'abbé de la chapelle de Jumilhac, aussi chanoine à la cathédrale, savoir :
     Une lettre autographe signée le comte Dessoffy de Toul, le 27 août 1780, à M. Emmery, avec cachet.
     Une autre de M. de Jumilhac, chanoine à Toul, du 18 août 1780, à M. Emmery, avec cachet.

1112. Lignage des familles de Verdun, en parchemin, de l'an 1448, et suivant, avec les armes peintes au-dessus, et deux rouleaux en parchemin, contenant la suite des noms des familles des années suivantes; *in-fol. de 8 pages.*
     Copie moderne sur deux colonnes.

1113. Lettre signée de l'évêque de Verdun (Aymond-Chrétien-François Nicolaï), du 23 février 1756.

Suite du Protestantisme.

1114. OEuvres de Paul Ferry, sermons, catéchisme, prières, etc., etc., renfermés dans six cartons.
     Manuscrits.

1115. Commentaire historique et critique sur l'ancien et le nouveau Testament, par Paul Ferry.
     Manuscrit autographe formant environ 75 cahiers petit in-4°.

1116. Commentaire sur l'apocalypse; *in-fol., 32 cahiers non cousus.*

> Travail de Paul Ferry mis au net, avec corrections, additions et notes marginales autographes. Manusc. inédit.

1117. Un volume petit in-fol. de 1000 pages, renfermant des notes sur l'histoire universelle, et en particulier la Religion et ses différentes doctrines.

> Manuscrit autographe de Paul Ferry; curieux.

1118. Recueil de plusieurs allégories, allusions, comparaisons et autres pensées servant à la prédication; *in-4° de 435 pages.*

> Manuscrit autog. de P. Ferry, avec notes marginales.

1119. De la Religion à Metz, avant l'an 1500; *in-fol. 2 pag.*

> — A ceux de la Religion à Metz; 3 *pages in-fol.*

> Trois autres pièces sur le même sujet.

> Une autre. Titres d'ouvrages imprimés à Metz dans le XVIᵉ siècle.

> Manuscrit de M. Emmery.

1120. Claussequin d'Ars, bourgeois de Thionville.

> Lettre autographe signée à mon très-cher frère François de Hannoville, 17 octobre 1524; *une page in-fol.*

> Lettre autographe signée à ma très-chère sœur à Metz, du 17 août 1525; *une page in-4°.*

> Deux autres pièces de 1524, relatives au même sujet.

1121. Conférence tenue à Strasbourg avec l'apostat Caroli en 1540; *in-fol. de 28 pages.*

> Pièce curieuse en latin.

> Cop. du XVIIᵉ siècle, avec notes de P. Ferry.

1122. Coloque amiable tenu à la Bonneville entre le doyen Mᵉ Guill. Farel, Mᵉ P. Viret Zébédée, M. J. Chapponeaulx et autres frères du comté de Neufcbastel, avec P. Caroly, l'apostat, 1540; in-fol., 7 pages.

> Cop. du XVIIᵉ siècle.

1123. Deux pièces manuscrites relatives à la R. P. R., savoir :

1541-1542, relatives à Metz et à Gaspard de Heu.

1124. Symon Bernard (vicaire-général de l'ordre des Frères prescheurs au royaulme de France).

Lettre originale à Mrs les Treize-Jurez pour la conservation de la République, police et justice en la ville de Metz; Paris, 7 mars 1541; *une page in-fol.*

Au sujet de la Religion. Envoi d'un ministre pour faire les sermons en karesme.

1125. Accord entre le comte Guill. de Furstemberg et la ville de Metz; passé à Pont-à-Mousson le 16 mars 1542; *in-fol.*, 6 *pages.*

Cop. du xviie siècle avec scel, au sujet de G. Farel.

1126. S'ensuit ce que Caroli, preschant à Metz au couvent St-Vincent, a dict et impose à Messeig. Mes. les Princes protestants, à MM. de Berne, annonciateurs du St-Évangille, 23 d'apvril 1543; *trois pages in-fol.*

Pièce originale apostillée de 4 signat. On y a joint une copie du temps.

1127. Heu (F. Gaspard de). Lettre autog. sig., à M. Guiglame, prescheur de la St-Évangile, du 10 avril 1543; *in-fol.*, 2 *pages.*

Pièce curieuse.

1128. Lettre en allemand par laquelle ceux de la R. P. R. de Metz donnent avis à Farel des dangers où ils étaient; 5 juin 1543; *trois pages in-fol.*

Ancienne copie.

1129. Farel (Guillaume). Lettre autog. signée (en latin) a... de Strasbourg, 31 mai 1543; *deux pages in-fol.*

Les autographes de ce Réformateur sont font rares.

1130. Libertinus (Christophe). Lettre autog. signée (en lat.) à son ami Guill. Farel; *une page in-fol.*

1131. Tossany (Pierre). Quatre lettres autographes signées P. Tossanus, à Guill. Farelle, savoir :

1° 16 février 1638; 3 pages in-fol. (en français).

2° 31 décembre 1541 ; 1 page in-4° (en latin).

3° 7 novembre 1543; 1 page in-4° (en latin).

4° 7 novembre 1543; 1 page in-4° (en latin).

1132. Virotus. Lettre autographe signée (en latin), à Guill. Farello (étant à Strasbourg), datée de Metz; 15 avril 1543.

1133. Virotus (G.). Lettre autographe signée (en latin), à Guill. Farello (étant à Strasbourg), datée de Metz; mai 1543.

Belle grande lettre de 2 pages.

1134. Virotus (Gul.). Lettre autographe signée (en latin), 31 may 1543; *in-fol., 3 pages.*

1135. P. Tossany (Pierre). Lettre autographe signée (en latin), à Guill. Farelle; du 14 septembre 1543; *in-fol., 2 pages.*

1136. Quatre pièces in-fol., concernant le protestantisme à Metz; 1543, 1582 et 1588.

1137. Requeste au maréchal de Vieilleville, en faveur de la R. P. R.; mars 1571.

Pièce répondue, à la date du 3 mars, et signée du maréchal de Vieilleville.

1138. Quatre pièces, savoir :

Instruction de Monseig. de La Mothe de Saint-Ligier, pour proposer à la Reyne; du 2 octobre 1575, in-fol., 1 page.

En marge de cette pièce sont les réponses de la Royne. P. Ferry a écrit que ces articles semblent être de la main de M. Brulart, secrétaire d'état.

Discours de ce qui s'est passé entre le Roy et le Roy de Navarre; 20 décembre 1583; *in-fol., 3 pages.*

Curieux.

Entretien du Roi de Navarre et les Ligueurs; 1587; *in-fol.*, *8 pages.*

Et une autre pièce curieuse; de 1575.

1139. Les ordonnances ecclésiastiques de l'église de Genève, passées et tenues au Conseil général, le 3 juin 1576; *in-4° de 68 pages.*

Manuscrit curieux.

1140. Manuscrit in-fol. non relié, sur la Doctrine Evangélique.

Ce manuscrit, portant la date de 1578, est anonyme; d'une écriture très-fine et serrée, 178 pages et 78 lignes à la page.

1141. Remonstrances de ceux de la R. P. R. de Metz au Roi de France, en 1583; *in-fol.*, *2 pages.*

Pièce apostillée de plusieurs signatures.

1142. Buffet. Lettre autog. signée à M. Braconier, Metz, 6 août 1585; *une page in-fol.*

Touchant les affaires de la Religion.

1143. Du Boys et Joly. Lettre autog. signée à M. Braconnier le Jeune. Paris, 31 août 1585; *une page in-fol.*

Curieuse. Touchant l'interdiction de ceux de la Religion.

1144. Requeste des Prét. Réf. à M. le duc d'Espernon, par laquelle est intervenue son ordonnance, du 31 décembre 1585, portant que si aucuns d'eux font des baptêmes ou mariages hors du gouvernement de Metz, ils ne seront recherchés à cette occasion, pourvu qu'ils se comportent modestement et sans scandale; *in-fol.*, *2 pages.*

Manuscrit.

1145. Récit véritable du voyage de Genève, faict par les sieurs Didier Braconnier, M. de la Monnoie de la cité de Metz et Jehan Du Boys, citain et aman de ladite ville, en l'an 1589, pour les affaires de l'Eglise; *in–fol. de 8 pages.*

Manuscrit autographe signé Du Boys, très-curieux. Cette pièce est terminée par un cantique de 16 couplets.

1146. Mémoire pour Messieurs les Ministres et Consistoire de l'Eglise de Metz, contre M. Jacques Royer, *in–fol. de 38 pages.*

Manuscrit de 1611, contenant la copie de pièces curieuses.

1147. Dix-neuf pièces concernant les affaires de la Religion, 1611–1666.

Autographes de Paul Ferry.

1148. Lettre des Pasteurs de l'Eglise de Metz, à Messieurs les Pasteurs et Députés des Eglises de France, assemblés au Synode national; de Metz, le 14 avril 1614; *in–fol., 2 pages.*

Pièce signée par De Combles, Coullon, Ferry, Montigny, J.-D. Saint-Aubin, etc., etc., etc. Plus la minute de la même pièce.

1149. Réponse faite par M. Ferry, au nom du Consistoire, à une requête présentée au Gr.-Prieur de Toulouse, par les Gouverneurs de la Maladrerie de Longeaux, aux fins d'exclure l'usage de ladite Maladrerie à ceux de la R. P. R.; novembre 1629; in-fol., 27 pag.

Manuscrit autographe de P. Ferry.

Factum de l'instance pour les Maladreries et les Léproseries de ce royaume; *in-4° 7 pages imprim.*

1150. Neuf pièces manuscrites, relatives à Paul Ferry et à la mort de Duvivier, major général, etc.

1151. Dix pièces. Religion réformée, 1587, 1603, 1553–1660, en allemand avec traduction française.

1152. Religion prétendue réformée, huit pièces, savoir:

Lettre à M. l'Évesque de Meaux au sujet d'un livre

anglois intitulé : *l'Exposition de la doctrine de l'église anglicane*, 1686; in-fol. de 4 pages.

Copie du temps.

Loci quatuor comunes; cahier in-4°.

Variæ observationes hebr. in psalmi, etc.; in-4°.

Prières pour le jeûne.

Sur les Commandements de Dieu et l'observance d'iceux (pièce en prose et vers).

Fragments d'auteurs anciens sur la Théologie.

1153. Mémoire pour M. de Champel, présentement conseiller au Parlement; *in-fol.; 3 pages.*

Manuscrit autographe. Il contient l'histoire de la conversion de celui qui l'a écrit et signé. Ch. le G. de Champel.

Causes de la conversion de Mme de Rochas à la Religion réformée; *in-fol. de 4 pages.*

Cette pièce manuscrite est une lettre à Mme la princesse de Harcour.

1154. Lettres et placets au Roy, par les Gentilshommes bourgeois et habitants de Metz de la R. P. R.; *sans date, in-fol.* En faveur du sieur Bancelin pour succéder à Paul Ferry dans les fonctions de ministre.

1155. Lettre à P. Ferry, sans lieu ni date ni signature; *in-fol. de 8 pages d'une belle écriture.*

Pièce intéressante. L'anonyme tâche de convertir Paul Ferry et de le faire entrer dans le giron de l'Église romaine.

1156. Trois pièces, savoir :

Bataille de Meaux, où les Molinistes furent vaincus par les Augustiniens.; *in-fol., 10 pages.*

Manuscrit.

Forme d'absoudre et de recevoir les hérétiques à l'église en particulier; *s. l. n. d., in-4°, pièce imprimée.*

Déclaration du Roy pour empescher les colloques et synodes sans un Commissaire catholique, ou de la R. P. R., du 10 octobre 1679; *Metz, Jean Antoine, 1679, in-4°.*

Mélanges sur la Lorraine.

1157. Six pièces manuscrites, dont:
   Confirmation des statuts et ordonnances des mines de la Croix. *Nancy*, mil cinq cent soixante-et-onze, in-fol. de 42 pages. — Et autres pièces signées.
1158. Ordonnances et édits des Ducs de Lorraine; 1590-1699.
   Trente-cinq pièces in-fol. et in-plano. Les plus anciennes sont imprimées par J. Janson et J. Garnich.
   Vingt-huit autres pièces de même nature, pour le 18ᵉ siècle.
1159. Mélanges sur le commerce en Lorraine. Comptes divers, notes, quittances, guerre, administration de bois, etc., etc.
   Manuscrits des xvıᵉ et xvııᵉ siècles, quelques pièces signées.
1160. Douze pièces *in-fol. manus.*, relatives aux finances, charges, offices et commissions; du xvıᵉ au xvıııᵉ siècle.
1161. Pièces relatives au commerce en Lorraine, impôts sur le commerce, issue forains, haut conduit, tarif des grains, coches d'eau de Metz à Nancy.
   Manuscrits du xvııᵉ siècle.
1162. Une liasse de pièces concernant les Salines de Lorraine, sel vendu à Metz.
   Manuscrits du xvııᵉ siècle, plus. pièces sign., avec cachet.
1163. Déclaration des habitants de Metz, sur lesquels M. le duc de Lorraine, à cause de son prétendu droit de forfuyance a saisi et confisqué des biens à eux appartenant, dans le duché de Bar prescité, à Messeigneurs et Messieurs les Maître-Echevin, Conseils et Treize de la cité de Metz, an 1549.
1164. Requête présentée au Parlement de Paris, par le Duc de Lorraine, au sujet du droit de forfuyance, 17 juin 1575.

16

1165. Quarante-trois registres et pièces in-fol. manuscrites relatives aux finances, trésor, impôts, Receveurs, Trésoriers, comptes de recettes et dépenses de la maison des Ducs de Lorraine; 1585–1723.

Il y a des pièces signées : Nicole, Catherine; 1573. Rommecourt ; 1665.

1166. Huit pièces de 1628, 1662, 1665, 1666 et 1669. — Ordonnances relatives au mouvement des troupes.

Pièces signées Charles, avec cachet.

1167. Dix–neuf pièces imprimées, ordonnances du Roi, des Généraux et Intendants, concernant l'entrée et le séjour des troupes françaises en Lorraine, de 1635 à 1674.

Curieuses pour l'histoire.

1168. Sentence générale des terres sovveraines de Chasteav-Regnault, du xı j. d'avril; 1575. *A Charle-ville, chez Gedeon Poncelet, imprimeur; 1662. In-4° de 16 pages.*

1169. Dix cahiers in–fol. concernant les corps de métiers de la ville de Sarrelouis. Manusc.

1170. Ce jourd'huy troisiesme jour d'apvril 1581, suyvant le commandement et commission verbal qu'il a plu à S. A. donner à moy Michiel Bonnet, secrétaire de S. A. et auditeur en la Chambre des comptes de Lorraine, je me suis transporté au lieu de Moyenvic; *in-fol. de* 19 *pages.*

Manuscrit au sujet des Salines.

1171. Mémoire sur la fabrique de bas tricottés de Vic, par le moyne de Moyenvic; *in-fol.,* 11 *pages.*

Manuscrit lu en séance académique de Metz, le 20 janvier 1766.

Une lettre de Dupré de Geneste à l'auteur du mémoire. Il lui rend compte du bon accueil de son ouvrage, du 22 janvier 1766.

Communauté des marchands de la ville de Vic ; 1702. *In-fol. de 30 pages.* Manusc.

Lettre à M. D***** sur l'avantage de l'emploi de l'eau salée dans l'extinction des incendies, 1er novembre 1565 ; in-fol. de 10 pages.

Minute de la main de Dupré de Geneste.

Epreuves des eaux de Vic ; 1757. *In-fol., 4 pages.* — *Autographe de Lemoyne de Moyenvic.*

Une lettre de Noles à Lemoyne, datée de Vic, le 23 déc. Autre, de Favre de Vic, 1758.

1172. Maison des Princes Lorrains, savoir :

Deniers payés pour les aumosnes de Son Altesse, distribuées par les aumosniers ; 1605. *Deux pages in-fol.*

Registre des dépenses de Monseigneur et sa suite, du mois de juillet 1615 ; *in-fol., 20 feuillets.* Manuscrit.

Estat de ce que les Officiers de Monseigneur et de Madame, doivent en la ville de Bar ; 1620. *In-fol. de 5 pages. Pièce signée.*

Estat de ce qui est dheu à un chacun des Officiers de la maison de S. A. a commencé de l'an 1608, jusque à l'année 1622 ; *in-fol. de 13 pages.*

Inventaire des bagues, joyaux, pierreries et perles, trouvés en la maison près de St-Laurent, en ceste ville (Bruxelles), dernièrement occupée par S. A. de Lorraine, 28 février 1654 ; in-fol.

Diverses pièces ; ensemble 21 pages.

Comptes de l'hôtel du duc Leopold, 1698-1716, savoir : Liste des tables de l'hôtel à Lunéville, et de ceux qui ont bouche en Cour ; in-fol., 4 pages.

Bas-Officiers de l'hôtel qui sont au service en l'année 1698 et 1704 (avec le chiffre de leurs gages) ; in-fol., 3 pag.

Estat de la dépense d'un mois de l'hôtel, et suivant qu'il est spécifié par le présent mémoire, 3 septembre 1716 ; in-fol., 3 pages.

Original corrigé de la main de Leopold.

On a joint à ces pièces originales et minutes, une copie de la main de Lemoyne de Moyenvic; ensemble 4 pièces. Quatorze pages in-fol.

Sept autres pièces diverses, relatives au même sujet.

1173. Société littéraire de Nancy; 10 pièces in-4° br., savoir :

1751. Discours sur la déclaration donnée par S. M., au mois de juillet 1750, pour l'établissement d'une chambre des consultations, par Thibault.

Discours prononcés le 3 février 1751, à la première assemblée de la société litt. du R. P. de Menou, le 11 mars.

1752. Statuts de la société royale des sciences, et B. L. de Nancy.

1753. Liste des Académiciens de la société royale des sciences B. L. et arts.

Discours prononcés dans la séance du 10 janvier.

Discours prononcés le 8 mai 1753.

Discours prononcé sur l'histoire, par le R. P. de Menou, le 20 octobre.

1755. Disc. sur le choix des études, par Lemoine, avocat.

Lettre de M. De *** à un de ses amis de Nancy, au sujet d'un discours auquel MM. les Académiciens de cette ville ont adjugé le prix de 1755; *à la campagne*, 1er *avril* 1755.

Eloge historique de M. le Président de Montesquieu, du 20 octobre, par de Solignac.

Compliment de M. le Comte de Bressey, à l'occasion de la statue de Stanislas, le 26 novembre.

Discours du Comte de Tressan, sur le même sujet, le 26 novembre.

1758. Credo. Mémoire sur la nouvelle culture, 12 janv.

Barail (l'abbé). Disc. sur le plaisir qu'on trouve à obliger.

1759. Play. Discours de réception, 20 octobre.

1760. Bagard. Mémoires sur les eaux minérales de Contrexeville, etc., 10 janvier.

Paulmy (de) et l'abbé Gayot. Disc. de réception, le 8 mai.

Les hiéroglyphes modernes. Lettres d'un lorrain à un savant du Caire ; in-4° S. D.

1174. Poésies sacrées sur les croix que leurs Majestés ont fait ériger dans trois places publiques de la ville de Sedan, par les PP. de la Compagnie de Jésus. *Sedan, Nicolas Raoult, 1765 ; in-4° de 10 pages, plus le titre.* — In cruces solenniter de pactas Sedani, pia regis et reginarum munificentia, odœ item occasione arrepta salutiferi signi, parœnesis lyrica ad Sedanenses Heteradoxos, maxime ad ministros, per Jac. de la Fosse ; Parisiis, 1665 ; *in-4° de 24 pages, avec envoi de l'auteur au R. P. Lecossois.*

1175. Seize pièces manuscrites de divers formats. (Toutes pièces marquées A. L.)

Fragments d'un poème sur la Lorraine ; *in-fol., 7 cah.* *Cop. mod. C'est je crois, l'œuvre d'un Duclos, intitulée l'Austriade.*

Le nouveau Messie de Provence.

Poème sur la destruction de Lisbonne.

Recueil de pensées diverses.

Coup de fusil contre le bouclier d'Etat du Pays-Bas ; in-4° de 8 pages.

Autres pièces imprimées, telles que :

Dialogue en vers, par le citoyen Crouzet ; *Paris, an 9,* in-4° br.

Discours de M. Raynouard, à l'institut, le 24 novembre 1807 ; in-8° br.

1176. Diverses pièces, savoir :

Sereniss. Princ. Ludovici Galliarum Delphini epicedium auctore J. Lacave. *Mussi-Ponti Sebast. Bachot ; in-4° de 12 pages.*

Pièce de vers imprimée vers 1666.

Trois thèses latines imprimée à *Pont-à-Mousson,* par J. Appier Hanzelet, en 1623-1628.

Une autre, imprimée à Toul, par S. Belgrand, G. Perin et J. Laurent, en 1659.

Une autre, imprimée à Toul, en 1640, S. Belgrand et J. Laurent. Arrest de la Cour de Metz, portant deffenses de distraire les sujets du ressort de ladite cour, en autre Parlement, etc.; in-12.

Harangue faite à M. Foucault, intendant en Béarn, par les Députés de la R. P. R.; Metz, par J. et Claude les Antoine, 1685; in-4°.

Relation curieuse des choses les plus remarquables, arrivées depuis le commencement du mois de janvier 1776, jusqu'à présent, avec la défaite des infidèles devant *Ceuta; Dijon,* imprim. de J. B. Martin; in-4°.

1177. Tableav synopsiqve de la Gavle blegiqve et celtiqve contenant les royavmes et les Roys (de France et d'Avstrasie), comme avssy les Dvcs et les Princes dv royavme et des duchez de Lothraine (haute et basse), dressé sur la lecture de plusieurs imprimez et manuscriptz, etc., etc. *Nancy, par Antoine Charlot et Cl. Charlot,* 1658; *gr. in-fol. in-plano.*

> *Aux coins du bas de cette feuille, se trouvent les noms Scipio. Salicvs.*

1178. Points contestés à l'auteur de l'abrégé de l'histoire de Lorraine; *in-4° de 24 pages.*

> Manuscrit original du xviiie siècle.

1179. Quatorze pièces, généalogie de la maison de Lorraine, savoir :

> Nombre des enfants du roi Réné.
>
> Naissance des enfants de Monseigneur de Vaudemont.
>
> Une pièce sur parchemin de 1328.
>
> Noms et âges des quatre Princes de Lorr., fils de Ch. V.
>
> De la maison d'Anjou, son origine, et comme elle a passé avec tous ses droits, en celle de Lorraine; in-fol., 18 p.
>
> Manuscrit.
>
> La clef salique de la succession masculine (tant hérédi-

taire que bénéficiaire), de tout temps observée aux royaume et duchez d'Austrasie et de Lorraine, Mosellanique et ripuaire ; *in-fol. in-plano imprim.*

  Chronologie des Ducs de Lorraine, servant à mettre de suite les médailles de ces Princes.

1180. Extrait d'un viel manuscript contenant les vies des anciens Ducs de Lorraine. (Hist. des ser. Ducs Raoul, Jean, Charles, Réné 1er, Nicolas Danjou et Réné 2); *in-fol. de 5 pages.*

  Manuscrit autog. de Donat, religieux tiercelin de Bayon, 14 août 1682, envoyé à l'église St-George de Nancy.

Extraict d'un manuscript en viel gaulois, qui a esté composé par un gentilhome de la suitte du duc Réné de Lorraine ; *in-4° 10 pages.*

Remarques sur les écussons et armoiries qui sont en l'église de Saint-Georges de Nancy.

Extrait de l'ouvrage d'Edmond Du Boulai, enterrement de Claude de Guise; *in-4°, 25 pages.*

Dialogus inter fatum et Carolum V, Lotharingiœ ducem, morti propinquum; *4 pages in-8°.*

1181. Cent pièces in-fol. manuscrites, relatives à l'histoire de Lorraine; 1542 à 1663.

  Cette liasse renferme des pièces curieuses et très-intéressantes. Il y a des pièces signées et d'autres minutées.

1182. Vingt-quatre pièces in-fol. et in-4°, manuscrites et imprimées. Mélanges sur la Lorraine.

1183. Pièces relatives aux monnoies.

  Manuscrit de Lemoyne et d'autres, avec dessins des pièces, bien exécutés. Ensemble 10 feuillets in-4°.

1184. Six pièces relatives aux monnoies, savoir :

  Edits des Ducs de Lorraine, 1624. Trois pièces.

  Et 24 autres pièces manuscrites.

1185. Environ 100 pièces de divers formats, *manuscrites,*

.. concernant le procès et la succession des Guise, à la fin du xviiᵉ siècle.

On y remarque beaucoup de pièces pour servir à la généalogie de la maison de Lorraine depuis René II, et d'autres pour celles de Guise et ses alliances. — Lettres datées de Rome, 1688. — Lettres autographes de Roiiault de Fenestrange, 1697. — Une autre de l'abbé Servient, 1697. Etc., etc.

Saisie réelle des terres et seigneuries de Guise sur Moselle, Merville, Pulligny, Ceintrey, Collombey, etc., etc. *Nancy, imp. d'Antoine, cahier in-fol. de 20 feuilles (exempl. d'épreuves).*

1186. Princes de Lorraine. Mariages, testaments, et autres pièces, savoir :

Copie du traité de mariage de Monseig. le Duc de Lorraine (Charles III), et Madame Claude, fille de France, 1558; *in-fol., 4 pages.*

Extraict d'une partie du traité de mariage entre les prince et princesse Nicolas de Lorraine, de Mercueur, comte de Vauldemont et de Madame Catherine de Lorraine, 1569.

Contract de mariage de Henri III, roi de France et de Pologne, avec Louise de Lorraine, 1575.

Transaction faicte entre le Roy et Monseigneur le Duc, touchant la succession de feue Madame, sœur unique de S. M., 23 juillet 1604 ; *in-fol., 4 pages.*

Traité de mariage entre le Prince de Pfaltzbourg, et de Mademoiselle Henriette de Lorraine, du 22 mai 1621; in-fol. de 11 feuillets.

Mariage du Duc d'Orléans avec Marguerite de Lorraine, 1634.

Mémoire de ce qui s'est passé depuis que S. A. R. a été nommée, par testament, tuteur des princes et princesses, enfants de feu M. le prince Louis de Baaden, 1706; 11 *pages in-fol.*

Une pièce concernant la demande en mariage de

Mademoiselle Elizabeth, fille aînée du duc Léopold, par Louis, duc d'Orléans, 1729 ; *in-fol.*, 14 *pages*.

Factum pour Ch. Henry de Lorraine, prince de Vaudemont, demandeur en Cassation d'un arrêst rendu au Parlement de Metz, le 29 janvier 1684, contre Herman François, comte de Manderschied, deffendeur ; *in-fol.* de 24 *pages imprimées*.

Plus le tableau généalogique des seigneuries qui ont possédé le comté de Falkenstein.

Testament de Ch. III de Lorraine 1675 ; en vers français.

Sur le mariage de Léopold, duc de Lorr., avec Mademoiselle Elizabeth-Charlotte d'Orléans ; *fragments imprim.*

Requeste présentée au Roy par Mess. les Ducs de Lorraine, et Comte de Vaudemont (les ducs Henri et François de Vaudemont, fils du duc Ch. III et de Claude de France), affin d'auoir déliurance des droicts à eux appartenants, par représentation de Madame Claude de France, leur mère, ès-comtez d'Auvergne et Lauraguaix, baronnie de la Tour et autres terres, dépendant de la succession de la Royne Catherine de Médicis, leur ayeulle ; in-4° de 32 pages, la fin manque.

Et autres pièces imprimées et manuscrites.

1187. Deux pièces ; traité et contrat de mariage de S. A. S. Henri de Lorr., duc de Bar, avec Catherine de Bourbon, 1598.

Copies, dont une de Nicolas, de 11 feuillets et l'autre de 4.

1188. Voyage de M. de Maillane (Porcelet) en Angleterre, en 1606 ; *in-4°*, 11 *pages*.

Minute. Pendant qu'on négotiait l'accomodement des Vénitiens avec le Pape, le duc Charles III, à la prière de Paul V, envoya Jean Porcelet de Maillane, pour demander à Jacques Ier, roy d'Angleterre, le libre exercice de la religion catholique dans la Grande-Bretagne.

1189. Douze pièces manuscrites in-fol., concernant les affaires de France et de Dorothée de Lorraine, duchesse douairière de Brunswick.

Deux pièces signées Dorothée de Lorraine, en 1615.

1190. Testament olographe de Marie Lorraine, duchesse de Guise, 2 mars 1688; *in-fol. de 16 feuillets écrits d'un seul côté.*

Manuscrit que nous croyons autographe; il manque la dernière page, qui ne doit contenir que quelques lignes.

1191. Mélanges manuscrits concernant Charles V, duc de Lorraine, etc.

De l'action du prince Charles de Lorr. à la bataille Saint-Godar, 1664. Copies de lettres et trois numéros d'une publication quotidienne, août et septembre 1664, imprim. à Cologne.

Relation de la victoire du 12 août 1687 (envoyée par M. le Bègue, que je supplie très-humblement m'être renvoyée); in-4° de 5 feuillets. *Manuscrit non signé, écrit du camp entre Harsan et Mohaez, le 16 août 1687.*

Copies de lettres relatives à l'accident arrivé à S. A. S. à Philisbourg, d'un pont qui fondit sous elle, le 7 février 1678.

Epitaphes de Ch. V, diverses pièces.

Remarques crit. et hist. sur toutes les parties qui composent le tableau de la prise de Bade par Charles V, peint par Du Rue. *Nancy,* R. Charlot et P. Deschamps; in-4° br.

Quatre feuillets relatifs à l'histoire de Lorraine, biographie, etc.

1192. Trente-et-une pièces in-fol. et in-4°, manuscrites et imprim., relatives à Charles V et autres princes de Lorraine, tels que Stanislas et Léopold, oraisons funèbres, odes, éloges, etc., etc., etc.

1193. Abrégé des grands et signalés services que S. A. S. de Lorraine a, depuis le commencement de la guerre de Bohême, 1619, rendu à feu l'empereur Ferdinand II de haute et glorieuse mémoire, père de votre Majesté, et qu'elle a depuis continué sans inter—

mission, à votre Majesté et à sa très-auguste Maison, jusques à présent, 1651 inclusiv; in-fol. de 17 pag. Manuscrit.

Abrégé des services que S. A. S. de Lorraine a rendus à l'auguste Maison d'Autriche, tant devant qu'après son advenenent à la couronne, jusques au jour de son arrest (1654); in-fol. de 9 pages. Manuscrit.

Deux autres pièces in-folio, ensemble de 13 pages, relatives aux sépultures des Ducs et Duchesses, en l'église des Cordeliers de Nancy, 1706 et 1744. Cop. mod. sous la direction de Lemoyne de Moyenvic.

1194. Le roi Stanislas, 6 pièces, savoir :

Essay pour servir à l'histoire métallique de Stanislas-le-Bienfaisant, *Nancy,* 1754; *in-4° br.*

Relation des réjouissances faites par la ville d'Epinal, à l'occasion de l'heureux rétablissement du Roy, le 23 janvier 1757, à sept heures du soir, *Epinal,* 1757; *in-4° br.*

Apothéose (par Molet, curé de Millery et autre ville, diocèse de Metz en Lorraine). *Pont-à-Mousson,* imprim. de Martin Thiery, 1766, in-4°, 14 pages. *Cette pièce en vers porte un envoi de l'auteur à M. Lemoine.*

Complainte sur la mort de Stanislas Ier; in-4°, 4 pages (en vers).

Regrets d'un citoyen sur la mort du roi Stanislas, *Nancy,* 1765; in-4°, 3 pages (en vers).

Réflexions critiques sur un petit discours qui a pour titre: Harangue faite par M. Robert, doyen de la collégiale de Saint-Sauveur de Metz, *au Roy de Pologne; Metz, Fr. Antoine, 1743; 8 pages.*

Plus un tableau gravé.

1195. Primatiale de Nancy et le Chapitre de la collégiale de Saint-George, à Nancy.

Vingt-deux pièces manuscrites et imprimées, xviie *et* *xviiie siècles*.

On remarque quelques pièces signées J. Des Pourcelets, Thouvenain, chanoine de la Primatiale, 1623, et des pièces manuscrites de Lemoyne.

1196. **Six pièces, primatiale de Nancy, savoir :**

Mémoire sur la primatiale et sur l'abbaye, 1686.

Lettre autographe signée Platel, de Rome; 11 novembre 1690; 3 pages in-4° (négociation).

Mémoire sur la primatiale de Nancy et sur l'abbaye de Lisle.

Négociation renouvelée, pour l'érection d'un évêché à Nancy, 1626-1627.

Copie de Lemoyne.

1197. **Primatiale de Nancy, neuf pièces in-fol., savoir :**

Recueil des règlements tirés des statuts, usages et louables coutumes, de 1603, 1604 et 1611 des Chapitres généraux et autres Chapitres ordinaires ou extraordinaires de cette insigne église primatiale; 63 pages.

Précis de ce qui s'est passé à l'occasion de la réduction et homologation des nouveaux règlements de l'église primatiale, *Nancy et Beaucaire*, 1760; 17 *pages*.

Mémoire pour Monseign. de Choiseul-Beaupré, primat de Lorraine, contre les sieurs de Ligniville, de la Chataigneraie et de Gourcy, *Nancy*, 1761; 64 pages. — Actes capitulaires; 14 pages. — Réponse pour les sieurs de Ligniville, etc., etc.; in-fol de 51 pages. — Réplique du Grand-Doyen, etc.; 64 pages.—Actes capitulaires; 21 pag. — Arrêt du Conseil-d'Etat du Roi, du 18 juillet 1762; 30 *pages*.

Et autres pièces.

1198. **Vingt-huit pièces manuscrites in-fol., 1624–1704, affaires religieuses et ecclésiastiques, maisons religieuses, clergé, etc., etc., dont :**

Lettre autographe signée de Platel, à M. le Bègue, du 20 janvier 1691.

Nomination d'un canonicat de Sainte-Croix-du-Pont,
pour François La Hire, 1624.

Pièce signée Henry.

Les priviléges des commanderies de l'ordre Saint-Jean
de Jérusalem sises en Lorraine; in-fol., 16 pages.

Et autres pièces.

1199. Deux pièces in-fol.

Mémoire touchant le décime ecclésiastique imposé sur
les revenus des biens de l'Eglise, dans les duchés de
Lorraine et de Bar *(Nancy, J.-B. Cusson)*; in-folio,
14 pages. — Déclaration spécifique de ce à quoi monte
le décime ecclésiastique du duché de Lorraine, 9 pages
in-fol. *(manuscrit signé Fournier)*.

1200. Copies de six titres concernant la propriété et banalité
des moulins de Faloart près Leminville, et de
Ville–sur–Madon, tenus en fiefs par l'abbaye de
Clairlieu; de 1240, 1242, 1250 et 1541.

1201. Advertissement servant à l'examen des titres et car-
tulaires de l'abbaye de St–Mesmin, et pour en justifier lez faussetez; in-4°, 2 parties de 26 et 27 pages
imprimées.

1202. Deux pièces sur parchemin, savoir :

Sentence des Gardes et Maître des foires de Champagne,
touchant un nommé Jean Fédric, bourgeois de Metz, 1353.

Thierry de Lenoncourt, bailly de Vitry; 1457.

1203. Compte de Thelod que rend honorable homme Gérard Courtois, receveur audict lieu, pour très–haut
et très-puissant prince Monseigneur de Vaudémont,
seigneur audict Thélod, etc., de toutes receptes et
despendances faictes par ledict receveur tant denier,
graines, cires, chappons, gesines, comme de toutes
aultres choses appartenantes et despendantes de ladite seigneurie. Juin 1569.

Manuscrit in-fol. de 50 feuillets; curieux.

1204. Compte faict par Thomas Wernesson, de Lessey, et
Didier Willaume, de Chaptelz-Sainct-Germain, tous
deux Maistre et Gouverneur de la Maison de Lon-
geaw, pour l'année 1574, et finissant en l'année
1578. Cahier in–4° de 10 feuillets.

1205. Dix–huit pièces concernant Saxon, seigneurie de
Mangiron, pièce signée Ant. de Lenoncourt, 1595.
— Grains vendus en 1610. — Rapport du Procureur-général du Bassigny (fief de la Prévôté de La
Marche); lettres de neutralité, terres communes,
1595, signé Alix. — Senonnes, Moyen–Moutier,
Sathenoy. — Donation du prieuré de Thiecourt;
1093. — Mémoire concernant le bureau de foraine
établi à Suzémont en 1755, etc., etc.

1206. Dix pièces manuscrites in-fol., concernant Lunéville,
xvi⁰ et xvii⁰ siècles.
Copies modernes.

1207. Cinq pièces manuscrites, relatives à la Baronnie de
Fénestranges et le prieuré de St–Léonard, bref de
Fénestranges, etc., xvi⁰ et xvii⁰ siècles.

1208. Esply. Neuf pièces, 1696–1734, Mezeroy. Une pièce
sur parchemin, acquet de J. Mion, contre J. Aubry
Thimothe et Marie Aubry, signée Joly.
Ottonville. Mémoire pour les Porteriens d'Ottonville
et Recrange; *in-fol. imprimé.*

1209. Environ 25 pièces in-fol., manuscrites, concernant
les localités suivantes : Ferrières, Fouy, Val-de-Faux
et Condé, St-Evre, l'Etanche, Petit-Failly, Falkes-
tein, Faulquemont, Frécourt, St-Fremin, Fresne,
Frouard, chatellenie de la Garde, Guéblange, etc.,
xvi⁰ et xvii⁰ siècles.

1210. Quatre pièces, 5 juillet 1517. — Une pièce signée
d'Antoine, duc de Lorraine; 1681. — Trois *idem,*

Dénombrement du fief de Liauville, avec cachet, sur parchemin.

1211. Seize pièces, xvie et xviie siècles, dont une partie sur parchemin, signées du comte de Dampierre avec cachet. — Idem, signées Comte de Desforges. — Discours du Doyen de la ci-devant Académie de la ville-neuve de Nancy, etc. — Description de Nancy. — Domaine de la prévôté d'Amance et Laistre. — Détail précis des biens, droits et revenus de la terre de Champigneulles près Nancy, 1632, etc., etc.

1212. Ahlefelt (Charles comte d') en Langueland et Rechicour, baron de Marimont, etc., etc.

Correspondance au sujet des biens de la famille de Nassau et du comte d'Ahlefelt, de 1714 à 1720; in–4° et in–fol. (allemand et français), cachets, 32 pièces.

Généalogie de la maison de Nassau; 1429–1677; deux feuilles in-fol.

1213. Accord des villages contentieux entre la Lorraine et la ville de Metz, du 18 juin 1604; *in-fol. de 6 pages.*

Pièce sur parchemin.

1214. Estat et déclaration des villes, bourgs et villages du duché de Luxembourg, cédés au Roy par le traicté des Pyrénées, du mois de novembre 1659; in–fol. de 28 pages.

Manuscrit.

1215. Quatre pièces, savoir:

Points et articles pour la réduction de la ville de Luxembourg, 4 juin 1684; *in-4°.*

Capitulation de la ville de Mons en Haynault, 19 septembre 1572; *in-fol.,* 3 *pages.*

J'ay François filz et frère de Roy, fait et nomme de

ma bouche mon testament, codicille et dernière volonté,
en la forme qui s'ensuit ; 8 juin 1584, à Château-Thierry,
in-fol., 3 pages.
Une autre pièce, 1594.

1216. C'est le dénombrement que Louis de Lausmonier,
escuyer, seigneur de Tournevel, etc., fait et bail
au Roy, d'un certain fief echeu par succession ; du
22 novembre 1672 ; in-fol. de 37 feuillets.
Manuscrit.

1217. Neuf pièces sur parchemin, dont :
1520. Baillage de Bar.
1551. Baillage de Chaumont en Bassigny.
1568. Instruction au sieur du Pasquier, chevalier de
l'ordre du Roy.
Pièce originale sur papier, signée Charles.
1582. Le Chapitre de l'église collégiale de Saint-Pierre
à Bar.
1663. Submission des Maires et Bourgeois de la ville
de Remiremont, pour le payement de six mille francs
qu'ils doibvent par chacun an à S. A. pour les impôts
de ladite ville.
Pièce originale avec sceau.
1664. Arth sur Meurthe.
Pièce signée du duc Charles de Lorraine.
1682. Une pièce de 7 pages in-4° sig. de Haraucourt
Chambley, avec cachet.

1218. Mémoire concernant la réunion du Comté de Ligny
et l'exécution du bail des fermes de Lorraine ; in-fol.,
24 pages. — Vente du Comté de Ligny par le Duc
de Luxembourg au Duc de Lorraine, le 6 novembre
1719 ; dix pages in-fol. — Comté de Ligny et ses
dépendances *(imprim. de J.-B. Cusson, Nancy),*
40 pages in-4°, et autres pièces manusc. et imprim.

1219. Sainte-Ruffine, 9 pièces, 1564-1688, dont :
Sentence de M. de Senneton, président de la Justice

de Metz, qui préjuge que M. de St-Jure doit annuellement
sur sa moitresse de Sainte-Ruffine un demi-charal de vin
à Alison de Corny ; 5 décembre 1564 ; etc., etc.

1220. Neuf pièces relatives à l'occupation de la Lorraine
par Louis XIV, 1670, en italien et en français.

1221. Adjudication d'une maison, moitié de maison et cu-
verie, situées à Gorze, pour Gabriel Millet, conseiller et avocat du Roi; 1739.
Vingt feuillets sur parchemin.

1222. Pièces manuscrites concernant Almont, Alaincourt,
Amanville, Ancerville (2 pièces du xiv⁰ et xvii⁰ siècles, copies modernes. Chanville (Pied-terrier de la
seigneurie de). In-fol. de 5 feuillets; 1754.

1223. SEDAN. Environ 70 cahiers ou pièces in-fol., de
1593-1779. Copies modernes. — Etat et revenus de
la ville, commerce, état et déclaration du Conseil, etc.

224. STRASBOURG. Vingt-trois pièces *imp. manuscr.*, dont :
Discours de J. Laurent Blessig, à l'occasion de la trans-
lation du corps du Maréchal de Saxe, dans l'église de
Saint-Thomas, 1777; in-4⁰.
Pétition des citoyens de Strasbourg, au sujet de l'éloi-
gnement du maréchal de camp Heymann, commandant
les troupes placées sur la frontière d'Alsace, 12 mai 1790;
in-fol., 3 pages. Pièce originale signée de plus de 25 pers.
Suppression de la mendicité à Strasbourg, en 1767.
Règlement pour les incendies.
Evêques. Divers mandements; 1768-1770. — Descrip-
tion de la fête célébrée dans l'église des Dames de la Visi-
tation de Sainte-Marie de Strasbourg, en l'honneur de
Sainte-Jeanne-Françoise Fremiot de Chantal, fondatrice
de leur ordre, canonisée en 1767, par N. S. P. le Pape
Clément XIII; *Strasbourg*, 1768, *in-4⁰ de 17 pages.*
Mandement de Monseigneur le Cardinal de Rohan,
évêque de Strasbourg, pour la solemnité de la canoni-

17

sation de la B. R. J. Fr. Fremiot de Chantal, Strasbourg,
23 juillet 1768. — Et autres pièces.

1225. Cinquante pièces manuscrites et imprimées, concernant l'Alsace. Thèses, factums et mémoires.

1226. Armoiries des archevêques de Trèves, et notes dis-
tinctives de leurs sceaux et monnoyes. In-fol.

    Manuscrit autographe de Lemoyne, composé de 20
pages de texte et de 38 pages contenant des blasons dessinés, au nombre de près de 300.

1227. Sceau de Ferdinand, coadjuteur de Cologne et de
Liège, comte palatin du Rhin, duc des deux Bavières.

1228. Une pièce en allemand, de Maximilien (indulz et
lettres de pardon).

    Pièce avec cachet.

1229. Une liasse de brochures de divers formats, mélanges,
mémoires, factums, sermons, etc., etc.

1230. Inventaire des biens appartenant à P. et Elisabeth,
enfants de feu Isaac La Solgne, 3 janvier 1604.
in-fol. de 27 pages.

1231. Variétés.

    Latour (Intendant). Deux lettres autographes signées à
M. de Dampierre, Aix, le 15 juillet 1756; cachet. —
Réponse de M. de Dampierre. Copie. — Au sujet de la
Régie, fraudes et contraventions.

    Maizeroy (Godefroy). Deux lettres autographes signées,
an V de la République. Affaire de succession.

    Monnier (Amable Le). Lettres autographes signées,
vendémiaire an VI, écrites de Metz. Affaire de succession.

    Ducerney (Paris). Lettre autogr. signée, du 24 mars
1768; 4 grandes pages in-fol.

    Ducerney (Paris). Trois lettres autogr. signées, 1768.

    Fleury (Joly de), Conseiller d'Etat, fils du procureur-
général au Parlement de Paris. Deux lettres autographes
signées, à M. de Dampierre, du 22 février 1776.

Saint-Germain. Lettre signée, à M. de Dampierre, de Versaille, 28 février 1776.—Réponse de ce dernier. *Minute.* Et autres lettres adressées à M. de Dampierre.

1232. **Mélanges.** Papiers concernant les affaires de divers particuliers, savoir :

Broglie (le maréchal duc de). Lettre signée à M. de Dampierre, du 8 octobre 1772. — Au sujet du sieur De Voller, March. cartier à Epinal, avec les réponses et pièces y relatives.

Diverses lettres signées du duc de Choiseul, 1765.

Calemberg de l'an VIII.

Badeuil 1790. Au sujet de Mademoiselle Ogilvy de Boyn.

Pièces relatives à César Paulet, accusé d'assassinat, le 28 avril 1784; huit cahiers in-4°.

Et autres pièces.

1233. **Castellane (Boniface-Louis-André de).**

Lettre autog. signée au citoyen Emmery, jurisconsulte, du 25 fructidor an VII.

Et autres pièces signées ; affaire de succession et papiers de familles.

TABLE DU CATALOGUE.

Metz, Imprim. et Lith. de NOUVIAN.